高职高专"十三五"规划教材

汽车电气电控实训

主　编　张　伟　吴　强
副主编　吴　旭　王　照
主　审　罗　意

北京航空航天大学出版社

内容简介

本书按照“由浅入深、紧贴需求、符合规律、理实一体”的原则编写。电气部分从万用表的使用开始，介绍汽车电路的基础元件、电路连接，并简述常见发电机、起动机、点火线圈等的拆装，最后讲解全车电路和汽车空调；电控部分从解码仪和示波器两种工具入手，重点介绍发动机和01M变速器两种常见设备的电控检测（包含传感器的检测），同时对电控悬架、电动助力器、喷油器和点火模块进行了介绍。

所有模块均按照实训目的、实训要求、实训工具及设备、实训考核及评价进行编排，以方便教师用作实训指导书，并可作为学生的辅助教材。

本书可供高等职业技术学院汽车类专业的师生使用，也可作为汽车行业专业技术人员、汽车维修人员的参考用书。

图书在版编目(CIP)数据

汽车电气电控实训 / 张伟，吴强主编. -- 北京 ：北京航空航天大学出版社，2018.12

ISBN 978-7-5124-2732-7

Ⅰ. ①汽… Ⅱ. ①张… ②吴… Ⅲ. ①汽车—电气设备—高等职业教育—教材②汽车—电子控制—控制系统—高等职业教育—教材 Ⅳ. ①U463.6

中国版本图书馆CIP数据核字(2018)第123391号

汽车电气电控实训

主　编　张　伟　吴　强

副主编　吴　旭　王　照

主　审　罗　意

责任编辑　金友泉

*

北京航空航天大学出版社出版发行

北京市海淀区学院路37号(邮编100191)　http://www.buaapress.com.cn

发行部电话：(010)82317024　传真：(010)82328026

读者信箱：goodtextbook@126.com　邮购电话：(010)82316936

北京时代华都印刷有限公司印装　各地书店经销

*

开本：787×1 092　1/16　印张：10.75　字数：275千字

2019年1月第1版　2019年1月第1次印刷　印数：3 000册

ISBN 978-7-5124-2732-7　定价：29.00元

前　言

现代汽车的发展重点已经从传统的"三大件"逐步转向各种电气电控。现在汽车里的各种电气仪表、液晶大屏、安全配置越来越丰富，各种车联网产品也越来越多，未来的汽车甚至可能会是新能源汽车。因此，在教学中除了教授传统的发动机、底盘等知识外，要更多地学习汽车的电气和电控知识，尤其要通过一些车型实例掌握汽车电气电控的电路连接方法，以及各种电气电控工具的使用和维护。

汽车电气电控技术是高职汽车类专业的必修课，各学院也在大力推广"理实一体化"教学。然而各学院师资水平不同，教学设备差异很大，导致现有教学基础理论部分相差不大，但实训教学部分参差不齐，且市场上针对性的教材也较少。对于高职汽车专业的学生而言，掌握汽车电气电控知识必须多实践，多训练。

本书的编排按照"由浅入深、紧贴需求、符合规律、理实一体"的原则进行，电气、电控两部分内容按教学顺序进行了混排。所选内容均来自教学一线，所采用设备成本不高，教师按照该内容教学便于学生掌握。

电气部分从万用表的使用开始，介绍汽车电路的基础元件、电路连接，对常见的发电机、起动机、点火线圈等进行了拆装，最后讲解全车电路和汽车空调。每个实验内容都有相应的视频指导，需要的读者可以访问四川航天职业技术学院精品课程网址（http://220.167.53.63:85/suite/solver/classView.do?classKey=38099&menuNavKey=38099）进行观看。

电控部分从解码仪和示波器两种工具入手，重点介绍发动机和01M自动变速器两种常见设备的电控检测（包含传感器的检测），同时对电控悬架、电动助力器、喷油器和点火模块进行了介绍。

所有模块均按照实训目的、实训要求、实训工具及设备、实训考核及评价进行编排，可作为实训指导书和学生的辅助教材。

本书是四川航天职业技术学院张伟、吴强、吴旭、王照四位老师根据多年的教学经验，从实际出发编写的一本实训辅助教材。罗意老师主审。本书内容上承接了张伟老师编写的《汽车电气构造与维修技术》《汽车电子控制技术》，包含汽车电气电控的检测工具使用、线路连接、各种台架的使用和故障检测，以及传感器检测、空调、点火和喷油等重点教学内容。每一个教学任务都有对应的工具和使用方法，所介绍的工具和设备均是国内目前高职院校经常使用的设备。

由于编者水平有限，难免有所谬误，希望读者批评指正。

作　者

2019年1月

目　　录

实训项目一　汽车万用表的使用

1.1　实训目的

汽车万用表的实训目的：

① 熟悉指针万用表的结构，熟悉万用表的操作界面。

② 掌握数字万用表使用的注意事项。

③ 掌握数字万用表的使用方法。

④ 能使用数字万用表准确进行电压、电流、频率、转速等的测量。

1.2　实训要求

汽车万用表的实训要求：

① 佩戴必要的劳保用品，以免发生意外事故，安全第一。

② 保持零件表面干净，避免破损，及时清洁。

③ 操作过程中，要特别注意掌握合适的力度，禁止野蛮操作。

④ 操作过程中，要注意保护万用表，不能损坏。

1.3　实训工具及设备

常用的万用表有指针万用表和数字万用表两种。图 1－1 所示为指针万用表，它可以通过指针的摆动反映电压的变化，形象直观，但是在使用时要注意量程的选择（选择不当则有可能损坏万用表），读数也比较复杂。

数字万用表内阻较大，使用的时候量程选择不当仅仅无法读数，万用表不会损坏，且高级的万用表可以自动选择量程，数据显示直观，可测量内容更多，还可以记录瞬时数据，所以现在主要使用数字万用表。

在数字万用表中，又有普通的电工万用表（见图 1－2）和汽车万用表（见图 1－3）。前者价格低廉，可以测常用的电压、电流、电阻等；后者价格高，除了具备前者功能外，还可以测量温度、转速、占空比等。

图 1－1　指针万用表

图 1－2　数字电工万用表

图 1－3　数字汽车万用表

1.4　实训内容

汽车万用表实训内容如下：

1. 认识万用表

(1) 汽车万用表及配件组成

汽车万用表一般由万用表主机及相关配件组成(见图 1－4)，配件包括转速测试钳、红、黑表笔、热电偶和转换接头等。

(2) 操作面板

图 1－5 所示为数字万用表主体外观，其操作面板可分为控制区、功能选择区和线路连接区。

➢ 控制区：直/交流蜂鸣器/二极管键，存储/测量键，量程设置键，转速测量/点火模式键。

➢ 功能选择区：关断位，直流电压测量位，交流电压测量位，电路通断/二极管测量位，温度测试位，频率测试位，电流测试位，闭合角测试位，占空比测试位，转速测试位等。

➢ 线路连接区：电流测试插孔(两个)，接地插孔，电压/电阻/占空比/闭合角/频率/二极管/转速等，信号拾取插孔，温度测量专用插孔。

(3) 特殊测试说明

➢ 量程设置键：按下量程设置键可选择人工量程设置模式，在这种模式再按动量程设置键，其量程范围就会发生变化，屏幕出现新的数据。长按量程设置键(2 s)就可退出人工量程模式而进入自动量程模式。

➢ 存储/测量键：按下该键运行或退出存储模式。在存储模式下，所测量的数据将被定格显示。

➢ 直/交流蜂鸣器/二极管键:在电流测试中,按此键即可实现直流、交流电路测量功能的切换。在测量电路的导通性和二极管时,按此键也可实现两者测量功能的切换。
➢ 不同点火模式的转速测量:按下转速测量/点火模式键,可实现传统点火模式下转速测量和无分电器点火模式下转速测量之间的切换。

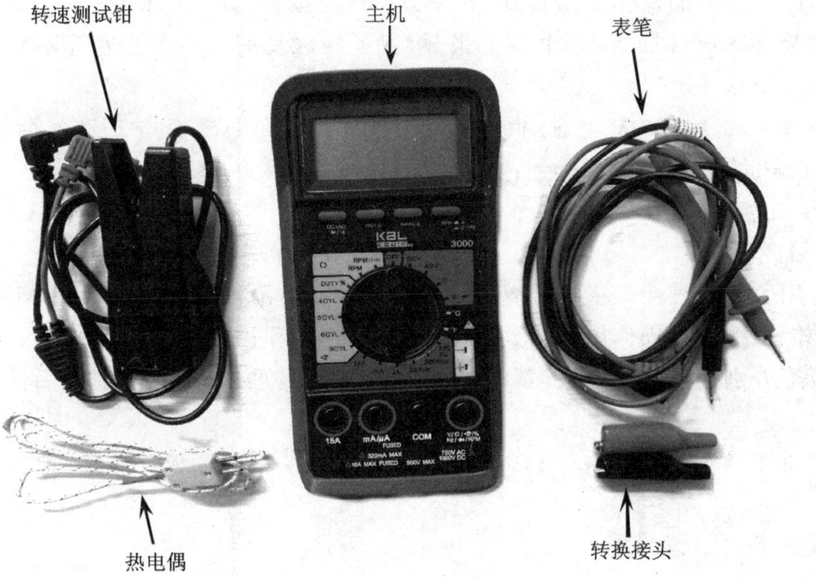

图 1-4　汽车万用表主机及配件组成

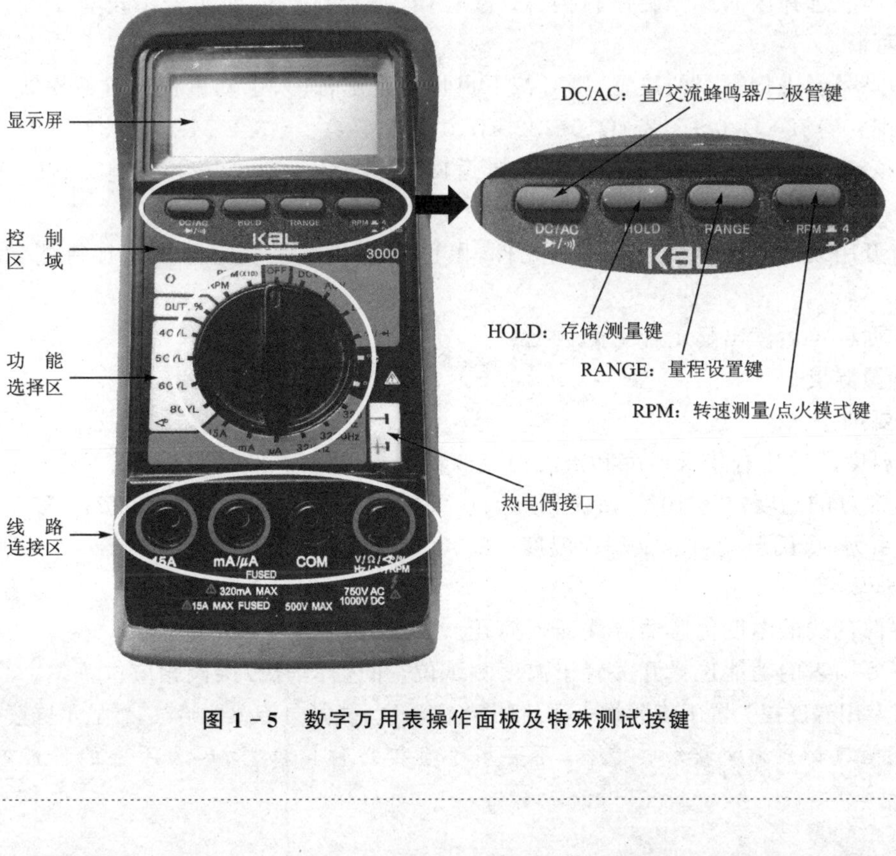

图 1-5　数字万用表操作面板及特殊测试按键

2. 测量交直电压

(1) 测量交流电压

操作步骤:

① 将万用表测试线接入适当位置,红表笔插入 V/Ω 孔,黑表笔插入 COM 孔。

② 将功能选择区的操作旋钮转到 ACV 或“V～”量程挡的适当位置。

③ 将表笔插入电源插板,两个表笔张开(保证接触良好),待数据稳定后读出屏上显示的数据。

注意:电源一般为 220 V 电压,操作过程中人体的部位应避免与万用表指针接触,一定要保证握手部位与电源插孔的绝缘性。

(2) 测量直流电压

操作步骤:

① 将万用表测试线接入适当位置,红表笔插入 V/Ω 孔,黑表笔插入 COM 孔。

② 将功能选择区的操作旋钮转到 DCV 或“V—”量程挡的适当位置。

③ 将表笔分别接触电池电极(蓄电池或普通小电池)两端,待数据稳定后读出显示屏上显示的数据。

注意:若在数值左边出现“—”,则表明表笔极性与实际电源极性相反,此时红表笔接的是负极。

3. 测量电阻

操作步骤:

① 将万用表测试线接入适当位置,红表笔插入 V/Ω 孔,黑表笔插入 COM 孔。

② 将功能选择区的操作旋钮转到“Ω”量程挡的适当位置,此时若不设置量程,则万用表为自动量程状态。

③ 如果需要进行量程的设置,则可按下量程控制键,进入手动量程设置的模式(手动量程的选择范围:0～320 Ω、0～3.2 kΩ、0～32 kΩ、0～320 kΩ、0～3.2 MΩ、0～32 MΩ),此后如再按下一次该键,量程范围将更换一次,若想返回自动量程,则可按下该键 2 s 后松开,即可返回。

④ 将万用表的测试导线接入待测元件,黑色表笔和红色表笔分别连接待测元件的接线端子。

⑤ 数据稳定后读出显示屏上的数据。

4. 测量温度

知识要点:

常用温度的单位有华氏温度和摄氏温度两种。摄氏温度将标准大气压下纯水的冰点温度定为 0℃,沸点的温度定为 100 ℃;而相应条件下的华氏温度则为 32 ℉和 212 ℉。它们之间的换算关系为:摄氏温度＝5/9(华氏温度－32)。

操作步骤:

① 将白色线的温度传感器导线插入插孔。

② 将方用表的功能选择开关置于温度测试位,并选择华氏/摄氏相应位置。

③ 将专用温度探头置于待测物表面,读出当前温度,试着向传感器哈气,看显示屏读数变化。

注意:哈气时应避免接触传感器,不要用手直接握住传感器,因为手上的汗液有腐蚀性。

导线插入时有正反，月心朝向左；温度的测量范围，摄氏温度为－20～137 ℃，华氏温度为 0～2 000 ℉。

5. 检测二极管

(1) 操作步骤

① 将万用表测试线接入适当位置，红表笔插入 V/Ω 孔，黑表笔插入 COM 孔。

② 将万用表的功能选择开关置于电路通路/二极管测试位，显示屏会出现相应的测试状态，按下控制区域蜂鸣器/二极管切换键选择。

③ 二极管的导通测试：先将万用表的红色导线接二极管的正极，黑色导线与二极管的负极相连，然后观察万用表显示区域的数据，将显示低压状态结果。

④ 二极管的导通性的截止测试：先将万用表红色导线与二极管的负极相连，黑色导线与二极管正极相连，然后观察万用表显示区域的数据，将显示高压状态结果。

(2) 正常测试结论

① 正常情况下，二极管导通电压为 0.4～0.7 V；

② 短路(击穿的二极管)在导通和截止测试中电压很低；

③ 开路的二极管将在截止测试时显示“0L”字样。

注意：二极管的检测主要用于鉴别其正负极性和单向导电性。一般万用表检测二极管时，用电阻挡检测它的导通电阻和反向截止电阻，实际检测的是二极管的压降。

6. 测量频率

操作步骤：

① 将万用表测试线接入适当位置，红表笔插入 V/Ω 孔，黑表笔插入 COM 孔。

② 将万用表的功能选择开关置于频率测试位，并选择相应位置。

③ 将万用表的两根导线接入待测电路，黑色导线接地，红色导线接信号线。

④ 获取信号，观察万用表显示区的数据显示。

⑤ 按下控制区域的 hold 键，锁定测得的结果，与标准值进行对比。

⑥ 重复 2 次前面的操作，从而得出较为可靠的结论。

注意：汽车传感器中，进气压力传感器、爆震传感器等产生的信号都属于频率信号，在检测过程中应选用万用表的频率测试功能或示波器与频率信号相应的检测功能。

7. 测量转速

操作步骤：

① 换用带夹子的表线，红表笔插入 V/Ω 孔，黑表笔插入 COM 孔。

② 将万用表的功能选择开关置于转速测试位，并根据实际测试转速范围选择 RPM 和 RPM×10 位置。RPM 位测量范围：0～300 r/min，RPM×10 位测量范围：0～900 r/min。

③ 根据待测车辆的点火模式设置万用表控制区域的转速测试按钮：按下该按钮为二冲程发动机或无分电器式点火系统模式，不按下按钮为四冲程发动机有分电器式点火模式。

④ 将转速测试钳接入待测车辆。点火高压线夹入测试钳，测试钳标有箭头的方向朝上放置。

⑤ 启动车辆，观察万用表显示区域的数据，并与仪表板上发动机转速进行比较。

⑥ 踩下加速踏板，观察万用表显示区域的数据，并与仪表板上的发动机转速指示进行比较(注意随发动机转速变化数据会有变化)。

8. 测量电流

操作步骤：

① 断开电路。

② 首先将万用表测试线接入适当位置，黑表笔插入 COM 端口，红表笔插入 mA/μA 或者 15 A 端口。

③ 将万用表的功能选择开关置于电流测试位，并相应地选择 15 A、mA/μA 位置。

④ 根据待测电路的实际情况，在万用表的控制区域选择直流或交流（每按一下 DC/AC 按钮，直流和交流测量功能切换一次）。

⑤ 断开被测线路，将两导线接入待测电路，接通电路开关，观察万用表显示区域的电流读数并相应记录。

注意：被测电路电流的大小不同，万用表功能选择开关的位置就不同；因此应根据实际待测电路或元件的电流大小选择合适的挡位及合适的测试导线插孔；测量电流要将表笔串联在电路中，有可能电流过大，出现危险。在被测电路的电流不确定的情况下，应将万用表的功能开关置于 15 A 位置。

9. 测量闭合角

知识要点：

闭合角是指点火线圈初级电路导通时间内曲轴的转角，合理控制闭合角是为了使点火线圈既能产生足够的次级电压供给点火系统，又不使点火线圈通电时间太长而烧坏。

操作步骤：

① 将万用表的测试导线接入相应测试插孔。

② 将万用表的功能选择开关置于闭合角测试位（CYL 选择区域），并根据待测车辆选择 4 缸、5 缸、6 缸或 8 缸位置。

③ 将万用表的黑色导线接地，红色导线接入点火线圈的初级“－”端。

④ 启动车辆，观察万用表显示区域的读数。

10. 测占空比（负荷周期）

知识要点：

负荷周期是在一个工作循环中电压正、负的百分比（%）。这种信号也就是占空比信号，汽车中有许多使用这种信号的元件，如炭罐电磁阀、凸轮轴传感器、曲轴传感器、喷油器等。

① 首先将万用表测试线接入适当位置，红表笔插入 V/Ω 孔，黑表笔插入 COM 孔。

② 将万用表的功能选择开关置于占空比测试挡位（DUTY%）。

③ 将万用表的黑表笔接地或蓄电池负极，红表笔接测量元件的控制信号线。

④ 启动发动机，显示屏显示负荷周期，记录读数。

注意：大多数汽车使用的电磁阀，其占空比为 50%～70%；在发动机暖机或开环控制过程中，占空比会变化。

11. 汽车电气系统测试概要

根据前面的介绍，汽车万用表可用于检测汽车电气系统，具有直流电压、交流电压、电阻/导通性、电流、闭合角、负荷（DUTY，%）、频率（Hz）、发动机转速（RPM）等多种参数的测量功能。常见汽车电气系统的测试参数如表 1－1 所列。

表 1-1　常见汽车电气系统测试参数

系　统	元　件	测　量　类　型				
		电压	电压降	电流	电阻	频率
充电系统	发电机	√		√		√
	连接器	√	√		√	
	二极管		√		√	
	调节器	√				√
冷却系统	连接器	√	√		√	
	风扇电机	√		√	√	
	继电器	√	√		√	
	温度开关	√	√		√	
点火系统	点火线圈	√			√	
	电容器	√			√	
	连接器	√	√		√	
	针　脚	√			√	
进气/排气系统	空气流量计	√			√	
	感应夹	√		√	√	
	进气压力传感器	√			√	
	氧传感器	√			√	
启动系统	蓄电池	√	√			
	连接器		√	√		
	互销装置		√	√		
	电磁阀	√			√	
	起动机	√	√	√		

1.5　实训考核及评价

① 考核要求：由学生独立完成万用表各个功能挡位的检测并记录。

② 考核时间：45 min。

③ 考核评分表：表 1-2 所列为考核内容评分标准。

表 1-2　汽车万用表使用的考核评分内容

序　号	考核内容	配　分	评分标准	考核记录	扣　分	得　分
1	万用表的认知	10	每出现一次操作错误扣 5 分			
2	电压检测	15	每出现一次操作错误扣 5 分			
3	电阻检测	15	每出现一次操作错误扣 5 分			
4	温度检测	15	每出现一次操作错误扣 5 分			
5	二极管检测	15	每出现一次操作错误扣 5 分			
6	频率检测	15	每出现一次操作错误扣 5 分			
7	转速检测	15	每出现一次操作错误扣 5 分			
8	分数总计	100				

实训项目二　汽车电器基础元件识别和检测

2.1　实训目的

汽车电器基础元件的识别、检测的目的：

① 熟悉蓄电池、开关、熔断器、继电器、连接器的类型。

② 掌握开关、继电器的状态判别和静态及动态检测。

2.2　实训要求

汽车电器基础元件的识别、检测的实训要求：

① 学生在做实训之前要先预习，在实训过程中要按分解顺序摆放零部件并做相应标记和记录。

② 教师应采用边示范边讲解的教学方式，学生在动手做实训时，指导教师应指导、规范学生的动作和程序。每位同学必须严格按照给出的操作步骤和技术要求，动手完成规定的检修任务。

③ 实训完成后，学生撰写实训报告，归纳和总结基础电路系统测量与调试的方法与思路。

2.3　实训工具及设备

表 2-1 所列为汽车电器基础元件识别和检测时所用工具及设备清单。

表 2-1　实训用到的工具及设备清单

项　目	名　称	数　量
专用仪器	数字万用表	1 套
辅　料	开关、导线、保护装置和继电器等	适量
设　备	蓄电池	1 台
	硅整流交流发电机	1 个
	试灯或发光二极管	1 个
	试电笔	1 个

2.4　实训内容

汽车电器基础元件的识别和检测的实训内容如下：

1. 开关状态的识别及检测

开关的检查方法：用万用表进行检测各开关的功能和各开关挡位的导通情况，如图 2-1 所示。

① 开路检测：用万用表电阻挡或用数字万用表的二极管挡（蜂鸣挡）直接检测其通断情况

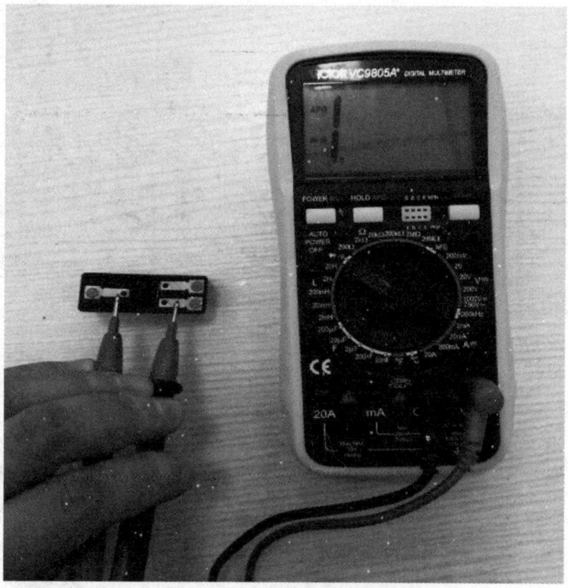

图 2-1　开关的检查

即可。

② 加电压检测：用万用表直流电压挡，将开关拨到相应的位置测量是否有电压，若有电压则开关接通，若无电压则开关不通。

2. 熔断器及相关电路的检测

① 直接观察：对于缠绕式、插接式、玻璃管熔丝（片或管）式保险丝拔下时可直接观察。

② 开路检测：用万用表电阻挡或用数字万用表二极管挡直接测量熔断器是否熔断，如图 2-2 所示。

③ 加电压检测：用万用表直流电压挡或试灯直接测试输入端和输出端是否有电压或试灯是否亮。

3. 继电器及相关电路的检测

(1) 继电器引脚功能的判断

可以通过两种方法判别继电器引脚功能：第一种方法是掌握各种继电器的引脚排列方式和引脚标注；第二种方法是利用万用表进行检测，通过检查继电器在常态下的导通方式来确定。

(2) 继电器好坏的检测

① 开路检测：以图 2-3 所示的继电器为例，采用万用表测阻法，用万用表 R×1 挡检查：1 号端子与 2 号端子有阻值且符合标准值；3 号端子与 4 号端子相通；3 号端子与 5 号端子的电阻为∞。如果符合要求则正常，否则有问题。

② 加电压检测：在测阻法检查无故障的情况下，可在继电器线圈的 1 号端子和 2 号端子之间加 12 V 电压，则 3 号端子与 4 号端子不通，3 号端子与 5 号端子相通。如果符合要求则正常，否则有问题。

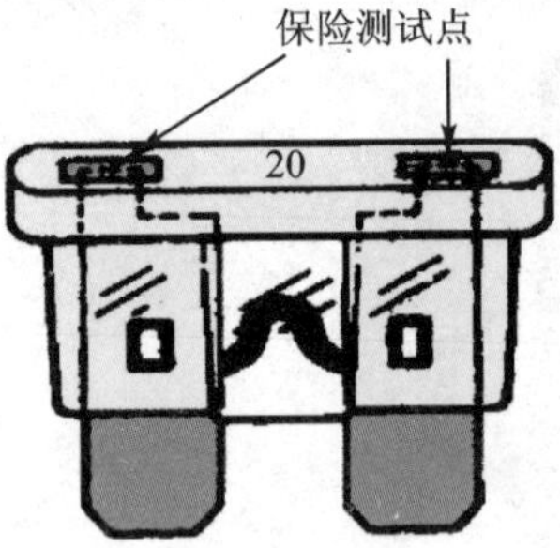

图 2－2　熔断器的检查

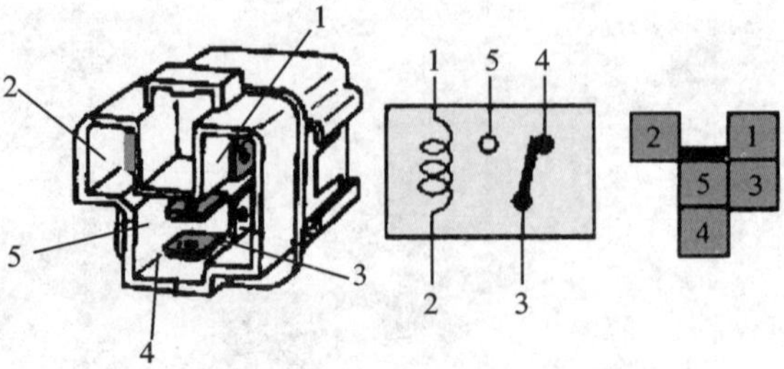

图 2－3　继电器的检查

4. 插接器的检测

汽车上的插接器可分以下几类：第一类是连接线束和电器元件；第二类是连接线束与线束；第三类是线束与车身的连接；第四类是过渡连接，将连接器中需要连接的导线用短接端子连接起来。

为便于接线，汽车线束中各导线端头均焊有接线卡，并在导线与接线卡连接处套以绝缘管，经常拆卸的接线卡一般取开口式，而拆卸较少的接线卡则常采用闭口式，如图 2－4 所示。

图 2－4　常见接插器

检测接插器时，需先用专用工具压端子并将导线从插接器上拆下，再检测接插器中针脚之间的电阻，如图 2－5 所示。在检查线路的电压或导通情况时，不必脱开插接器，只要把万用表两表针插入接插器尾部的线孔内进行检查即可。

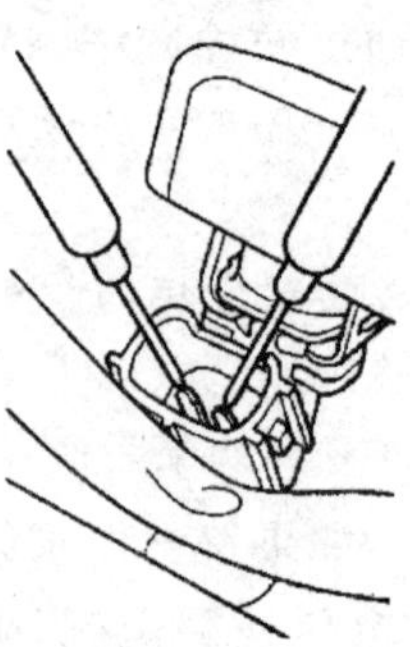

图 2－5　检测插接器

5. 线路的检查方法

一种是利用万用表的电压挡，沿着电路图中的线路分段用万用表检查电压或用测试灯测试亮灭的情况，图 2－6 所示为用试灯检测线路通断情况；另一种方法是用万用表的电阻挡测量相应导线的通断程度及搭铁情况。

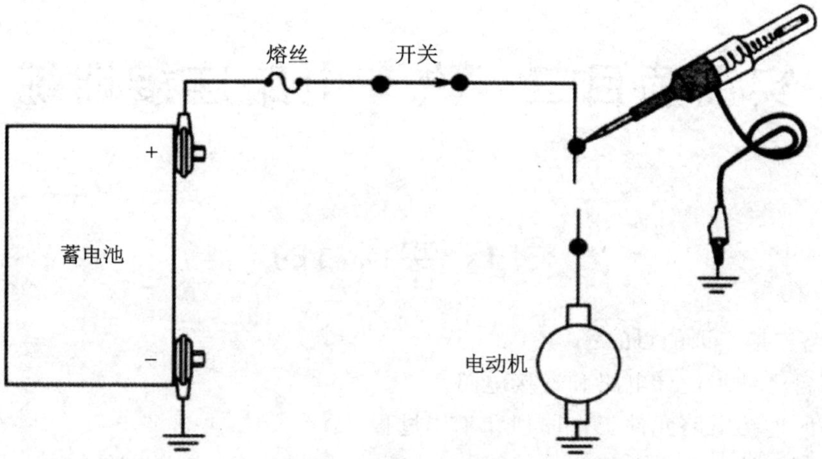

图 2-6　试灯检测线路通断

2.5　实训考核及评价

① 考核要求：由学生独立完成各器件的检测并记录。

② 考核时间：45 min。

③ 考核评分：表 2-2 所列为汽车电器基础元件识别和检测的考核表。

表 2-2　汽车电器基础元件识别和检测的考核表

序　号	考核内容	配　分	评分标准	考核记录	扣　分	得　分
1	开关的检查	20	每出现一次操作错误扣 5 分			
2	熔断器的检查	20	每出现一次操作错误扣 5 分			
3	继电器的检查	20	每出现一次操作错误扣 5 分			
4	插接器的检测	20	每出现一次操作错误扣 5 分			
5	线路电压检测	20	每出现一次操作错误扣 5 分			
6	分数总计	100				

实训项目三　汽车电路连接训练

3.1　实训目的

汽车电路连接实训的目的：

① 能够自己动手设计电路和连接电路。

② 懂得所连接电路元件工作原理和工作过程。

③ 会对所连接电路进行检测。

3.2　实训要求

汽车电路连接实训的要求：

① 各线路连接时，应在教师指导下进行。

② 每连接一处都要认真检查。

③ 要正确判断元件的每个接线柱。

④ 接完后要认真检查，经教师检查后才能通电试验，否则会发生事故。

3.3　实训工具及设备

实训用到的工具及设备清单如表3-1所列。

表3-1　实训用到的工具及设备清单

项　目	名　称	数　量
辅料	电线、保险丝、开关、继电器等	适量
设备	蓄电池	1台
	电动机	1个
	起动机	1个
	灯　系	1组

3.4　实训内容

汽车电路连接实训内容如下：

1. 连接直流电机制动电路

直流电动机是将直流电能转换为机械能的电动机，有着控制简单、技术成熟等优点，具有交流电机不可比拟的优良控制特性，通常用在汽车各个部位，比如：刮水器电机、大灯调节器电机、汽车后视镜电机、车窗玻璃升降电机、门锁电机、座椅电机和天窗电机等。

操作步骤：

① 测试各个零部件，理解其构造、原理及工作过程。

② 连接直流电机制动电路：先在纸上设计电路，然后用所提供的零部件按要求连接电路。

根据所提供的零部件连接电路，实现以下功能：

➢ 直流电机运转和制动；

➢ 符合汽车电气系统的特点；

➢ 满足汽车对电机控制的性能要求。

③ 接入电源测试。

注意：每一步完成后需经指导教师确认后才能进行下一步。

所提供的零部件及结构原理如图 3－1 所示。

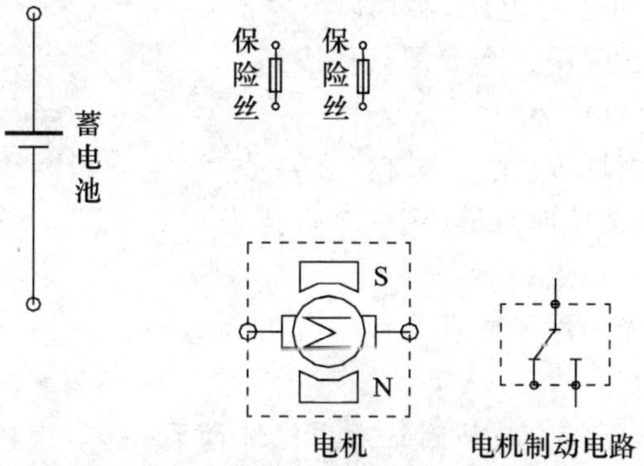

图 3－1　直流电机制动电路元件连接

2. 连接启动电路

启动系统将存储在蓄电池内的电能转换为机械能，要实现这种转换，必须使用起动机。起动机的功用是由直流电动机产生动力带动发动机的启动。启动系统包括：蓄电池、点火开关、起动机总成、起动继电器等。

操作步骤：

① 测试各个零部件，理解其构造、原理及工作过程。

② 连接启动电路：先在纸上设计电路，然后用所提供的零部件按要求连接电路。

根据所提供的零部件连接电路，实现以下功能；

➢ 符合汽车电气系统的特点；

➢ 能够实现汽车启动系统的要求。

③ 接入电源测试。

注意：每一步完成后需经指导教师确认后才能进行下一步。

所提供的零部件及结构原理如图 3－2 所示。

3. 连接汽车基本灯光电路

汽车照明系统是汽车安全行驶的必备系统之一，主要包括外部照明灯具、内部照明灯具、外部信号灯具和内部信号灯具等。

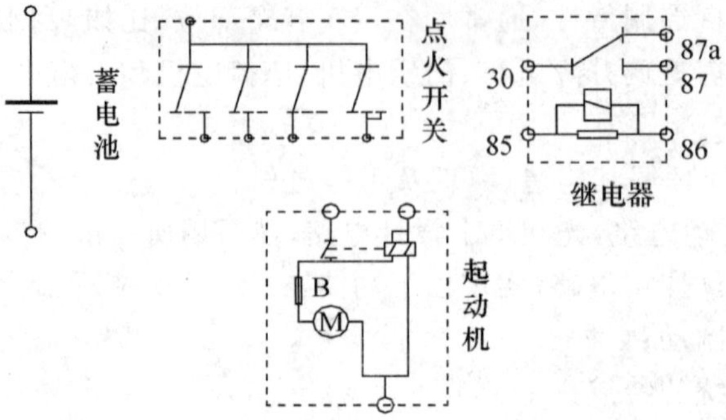

图 3-2 连接启动电路

① 测试各个零部件，理解其构造、原理及工作过程。

② 连接汽车灯光电路：先在纸上设计电路，然后用所提供的零部件按要求连接电路。

③ 根据所提供的零部件连接电路，实现以下功能：

➢ 超车及远光灯、近光灯（用一个双尾灯代表）；

➢ 远光指示灯（用一个灯代表）；

➢ 牌照灯、位置灯、示廓灯等（用一个灯代表）；

➢ 仪表照明灯、各种开关照明灯等（用一个灯代表）；

➢ 符合汽车电气系统的特点；

➢ 满足汽车对有关灯光的性能要求。

④ 接入电源测试。

注意：每一步完成后需经指导教师确认后才能进行下一步。

所提供的零部件及结构原理如图 3-3 所示。

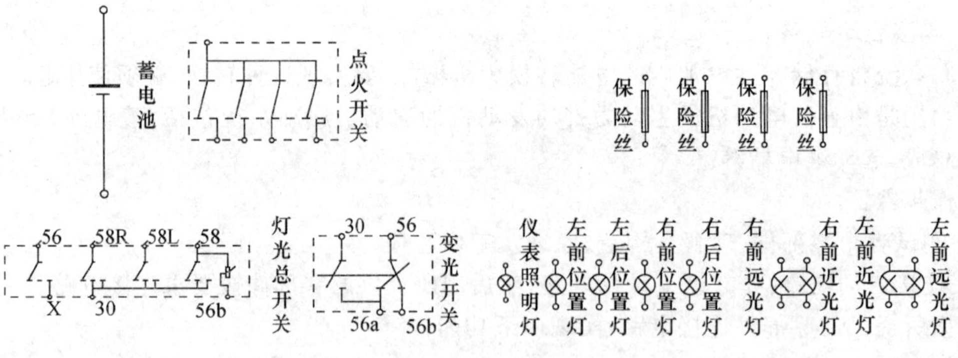

图 3-3 连接汽车基本灯光电路

4. 连接汽车电动后车窗电路

① 测试各个零部件，理解其构造、原理及工作过程。

② 连接汽车电动后车窗电路：先在纸上设计电路，然后用所提供的零部件按要求连接电路。

③ 根据所提供的零部件连接电路，实现以下功能：

➢ 后车窗电动控制；

➢ 符合汽车电气系统的特点；

➢ 满足汽车对电动后车窗的性能要求。

④ 接入电源测试。

注意:每一步完成后需经指导教师确认后才能进行下一步。

所提供的零部件及结构原理如图 3-4 所示。

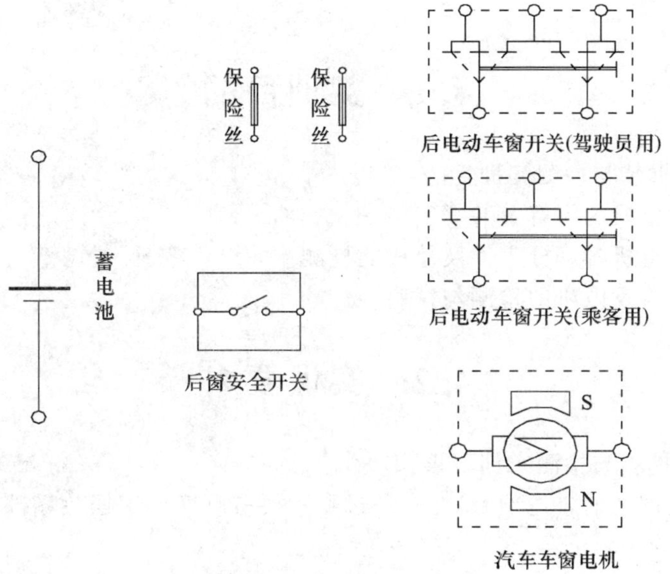

图 3-4　连接汽车电动后车窗电路

3.5　实训考核及评价

① 考核要求:

➢ 由学生独立完成线路的连接。

➢ 由教师进行错误连接,由学生改正电路连接。

② 考核时间:45 min。

③ 考核评分:汽车电路连接训练考核表如表 3-2 所列。

表 3-2　汽车电路连接训练的考核表内容

序　号	考核内容	配　分	评分标准	考核记录	扣分	得　分
1	直流电机制动电路	20	每出现一次操作错误扣 5 分			
2	连接启动电　路	30	每出现一次操作错误扣 5 分			
3	连接汽车基本灯光电　路	20	每出现一次操作错误扣 5 分			
4	连接汽车电动后车窗电路	30	每出现一次操作错误扣 5 分			
5	分数总计	100				

实训项目四　交流发电机的拆装与检测

4.1　实训目的

交流发电机的拆装与检测实训目的：

① 掌握交流发电机的拆解及装复。

② 掌握交流发电机各部分零件及总成的检测。

③ 正确进行交流发电机的检测与试验。

4.2　实训要求

交流发电机的拆装与检测实训要求：

① 学生在做实训之前要先预习，在实训过程中要按顺序分解摆放零部件并做相应标记和记录。

② 教师应先采用边示范边讲解的教学方式，而学生在动手做实训时，指导教师应指导、规范学生的动作和程序。每位同学必须严格按照给出的操作步骤和技术要求，动手完成规定的检修任务。

③ 实训完成后，学生撰写实训报告，归纳和总结硅整流交流发电机的组成、结构及其检测要点。

4.3　实训工具及设备

表4－1所列为交流发电机的拆装与检测实训设备及工具表。

表4－1　实训设备及工具

项　目		名　称	数　量
工具	常用手动工　具	移动台式工具箱	1台
		V形铁、扭力扳手、开口扳手、活动扳手、梅花扳手、专用油管扳手、套筒扳手、鲤鱼钳、尖嘴钳、一字起子、十字起子、橡胶锤、铁锤、油盆等	1套
	专用工具或仪器	专用拉具、游标卡尺、百分表、数字万用表	1套
辅　料		清洁剂、润滑脂、棉纱、00号砂纸等	适量
设　备		电器试验台	1台
		硅整流交流发电机	1个

4.4　实训内容

交流发电机的拆装与检测实训内容如下：

1. 硅整流交流发电机的拆解及清洗

图 4-1 所示为交流发电机的解体图。硅整流交流发电机的表面清洗、拆解步骤：

① 拆下交流发电机前端的传送带轮。

② 拧下 B 端子上的固定螺母并取下绝缘套管。

③ 拆下后端盖罩。

④ 拧下电刷组件的两个固定螺钉，取下电刷组件（电刷架和电压调节器）。

⑤ 拧下后轴承盖的 3 个固定螺钉，取下后轴承防尘盖，再拧下后轴承处的紧固螺母。

⑥ 拧下前后端盖的连接螺栓，轻敲前后端盖，使前后端盖分离。

⑦ 从后端盖上拆下定子绕组端头，使定子总成与后端盖分离。

⑧ 拆下整流器总成。

⑨ 拆下传送带轮固定螺母，从转子上取下传送带轮、半圆、风扇和前端盖。

⑩ 用布或棉纱蘸适量清洗剂擦洗转子绕组、定子绕组、电刷及其他机件。

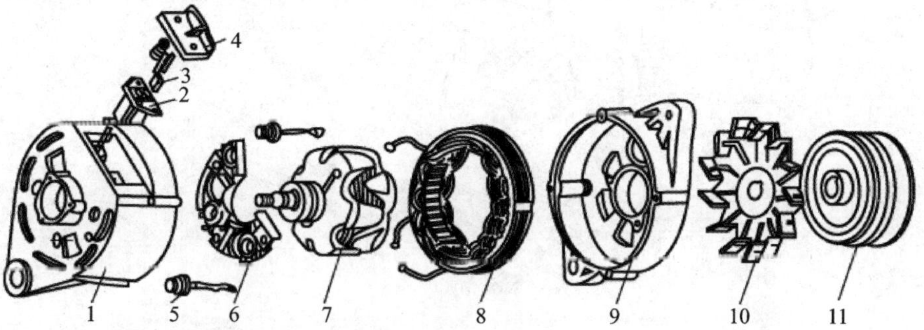

1—后端盖；2—电刷架；3—电刷；4—电刷架外盖；5—整流二极管；
6—元件板；7—转子；8—定子；9—前端盖；10—风扇；11—V 带轮

图 4-1　交流发电机解体图

2. 硅整流交流发电机的故障不解体检测

当怀疑发电机有故障时，可以在车上初步检测（主要检测发电机在运转状态下是否能进行发电）、拆下发电机而在不解体状态下进一步检测。检测时所用工具可以是万用表（电压、电阻挡）、一般的直流电压表、直流电流表和示波器等，也可以用汽车灯泡、手电灯泡自制小试灯等，还可通过改变机组工作状态来检测。

（1）就车检测法

当怀疑发电机不发电时，可以不拆卸发电机，在车上对其检测，概略判断是否有故障。

① 万用表电压挡检测：将万用表旋钮旋至直流电压挡，把红表笔接发电机“电枢”接线柱，黑表笔接外壳，让发动机在中速以上运转，12 V 电气系统的电压标准值应在 14 V 左右，24 V 电气系统的电压标准值应在 28 V 左右。若测得的电压为蓄电池电压，则表明发电机不发电。

② 外接电流表检测：当汽车仪表板上没有电流表时，可用外接直流电流表来检测。先把发电机“电枢”接线柱的导线拆下，再将量程为 20 A 左右的直流电流表正极接发电机“电枢”接

线柱，负极导线接上述拆下的接头。当发动机在中速以上运转(不使用其他电器设备)时，电流表有 3～5 A 充电指示，表明发电机工作正常，否则发电机不发电。

③ 试灯(汽车灯泡)法：当没有万用表和直流电表时，可用汽车灯泡作为试灯来检测。将灯泡两端焊接适当长度的导线(或者直接利用试灯)，并在其两端接上锷鱼夹。检测前先将发电机“电枢”接线柱的导线拆下，再将试灯的一端夹住发电机“电枢”接线柱，另一端搭铁，当发动机中速运转时，试灯点亮说明发电机工作正常，否则发电机不发电。

④ 改变发动机转速、观察大灯亮度法：启动发动机后，打开大灯，让发动机转速从怠速逐渐提高到中等转速，大灯的亮度若随转速的提高而增加，说明发电机工作正常，否则为不发电。

⑤ 拆下蓄电池搭铁看发动机(汽油机)是否工作法：当车上没有微机控制电子装置时，可以用此种方法检测。把发动机控制在中速以上，拆下蓄电池搭铁线(一般是断开蓄电池搭铁线上的控制总开关)，若发动机工作正常，则说明发电机发电，否则发电机有故障。

2. 交流发电机不解体检测与判断

从汽车上拆下发电机(见图 4-2)后，可用下述方法检查发电机能否正常发电：

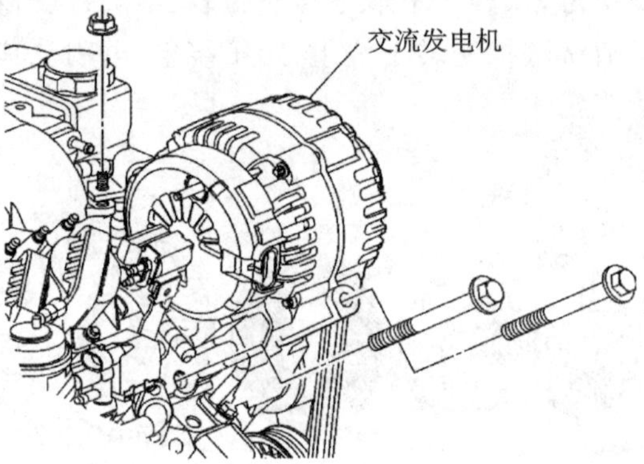

图 4-2 从汽车上拆下交流发电机

① 用试灯判断：把试灯接于发电机“电枢”接线柱和外壳之间。用导线将蓄电池(或相同电压的干电池)正、负极分别连接在发电机的两磁场接柱 F1、F2(内搭铁的交流发电机接 F 和“搭铁”接线柱)上，让蓄电池给发电机激磁。用手快速转动发动机传送带盘，小试灯点亮说明发电机工作正常，否则发电机不发电。

② 万用表电压挡判断：让蓄电池给发电机激磁(接线方法同上)，将万用表选择在直流电压 3～5 V(或一般直流电压表适当档)挡，黑、红表笔分别接“搭铁”和发电机“电枢”接线柱，用手转动传送带盘，万用表(或直流电压表)指针应有摆动，否则发电机不发电。

③ 万用表电阻挡检测与判断：用万用表 R×1 电阻挡，测量各接线柱之间的电阻(不同型号发电机的电阻值不同)值，与正常值比较，可以判断发电机是否有故障。

3. 硅整流交流发电机技术标准和要求

① 常见交流发电机各接线柱之间的阻值如表 4-2 所列。

表 4-2　常见交流发电机各接线柱之间的阻值

硅整流交流发电机型号	F与E间/Ω	B与E间/Ω		N与E(或B)间/Ω	
		正　向	反　向	正　向	反　向
JF11、JF13、JF15、JF21	5～7	40～50	>10 k	10 k左右	>10 k
JFW14	3.5～3.8				
夏利 JFZ1542	2.8～3.0				
桑塔纳 JFZ1913	2.8～3.0	65～80			

② 一般 12 V 发电机转子绕组电阻约为 3.5～6 Ω 间，24 V 的约为 15～21 Ω 间。

③ 集电环圆柱度不超过 0.025 mm，厚度不小于 1.5 mm。

④ 电枢轴、径向摆差不超过 0.10 mm。

⑤ 电刷磨损后不得超过原高度的 1/2；当电刷从电刷架中露出长度 2 mm 时，电刷弹簧力一般为 2～3 N。

⑥ 发电机空载试验和发电机负载试验的技术标准如表 4-3 所列。

表 4-3　交流发电机的规格及性能

交流发电机型号	额定输出			空载转速/(r·min^{-1})	额定转速/(r·min^{-1})	配用调节器	适用车型
	电压/V	电流/A	功率/W				
JF11、JF13、JF15、JF21	14	25	350	1 000	3 500	FT111	上发 490Q
JFW14	14	36	500	1 000	3 500	FT111	北内 492QA2
JFZ1514A	14	36	500	1 000	3 500	FT121	夏利、EQ1090
JFZ1813Z	14	90	1 260	1 050	6 000	JFT153A	桑塔纳、捷达

4. 硅整流交流发电机的检修

(1) 转子检修

① 转子绕组检修：

➢ 如图 4-3 所示，用万用表欧姆挡检测两集电环之间的电阻值，应与标准值相符。若阻值为∞，说明断路；若阻值过小，说明短路。

➢ 如图 4-4 所示，用万用表电阻挡检测集电环与铁芯(或转子轴)之间的电阻值，应为∞，否则为搭铁。

➢ 断路应焊接修理或更换转子总成，短路和搭铁应更换转子总成。

② 集电环检修：

➢ 集电环表面应平整光滑，若有轻微烧蚀，用 00 号砂布打磨；烧蚀严重，应在车床上进行精车加工。

➢ 用直尺测量集电环厚度，应与规定值相符，否则应更换。

➢ 用千分尺测量集电环圆柱度，应与规定值相符，不相符则应进行精车加工。

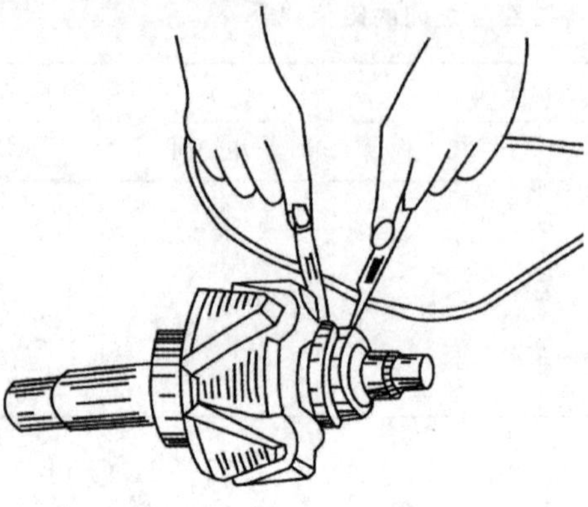

图 4-3 用万用表检查集电环间导通

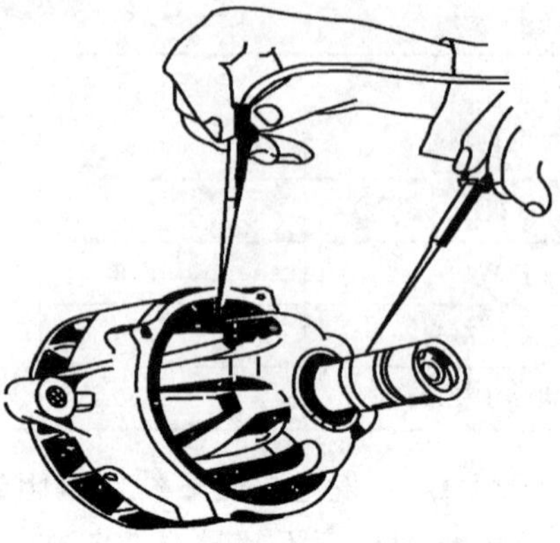

图 4-4 用万用表检查集电环搭铁

③ 转子轴检修：如图 4-5 所示，用百分表测量转子轴摆差，应与规定值相符，不相符则应予校正。

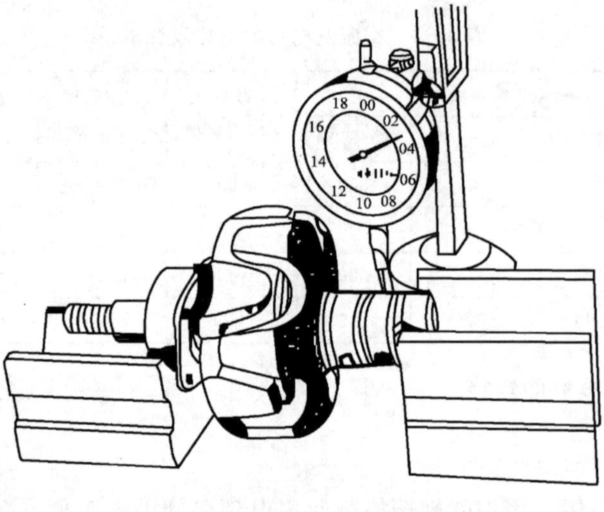

图 4-5 转子轴弯曲度检查

(2) 定子检修

① 定子绕组短路检修：通过台架试验测其输出功率，或通过示波器检测其输出电压波形进行判断。各种故障的端电压波形如图 4-6 所示。若短路则应更换定子绕组或定子总成。

② 定子绕组断路检修：如图 4-7 所示，用万用表 R 挡检测定子绕组的 3 个接线端，两两相测，阻值应小于 1 Ω，若阻值为∞，说明断路。断路故障应用 35 W/220 V 的电烙铁焊接修复，若不能修复，应更换定子绕组或定子总成。

③ 定子绕组搭铁检修：如图 4-8 所示，用试灯检查定子绕组接线端与定子铁芯间的通断，正常情况下试灯是不亮的，否则说明有搭铁故障。有搭铁故障应更换定子绕组或定子总成。

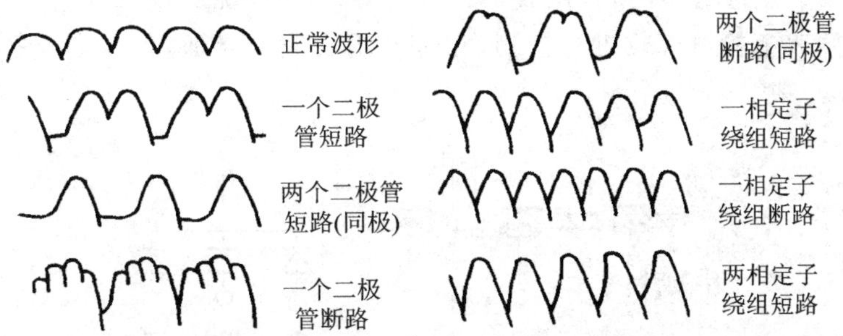

图 4-6　各种故障的端电压波形

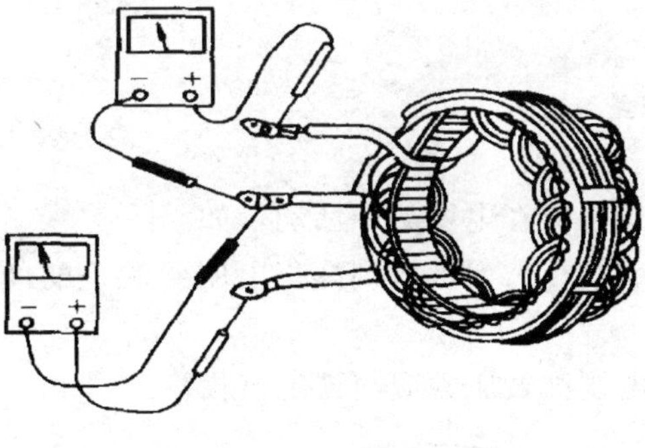

图 4-7　定子断路故障的检测

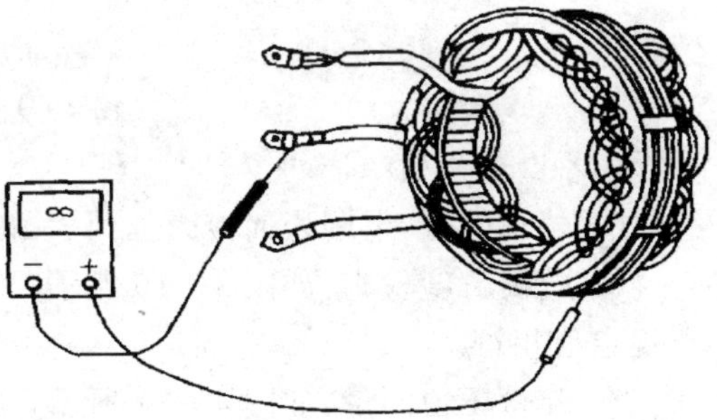

图 4-8　定子搭铁故障的检测

(3) 检查整流器

① 检查二极管好坏：将万用表的两测试棒接于二极管的两极测量其电阻，再反接测一次，若电阻值一大(10 kΩ)一小(8～10 Ω)，差异很大，说明二极管良好。若两次测量阻值均为∞，则二极管断路；若两次测得阻值均为 0，则为短路。

对焊接式整流二极管来说，只要有一只二极管损坏，则需更换该二极管所在的正或负整流板总成；若为压装结构，则只需更换故障二极管即可。

② 二极管的极性判别：常用的万用表有机械式和电子式两种，机械式万用表检测方法如下：

将万用表的正测试棒(红色)接二极管引出极，负测试棒(黑色)接二极管的另一极，测其电阻。由于万用表的红表笔接表内电池负极，黑表笔接表内电池正极，而二极管正向偏置时，阻值较小，因此：若测得阻值较大时(10 kΩ 左右)，则该引出极为二极管的正极；若阻值较小时(8～10 Ω)，则该引出极为二极管的负极。

③ 整体式整流器的检查：以如 4-9 所示整流板为例说明如下：

当检测负极整流板时，先将与万用表(R×1 挡)电源正极相连的表笔接负极整流板的壳体，与电源负极相连的表笔分别接 P_1、P_2、P_3 点，万用表均应导通，如不通，说明该二极管断路，则应更换整流器总成；再调换两表笔检测，万用表应不导通，如导通，说明该二极管短路，亦需更换整流器总成。

当检测正极整流板时，先将与万用表内电源负极相连的表笔接整流器端子 B；另一只表笔

分别接 P_{11}、P_{22}、P_{33} 点进行检测，万用表均应导通，如不通，说明该二极管断路，则应更换整流器总成；再调换两表笔检测部位进行检测，此时万用表应不导通，如导通，说明该二极管短路，亦应更换整流器总成。

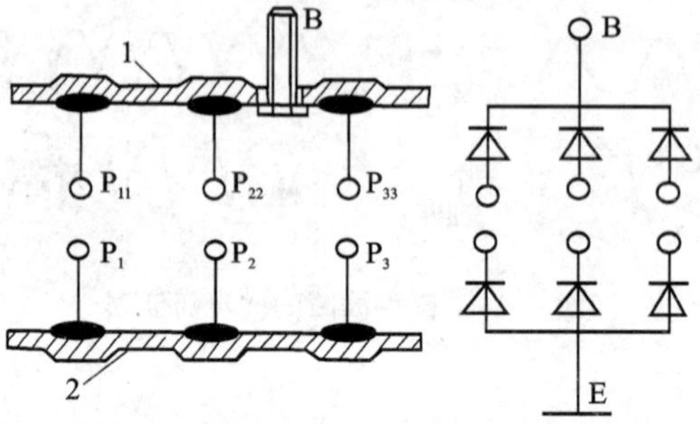

1—正极整流板；2—负极整流板

图 4-9 交流发电机整流器

(4) 检查电刷组件

① 外观检查：电刷表面应无油污、无破损、无变形，且应在电刷架中活动自如。

② 电刷长度检查：如图 4-10 所示，用游标卡尺或钢板尺测量电刷露出电刷架的长度，应与规定值相符。

③ 弹簧压力测量：如图 4-11 所示，用天平检测电刷弹簧压力应与规定值相符。

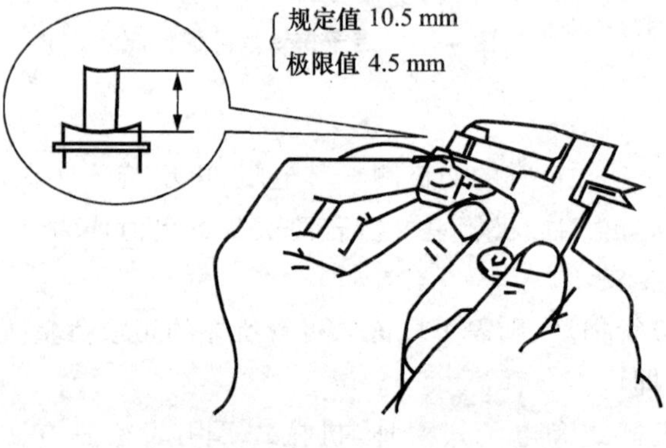

图 4-10 电刷长度检查

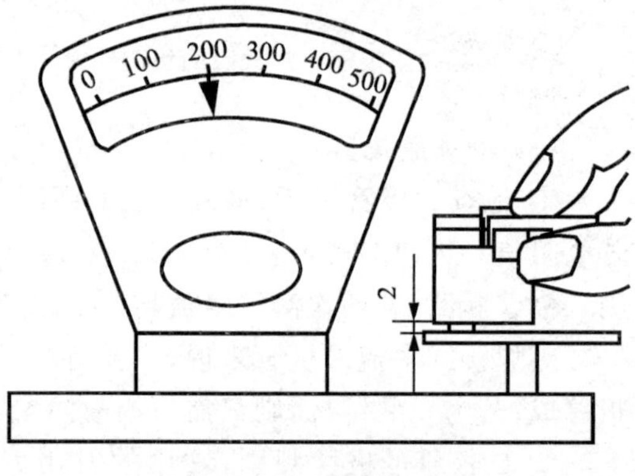

图 4-11 电刷弹簧压力检查

(5) 其他零件检查

检查发电机各接线柱绝缘情况，发现搭铁故障应拆检；检查轴承轴向和径向间隙均应不大于 0.20 mm，滚珠、滚道无斑点，轴承无转动异响；检查前后端盖和传送带轮等应无裂损，绝缘垫应完好。如图 4-12 所示，用 30～50 N 的力按下传动带，挠度应为 10～15 mm。

(6) 硅整流交流发电机的装复

首先向轴承中填充 2/3 的润滑脂，再按拆解的反顺序装复。

① 将前端盖、风扇、半圆键和传送带轮依次装到转子轴上，并用螺母紧固。

② 将整流板、定子绕组依次装入后端盖。

③ 将两端盖装合在一起，并拧紧连接螺栓。

④ 拧紧后端盖轴承紧固螺母，装好轴承盖。

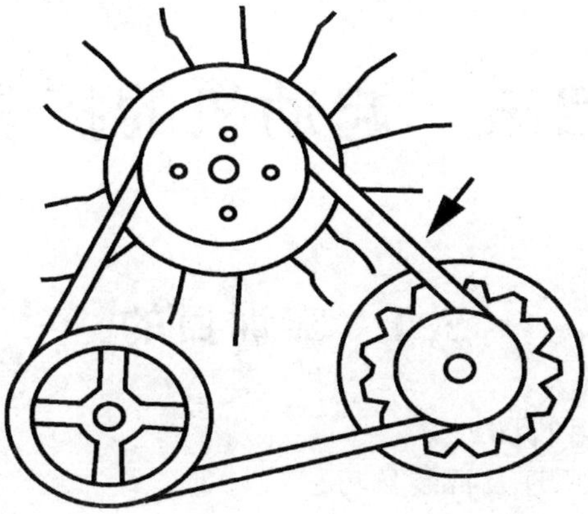

图 4-12　交流发电机传送带松紧度检查

⑤ 装电刷组件。

⑥ 装复后,转动发动机传送带轮,转子转动平顺,无摩擦及碰击声。

4.5　实训考核及评价

① 考核要求:

➢ 拆装硅整流交流发电机。

➢ 检查硅整流交流发电机的各部件及总成。

➢ 装配后进行硅整流交流发电机的检测与试验,应恢复其技术性能。

② 考核时间:45 min

③ 考核评分:表 4-4 所列为交流发电机的拆装与检测训练的考核评分表。

表 4-4　交流发电机的拆装与检测训练的考核评分内容

序　号	考核内容	配　分	评分标准	考核记录	扣　分	得　分
1	发电机拆解清洗	25	操作错误每处扣 6 分			
2	转子检查	50	每项检查方法不正确扣 5 分 检查结果不正确扣 5 分			
	定子检查					
	二极管检查					
	电刷检查					
3	发电机组装	15	每处错误扣 5 分			
4	安全文明生产	10	违规操作记 0 分			
5	分数总计	100				

实训项目五　起动机的拆装与检测

5.1　实训目的

起动机的拆装与检测实训目的：

① 掌握起动机的结构、原理及拆装技巧。

② 掌握起动机的检测方法。

③ 掌握起动机的调整。

④ 掌握起动机各部件的性能参数。

5.2　实训要求

起动机的拆装与检测的实训要求：

① 学生在做实训之前要先预习，在过程中要按分解顺序摆放零部件并做相应标记和记录。

② 教师应先采用边示范边讲解的教学方式，学生在动手做实训时，指导教师应指导、规范学生的动作和程序。每位同学必须严格按照给出的操作步骤和技术要求，动手完成规定的检修任务。

③ 实训完成后，学生撰写实训报告，归纳和总结起动机的组成、结构及其检测要点。

5.3　实训工具及设备

表 5－1 所列为起动机的拆装与检测所需实训装备与工、量具。

表 5－1　实训设备与工、量具

<table>
<tr><th colspan="2">项　目</th><th>名　称</th><th>数　量</th></tr>
<tr><td rowspan="3">工具</td><td rowspan="2">常用手动工　具</td><td>移动台式工具箱</td><td>1 台</td></tr>
<tr><td>V 形铁、扭力扳手、开口扳手、活动扳手、梅花扳手、专用油管扳手、套筒扳手、鲤鱼钳、尖嘴钳、一字起子、十字起子、橡胶锤、铁锤、油盆等</td><td>1 套</td></tr>
<tr><td>专用工具或仪器</td><td>专用拉具、游标卡尺、百分表、数字万用表</td><td>1 套</td></tr>
<tr><td colspan="2">辅　料</td><td>清洁剂、润滑脂、棉纱、00 号砂纸等</td><td>适　量</td></tr>
<tr><td colspan="2" rowspan="2">设　备</td><td>电器试验台</td><td>1 台</td></tr>
<tr><td>起动机</td><td>1 个</td></tr>
</table>

5.4　实训内容

起动机的拆装与检测实训内容如下：

1. 起动机的拆装

(1) 起动机的分解

起动机解体前应清洁外部的油污和灰尘，然后按以下步骤进行解体：

① 旋出防尘盖固定螺钉，取下防尘盖，用专用钢丝钩取出电刷；拆下电枢轴上止推圈处的卡簧，如图 5-1 所示。

② 用扳手旋出两个紧固穿心螺栓，取下前端盖，抽出电枢，如图 5-2 所示。

③ 拆下电磁开关主接线柱与电动机接线柱之间的导电片；旋出后端盖上的电磁开关紧固螺钉，使电磁开关后端盖与中间壳体分离，如图 5-3 所示。

④ 从后端盖上旋下中间支承板紧固螺钉，取下中间支撑板，旋出拨叉轴销螺钉，抽出拨叉，取出离合器，如图 5-4 所示。

⑤ 将已解体的机械部分浸入清洗液中清洗，电气部分用棉纱沾少量汽油擦拭干净。

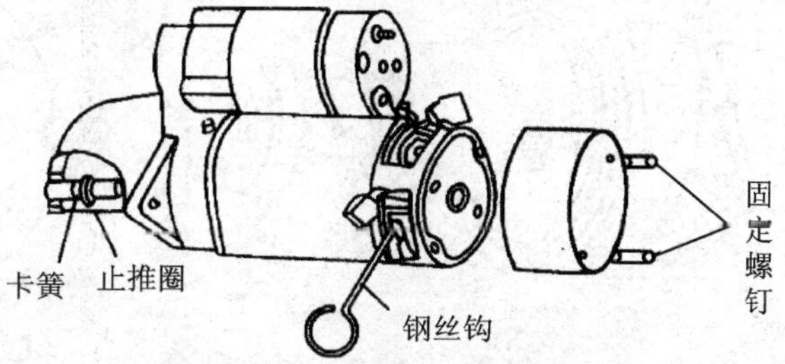

图 5-1　拆解防尘盖和电刷

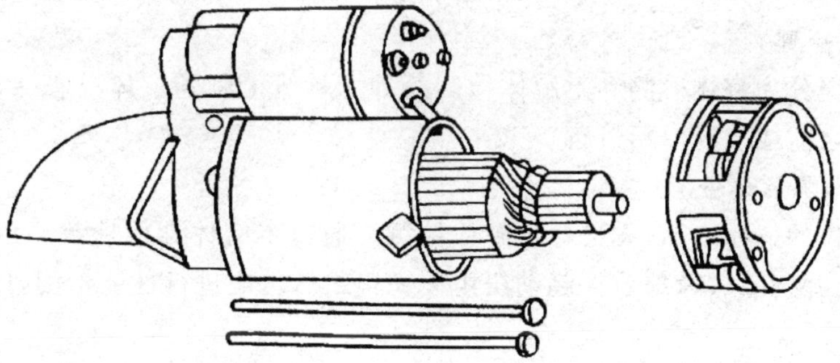

图 5-2　拆解紧固穿心螺栓

(2) 起动机的装复

起动机的形式不同，具体装复的步骤也不完全相同，但基本原则是按分解时的相反步骤进行，一般操作流程如下：

先将离合器和拨叉与端盖装好，再拧装中间轴承板。然后把电枢轴插入后端盖内，套上外壳和前端盖，穿入拉紧螺栓并柠紧。最后再装入电刷，套上防尘箍，待试验合格后再紧固。

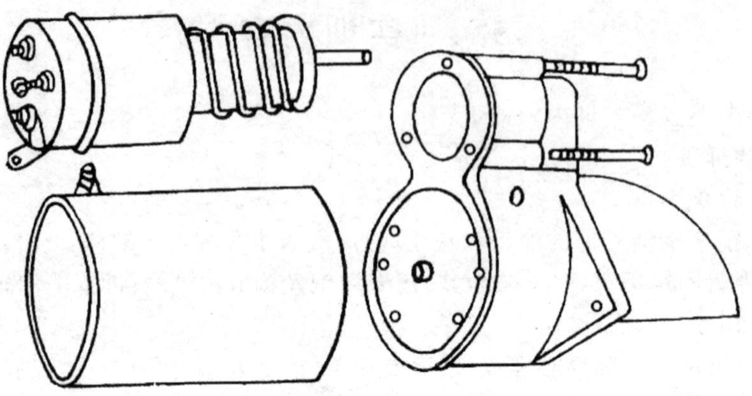

图 5-3 拆解电磁开关

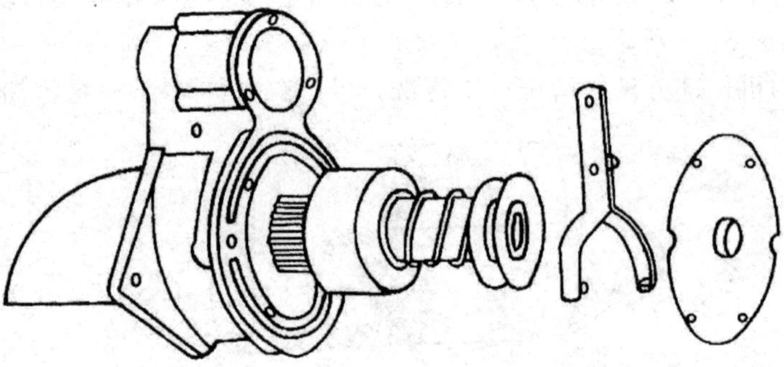

图 5-4 拆解单向离合器

注意:在起动机分解过程中,应将拆除的金属零件放入汽油、煤油、柴油或专业清洗剂中清洗干净。对所有的绝缘部件,只能用干净布沾少量汽油擦试。清洗完毕后风干、送检或装复。

2. 起动机的检测

起动机的检测分为解体检测和不解体检测两种。解体检测随解体过程一同进行;不解体测试可以在拆卸之前或装复以后进行。

(1) 起动机的不解体检测

在进行起动机的解体之前,先进行不解体检测。通过不解体性能检测可以先大致检测判断起动机的性能,并判断故障部位。起动机组装完毕之后也应进行性能检测,以保证起动机正常运行。

① 吸引线圈的性能测试:按照图 5-5 所示的方法连接蓄电池与电磁启动开关。

将电磁开关上与起动机连接的端子 C 断开,与蓄电池负极连接。电磁开关壳体与蓄电池负极连接。将电磁开关上与点火开关连接的端子 50 与蓄电池正极连接,此时,起动机驱动齿轮应向外移出,否则说明电磁开关有故障,应予以修理或更换。

② 保持线圈的性能测试:接线方法如图 5-6 所示,在吸引线圈性能测试的基础上,拆下电磁开关端子 C 上的线,此时,驱动齿轮应保持在伸出位置不动。否则,说明保持线圈损坏或搭铁不正常,应修理或更换电磁开关。

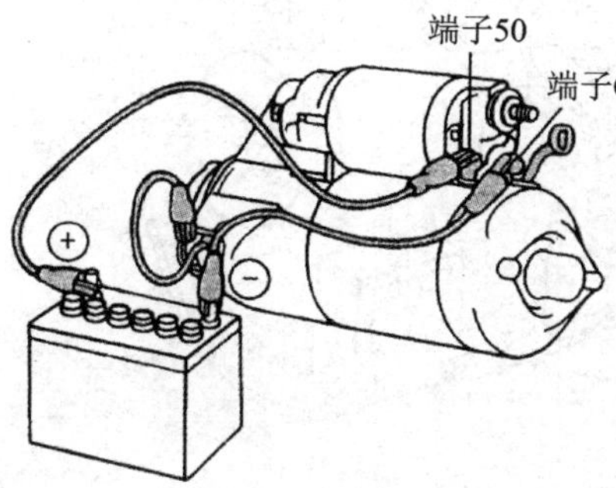

图 5－5　吸引线圈性能测试

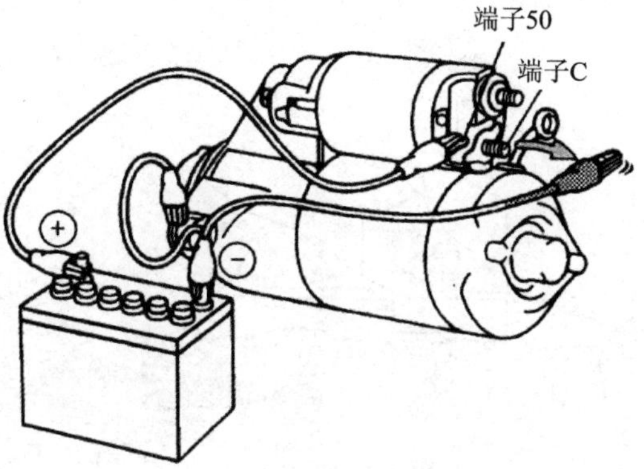

图 5－6　保持线圈性能测试

③ 驱动齿轮回位测试：测试方法如图 5－7 所示，在上述试验的基础上，再拆下壳体上的连接线，此时驱动齿轮应迅速复位。如不能复位，说明复位弹簧失效，应予以更换。

④ 驱动齿轮间隙的检查：按照图 5－8 所示连线方式，连接蓄电池和电磁开关，并进行驱动齿轮间隙的测量(见图 5－9)。测量时，先把驱动齿轮推向电枢方向，待电源接通后驱动齿轮会被推到止动垫圈一侧，此时测量驱动齿轮端和止动垫圈间的间隙，并和标准值(不同型号的起动机标准值不一样，一般在 1～4 mm 范围内)进行比较。

⑤ 空载测试：

- 固定起动机、按照图 5－10 所示的方法连接导线；
- 检查起动机应平稳运转，同时驱动齿轮应移出；
- 读取安培表的数值，应符合标准值；
- 断开端子后，起动机应立即停止转动，同时驱动齿轮缩回。

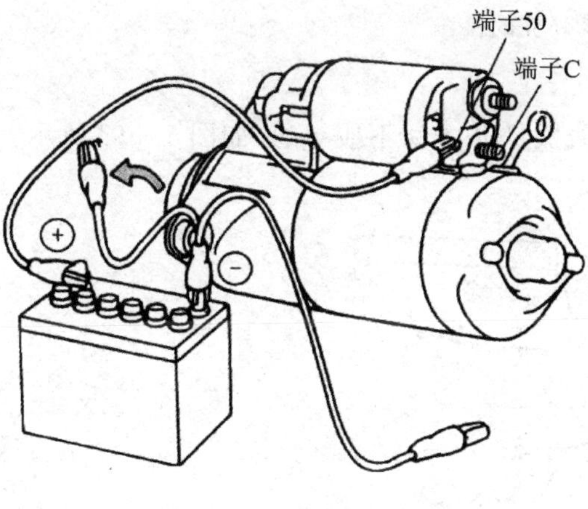

图 5－7　驱动齿轮回位测试

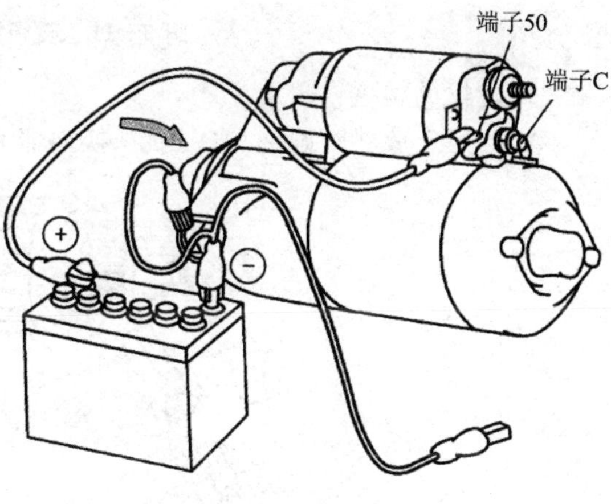

图 5－8　检查驱动齿轮间隙时电路连接方式

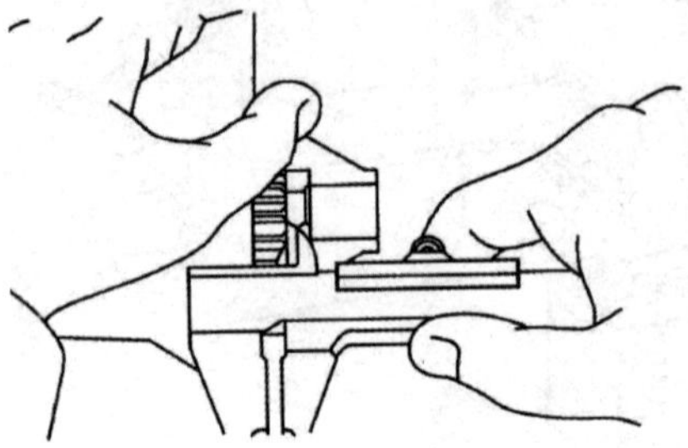

图 5－9　驱动齿轮间隙的检查

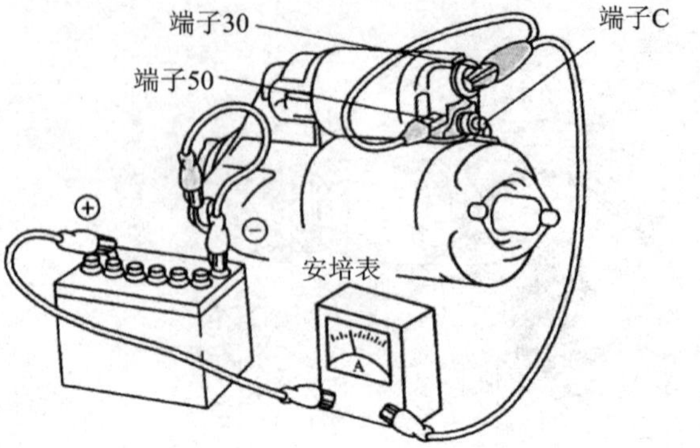

图 5－10　起动机空载测试

(2) 起动机的解体检测

1) 直流电动机的检测

① 磁场绕组的检测：如图 5－11 所示，万用表放在响零挡，用欧姆表检查励磁绕组两电刷之间时，应导通。用欧姆表检查励磁绕组和定子外壳时，不应导通。

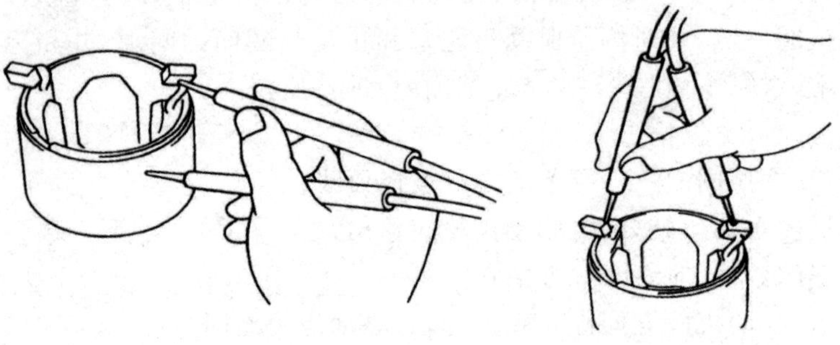

(a) 电刷与壳体间不导通　(b) 电刷之间应导通

图 5－11　磁场绕组及其外壳的检查

② 电枢的检查：

A. 万用表放在欧姆 2 MΩ 挡位，换向器和电枢线圈铁芯之间不应导通，如图 5－12 所示。

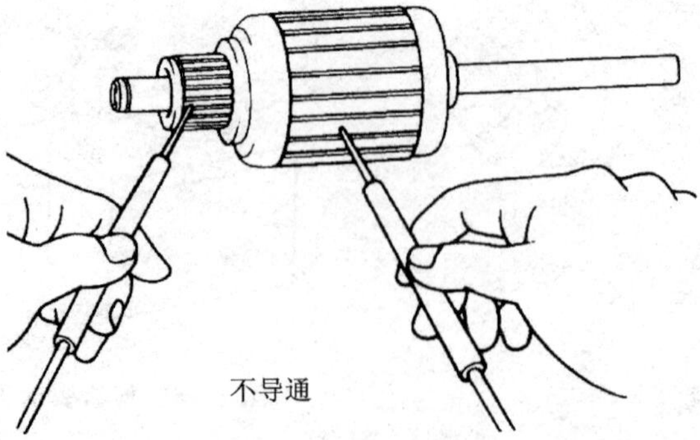

图 5－12　换向器与电枢线圈铁芯绝缘检查

B. 万用表放在欧姆 200 Ω 挡位时，检查电枢绕组（换向片与换向片间），两表笔放在两整流片上，应该导通，如图 5－13 所示。

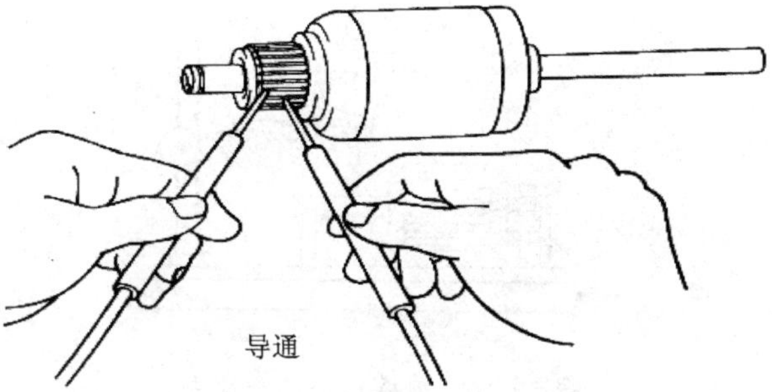

图 5－13　电枢绕组的检查

C. 用百分表检查换向器失圆度，其失圆度（跳动量）不应超过 0.03 mm，最新的标准值为 0.02 mm，如图 5－14 所示。

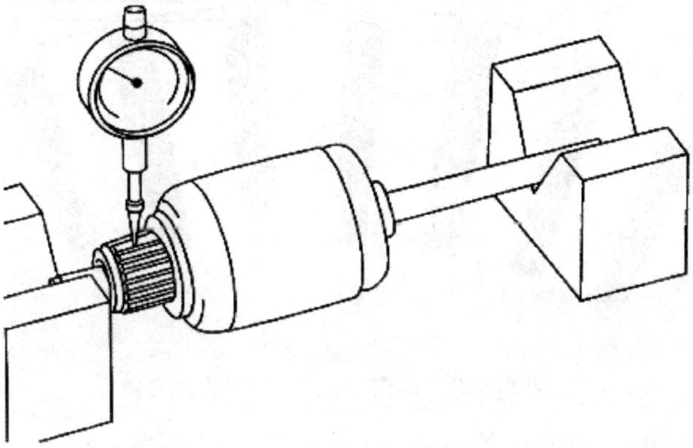

图 5－14　换向器失圆度检查

D. 用游标卡尺检查换向器最小直径：检查时应和标准值进行比较，若测得的直径小于最小值，应更换电枢，如图 5－15 所示。

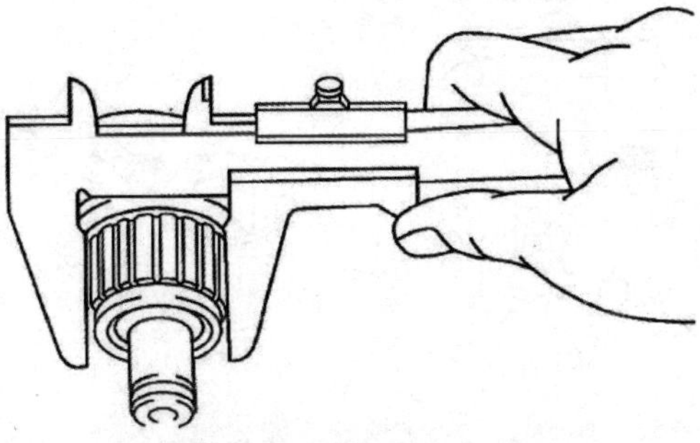

图 5－15　换向器最小直径检查

E. 用百分表检查电枢轴跳动，其跳动量不应大于 0.08 mm，否则应进行校正或更换电枢，如图 5-16 所示。

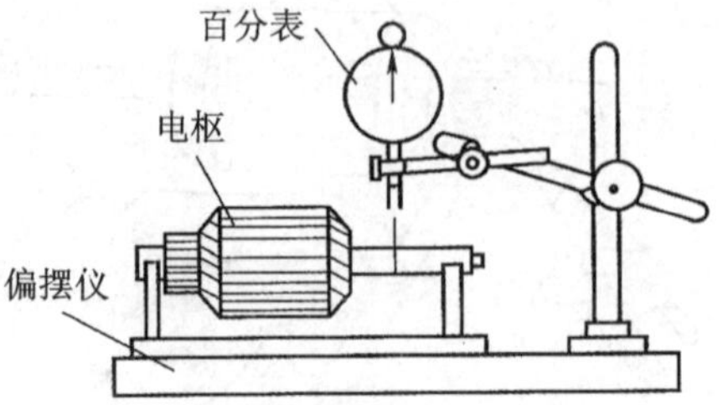

图 5-16 电枢轴跳动量检查

F. 换向器绝缘片的检查，换向片应洁净，无异物。绝缘片的深度为 0.5～0.8 mm，最大深度为 0.2 mm，若超出则应使用锉刀进行修正，如图 5-17 所示。

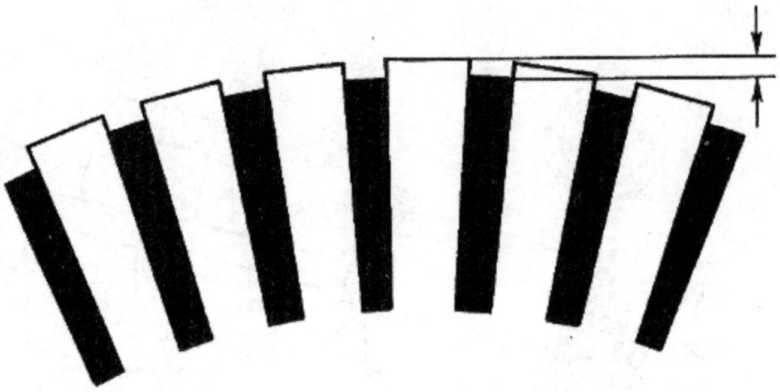

图 5-17 换向器绝缘片的深度检查

③ 电刷、电刷架及电刷弹簧的检查：

A. 用游标卡尺测量电刷长度：测量电刷的长度时要结合具体的标准，不应小于最小长度标准即可，如图 5-18 所示。

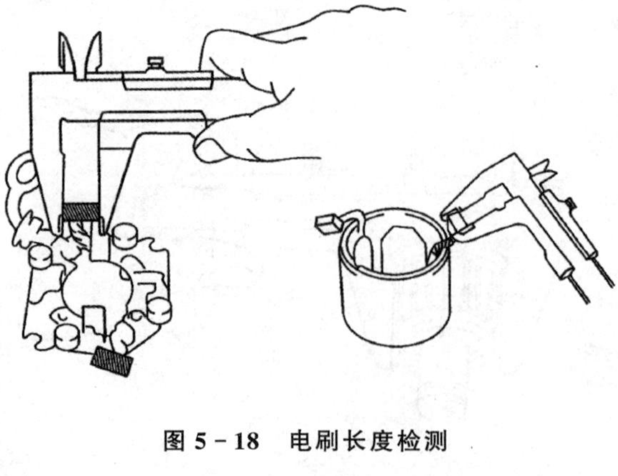

图 5-18 电刷长度检测

B. 检查“＋”电刷架 A 和“－”电刷架 B 之间不应导通。若导通，则应进行电刷架总成的更换，如图 5－19 所示。

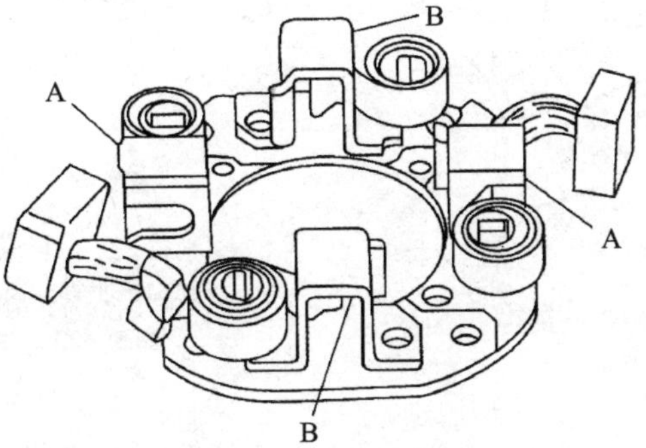

图 5－19　电刷架的检测

C. 不同型号起动机的弹簧压力是不同的，若测得弹簧的张力不在规定的范围值之内则要更换电刷弹簧，如图 5－20 所示。

2）传动机构的检测

① 驱动齿轮轴向移动检测：握住电枢，当转动单向离合器外座圈时，驱动齿轮总成应能沿电枢轴自如滑动，如图 5－21 所示。

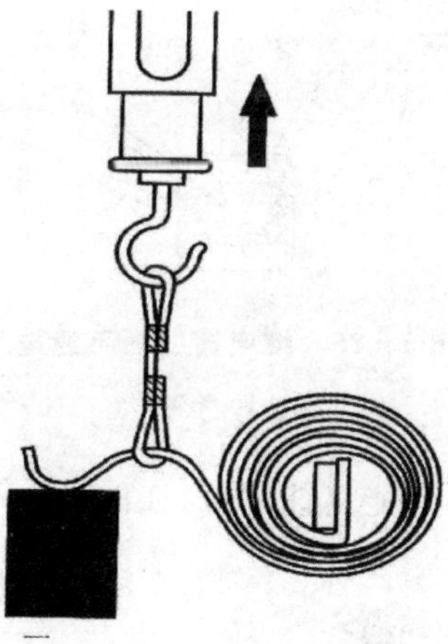

图 5－20　电刷弹簧检测

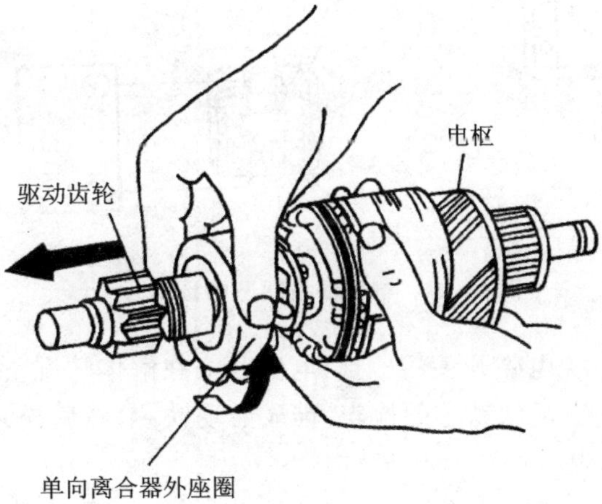

图 5－21　驱动齿轮轴向移动检测

② 单向离合器检测：如图 5－22 所示，检查小齿轮和花键及飞轮齿圈有无磨损和损坏，在确保驱动齿轮无损坏的情况下，握住外座圈，转动驱动齿轮，应能自由转动；反转时应锁住，否则应更换单向离合器。

③ 离合器制动扭矩检测：用扭力扳手检测离合器的制动扭矩，滚柱式离合器应为 25.5 N·m，摩擦片式离合器应在 117.7～176.5 N·m 范围内不打滑，如图 5－23 所示。

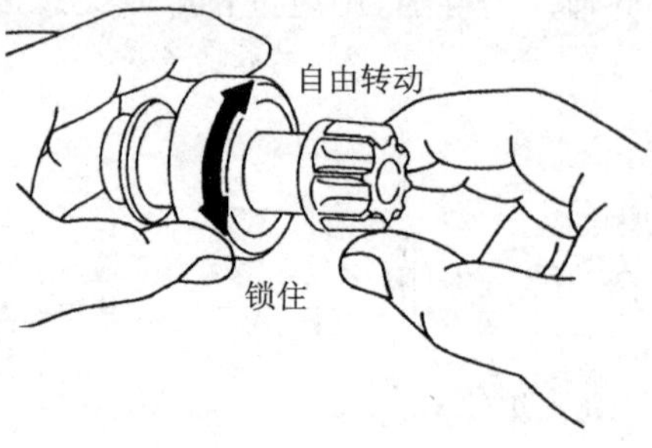

图 5-22 单向离合器检测

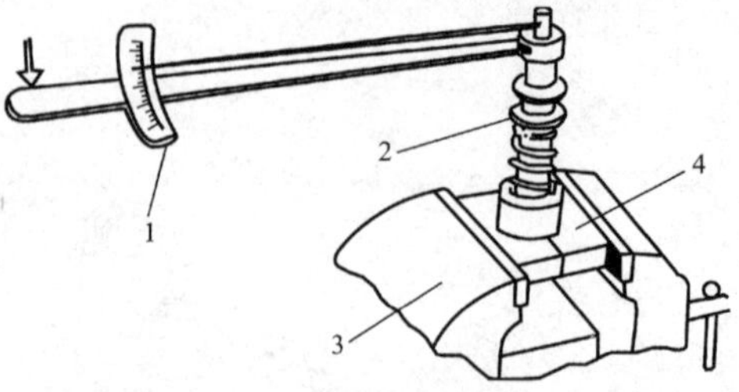

1—扭力扳手；2—离合器；3—台虎钳；4—夹板

图 5-23 离合器扭矩的检测

3）电磁开关的检修

起动机构如果有启动继电器，则需要对其进行检查。其检查项目和方法如下：

① 启动继电器的检查：当给继电器线圈通电时，其触点吸合，此时用万用表检查 2＃ 和 4＃端子时应导通，如图 5-24 所示。

当给继电器线圈断电时，其触点打开，此时用万用表检查 2＃ 和 4＃ 端子时应不通，同时 1＃ 和 3＃ 端子之间连接线圈，应导通（阻值应在标准范围内），如图 5-25 所示。

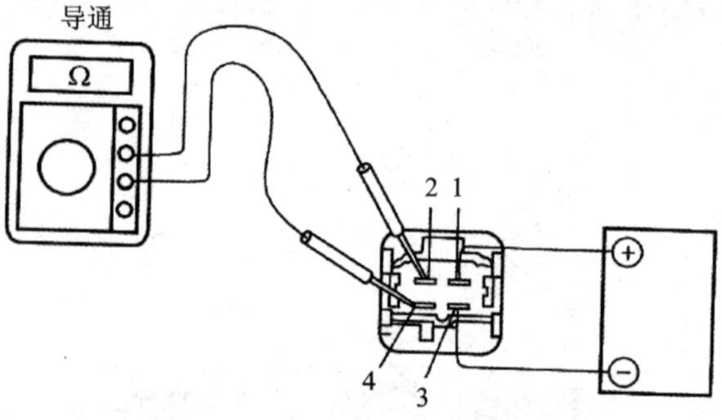

图 5-24 继电器线圈通电检测

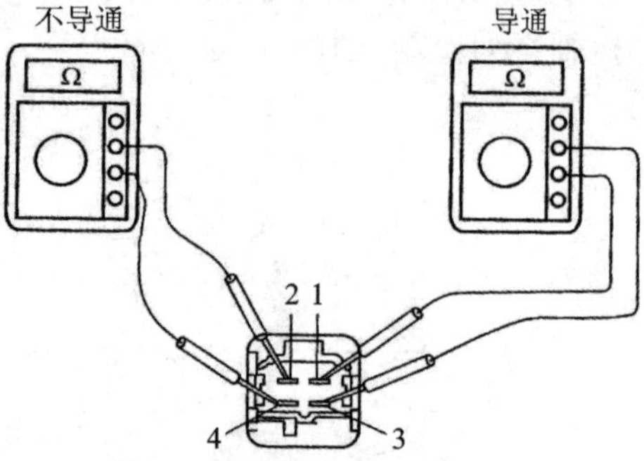

图 5-25 继电器线圈不通电检测

② 电磁开关的检查：电磁开关在解体情况下检查的项目和方法如下：

A. 活动铁芯的检查：推入活动铁芯，然后松开，活动铁芯应能迅速回位，如图 5-26 所示。

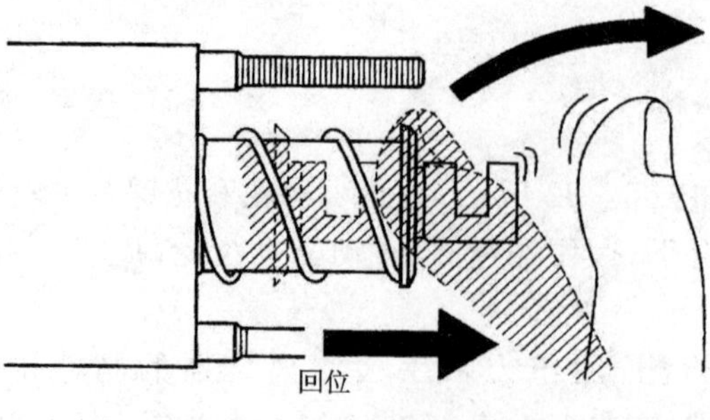

图 5-26 活动铁芯的检查

B. 吸引线圈的开路检查：如图 5－27 所示，用欧姆表连接端子 50 和端子 C 时应导通，并且电阻的阻值应在标准范围内，可以进行不解体检查。

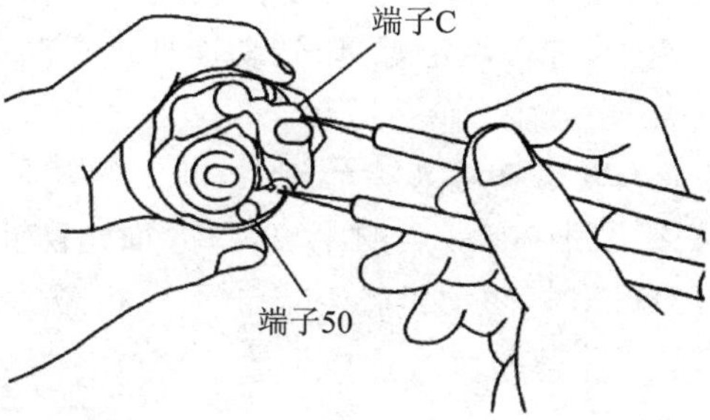

图 5－27　吸引线圈开路检查

C. 保持线圈的开路检查：如图 5－28 所示，用欧姆表连接端子 50 和搭铁时，应导通，并且电阻的阻值在标准范围内时，可以进行不解体检查。

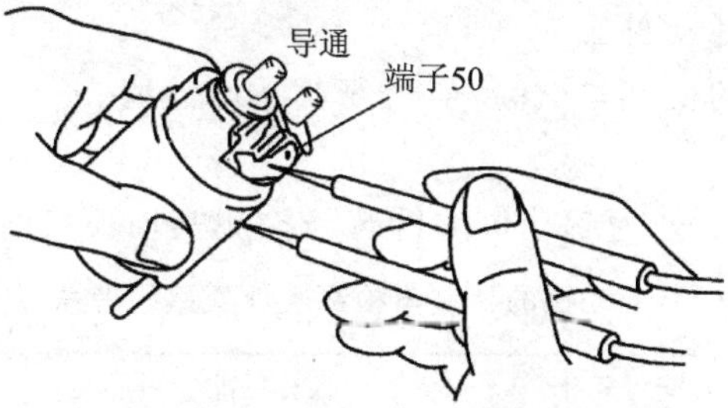

图 5－28　保持线圈开路的检查

D. 电磁开关接触片的检查：如图 5－29 所示，检查时，可用手推动活动铁芯，使其触盘与两接线柱接触，然后用欧姆表连接端子 30 和端子 C 时应导通，并且在正常情况下电阻的阻值为 0 Ω。

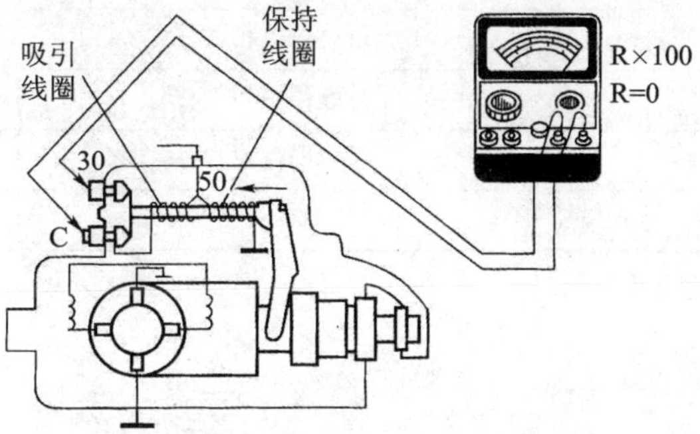

图 5－29　电磁开关接触片的检查

注意：解体检查结束之后，按照起动机装复的步骤进行装复。在装复之后，应进行性能测试。用蓄电池测试电磁开关和起动机时，检查时间不宜过长。

3. 起动机的调整

(1) 驱动齿轮与限位环间隙的检查调整

将引铁拨至前端极限位置，用厚薄规测量驱动齿轮端面与限位环之间间隙，应与标准相符。若不符合要求则应抽出销子，拧松固定螺母，转动连杆进行调整。拧入连杆，间隙减小；反之则间隙增大。

(2) 起动机驱动齿轮端面与端盖凸缘距离的调整

驱动齿轮端面与端盖凸缘之间应有一定的距离，一方面是防止驱动齿轮分离时冲击电枢线圈；另一方面是保证在分离状态时，驱动齿轮与飞轮不会相碰。调整时应松开固定螺母，转动限位螺钉进行调整。

5.5 实训考核及评价

① 考核要求：

➢ 拆装起动机。

➢ 检查起动机的各部件及总成。

➢ 装配后进行起动机的检测与试验，应恢复其技术性能。

② 考核时间：45 min

③ 考核评分：表 5-2 所列为起动机的拆装与检测实训项目的考核评分内容。

表 5-2 起动机的拆装与检测实训项目的考核评分内容

序号	考核内容	配分	评分标准	考核记录	扣分	得分
1	起动机拆解清洗	20	操作错误每处扣 6 分			
2	磁场绕组检查	50	每项检查方法不正确扣 5 分 检查结果不正确扣 5 分			
	电枢检查					
	传动机构检查					
	电磁开关检查					
3	起动机组装	10	每处错误扣 5 分			
4	起动机不解体检测	10	每处错误扣 5 分			
5	安全文明生产	10	违规操作记 0 分			
6	分数总计	100				

实训项目六　X－431 3G 诊断仪的使用

6.1　实训目的

X－431 3G 诊断仪使用的实训目的：

① 掌握元征 X－431 3G 诊断仪的组成及使用方法。

② 熟悉元征 X－431 3G 诊断仪的动态数据流的读取，故障码的读取和清除。

③ 发动机防盗钥匙的匹配和解除。

6.2　实训要求

X－431 3G 诊断仪使用的实训要求：

① 学生在做实训之前要先预习。

② 教师应先采用边示范边讲解的教学方式，学生在动手实训时，指导教师应指导、规范学生的动作和程序。每位同学在实车上完成数据流的分析，在实验台架上完成故障码的测试和清除。

③ 实训完成后，学生撰写实训报告，归纳和总结解码仪使用的注意要点。

6.3　实训工具及设备

表 6－1 所列为远征 X－431 3G 诊断（解码）仪使用实训时所用工具及设备表。

表 6－1　实训工具及设备表

项　目	名　称	数　量
专用仪器	元征 X－431 3G 解码仪	1 套
设　备	电控发动机台架	1 台

6.4　实训内容

X－431 3G 诊断仪的实训内容如下：

1. 诊断仪认知

(1) 解码仪简介

汽车诊断仪是一款专门针对汽车检测的专业仪器，可实时检测车辆的性能并对车辆故障进行检测，是检测车辆必备的一种工具。用户可以利用它迅速地读取汽车电控系统中的故障，并通过液晶显示屏显示故障信息，迅速查明发生故障的部位及原因。

(2) 解码仪发展历程

中国首款汽车检测监控仪：C 派车况检测监控仪（又名：C 派便携式行车电脑 K3）由深圳

凯派科技有限公司研发生产，具备读取故障码、清除故障码、完整显示车况、改善驾驶习惯、降低油耗、故障报警、超速报警以及多功能保养提醒等功能。此款产品一经上市便引起了新浪网、网易、汽车之家、xcar、太平洋汽车网、中关村在线、太平洋电脑网、小熊在线、硅谷动力、慧聪网等媒体的报道，也引起了千万车主的青睐和抢购。

(3) 解码仪功能简介

汽车故障诊断仪是维修中非常重要的工具，一般具有如下几项或全部的功能：

① 读取故障码。

② 清除故障码。

③ 读取发动机动态数据流。

④ 示波功能。

⑤ 元件动作测试。

⑥ 匹配、设定和编码等功能。

⑦ 英汉辞典、计算器及其他辅助功能。

(4) 解码仪诊断原理

诊断电子控制系统的传感器、执行器状态以及 ECU 的工作是否正常。通过判断 ECU 的输入、输出电压是否在规定的范围内变化时，可以判断电子控制系统工作是否正常。

当电子控制系统中的某一电路出现超出规定值的信号时，该电路及相关的传感器反映的故障信息以故障代码的形式存储到 ECU 内部的存储器中，维修人员可利用该诊断仪来读取故障码，使其显示出来。

(5) 解码仪操作流程简介

故障诊断仪大都随机带有使用手册，按照说明极易操作。一般来说有以下几步：

① 在车上找到诊断插座。

② 选用相应的诊断接口。

③ 根据车型，进入相应诊断系统。

④ 读取故障码。

⑤ 查看数据流。

⑥ 诊断维修之后清除故障码。

(6) 元征 X－431 3G 解码仪简介

元征 X－431 3G 解码仪是元征公司开发的汽车诊断工具，是国内各汽修厂和高校主要的汽车诊断设备，是对车辆进行全系统诊断，支持读码、清码、读数据流、动作测试及常用特殊功能，具体来说具备以下特性：

➢ 将工控计算机标准导入汽车维修设备行业，设备更稳定、质量更可靠。

➢ 支持 3G 通信：可无线高速上网、一键升级、一键反馈和一键搜索，使软件升级、信息反馈和资料查找更方便快捷。

➢ 包含在线维修库，提供海量的维修资料、维修案例等技术支持。

➢ 全新外观结构设计：全面考虑用户使用需求以及人体工程学，实现独特和创新设计。

➢ 多功能模块支持：除主机具备的诊断以及打印功能外，产品还覆盖示波器、汽车点火分析、传感器分析、电池和测试及 J2534 等功能模块，用户可根据需要选择所需产品配置。

➢ 全新操作界面设计，用户界面更加友好，操作更加简易。

➢ 提供 VGA 借口，支持外接投影仪或大显示屏扩展显示。

➢ 设置以太网口，支持有线连接互联网络。

➢ 全面开放各车系和车型测试软件，使诊断软件和功能继续保持行业领先地位。

① 元征 X-431 3G 解码仪整机介绍：X-431 3G 的整机包括三大部分：主机、SMARTBOX(诊断盒)和 MINIPRINTER(迷你打印机)，如图 6-1 所示。这三大件各自具有独立的功能和作用，都通过插接组合为一个整体，外面加上保护外壳，防止松动和磨损。除此之外，X-431 3G 还配有一些进行汽车诊断和网上升级所需的附件，如测试主线、电源线、开关电源、SIM 卡、SIM 卡读写器，以及各种测试接头等。

主机可单独使用。在单独使用时，就成为一台标准的手持式电脑，具备所有标准的掌上电脑功能，如个人数据管理、游戏等。

SMARTBOX(诊断盒)是进行汽车诊断的必要组成部分，担负着汽车诊断的主要功能。

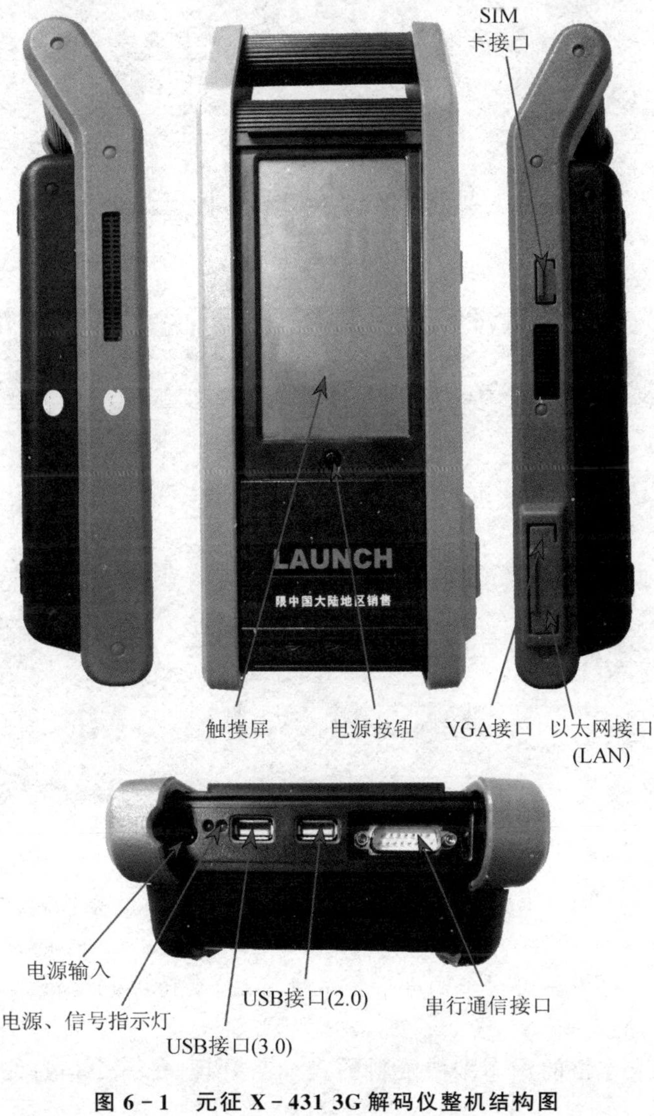

图 6-1　元征 X-431 3G 解码仪整机结构图

SMARTBOX 由于进行了详细的功能设计，为后续的升级服务（网上下载升级）奠定了基础。

迷你打印机（MINIPRINTER）与主机相连的是标准并口，用于打印测试结果。使用 $\Phi30\times57$ mm（内孔为 $\Phi7$ mm）的热敏打印纸。该迷你打印机位于主机触摸屏下方，插拔式拆装，简单方便。

② 开机和关机：接通主机电源，按下主机面板的电源按钮键，等待几秒后进入启动画面，如图 6－2 所示。关闭主机可以采取两种方式：一种是长按主机上的电源按钮进行关机；另一种是单击桌面上面的“退出系统”按钮，出现图 6－3 所示的界面，单击“关机”按钮即可。

图 6－2　启动画面

图 6－3　关机操作界面

③ 界面图标介绍：图 6－4 所示为 X－431 3G 开机成功后的桌面，包含有多个图标，各图标功能如下：

➢ 汽车诊断：单击进入后可对车辆进行全系统诊断，支持读码、清码、读数据流、动作测试及常用特殊功能。

➢ 维修资料：包含丰富的汽车维修资料的查询与管理，是一个信息终端，方便浏览，使用简单。

- 论坛：主要用于用户提交问题与浏览问题，通过论坛，用户可以提交自己遇到的问题，也可以了解其他用户提交的问题跟问题间的解决办法(进入论坛前需要确保网络连通，用户已经注册)。
- 汽车示波器：在连线正确的情况下具备示波器的检测功能。
- 汽车点火：对发动机各系统工作状态的静态和动态参数进行分析，为发动机技术状态判断和故障诊断提供科学依据(须配合点火/示波器硬件模块及相应的连接线或接头一起使用)。
- 传感器模拟：为诊断汽车传感器故障而专门开发，用户可以方便快捷地对传感器进行诊断。
- 汽车万用表：可进行电压、电阻和频率的测试。
- 电瓶测试：用来测试汽车电瓶性能，既可对独立的电瓶进行性能测试，也能检测车内电瓶的性能，其分别对应为“车外测试”和“车内测试”。
- 资讯中心：为用户提供产品新闻、软件升级信息等最新资讯，是元征产品展示的一扇窗户。
- 邮箱：具备邮件查收的功能，包含未读邮件、已读邮件、已发送邮件、草稿箱等。
- 升级中心：为用户提供可以升级的软件信息。
- 系统设置：可以进行日期和时间、亮度、屏幕校正等相关设置。
- 帮助：查看相关帮助信息。
- 退出系统：可进行关机、重启等操作。

图 6-4　开机成功后的桌面

2. 诊断仪使用

(1) 诊断条件

汽车蓄电池电压应为 11～14 V，X-431 3G 的额定电压为 12 V。

(2) 诊断仪连接

选择对应车型的诊断插座，一般为 16 针 OBDⅢ座(该插座内的端子可直接供电)。一端接入诊断仪的数据接口，另一端接入汽车诊断插座。

注意：如果所测汽车的诊断插座电压不足或其电源端子损坏，可通过以下任一方式获取电源：

① 通过点烟器：取出点烟器，将点烟器电缆的一端插入汽车点烟器孔，另一端与诊断仪的电源插头连接。

② 通过单钳电源线：将单钳电源线的电源钳夹在蓄电池的正极，另一端插入诊断仪主线的电源接头。

(3) 进入开机主界面

开机成功后进入如图 6－4 所示的界面，根据实际需要进行功能模块选择。

(4) 故障码读取

① 在图 6－4 所示的操作界面，单击汽车诊断。

② 进入图 6－5 所示的车系选择界面，单击对应车型图标，这里以捷达车型的一款发动机故障诊断为例，选择大众图标（第一排第二个）进入诊断程序。

图 6－5　选择测试车型

③ 程序加载成功后为图 6－6 所示界面，加载成功后单击右下角的“确认”按钮进入下一步。

④ 如图 6－7 所示，进入系统后会发现控制模块、系统扫描等操作选项，选择控制模块进入到下一步。

⑤ 如图 6－8 所示，此时会有多个控制系统可供选择，根据需要选择合适的系统进入下一步，比如这里需要诊断发动机系统的相关故障，选择发动机系统进入下一步。

⑥ 成功进入发动机系统时会显示所测控制电脑的相关信息，如电脑型号、系统类型、发动机类型等，如图 6－9 所示。图 6－10 所示为进入发动机系统后的操作界面，有读取故障码、清除故障码、读取数据流等多种操作，这里需要读取故障码，因此单击读取故障代码进入下一步。

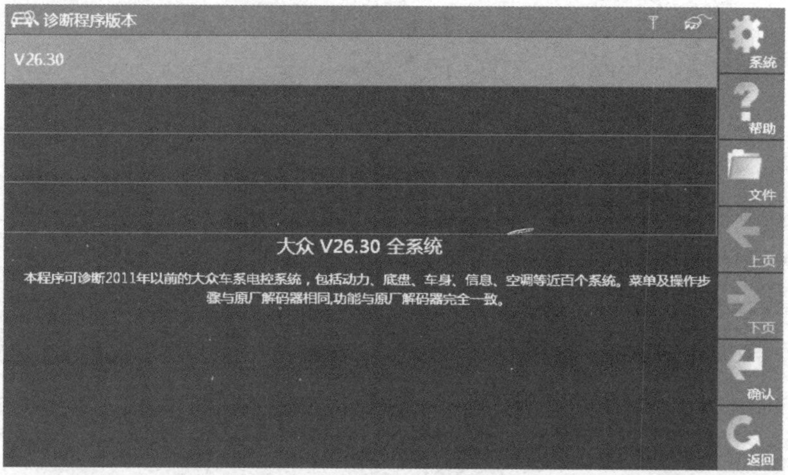

图 6-6　诊断程序加载

图 6-7　功能选择界面

图 6-8　测试系统选择界面

注意：有时候会出现不能通信的情况，此时检查接线是否正确，接口是否松动，也可以单击右侧菜单栏进行复位操作，然后再次试着进入发动机系统，如果还不能进入系统，可能是发动机电脑不能与解码仪进行通信，需要先排除此故障才能进行下一步操作。

⑦ 单击读取故障代码之后，系统开始读取故障代码，图 6-10 所示为某次读取的故障代码(如所测系统没有故障则提示无故障码)，包含故障代码和具体的故障描述两部分。

注意：在装备 OBD Ⅱ系统的车辆上，所有的故障代码(DTC)都以英文字母开头，后面跟随 4 个数字。如 P0101、C1234、B2236 等。

DTC 开头的字母表示被检测到的故障系统：P 为动力系统；B 为车身系统；C 为底盘系统；U 为网络或数据通信传输系统。字母后的第一个数字是通用码(对所有的车辆制造商)，或是制造商专用码。比如：0 指一般码，1 指制造商专用码。美国通用汽车公司就有帮助诊断车辆

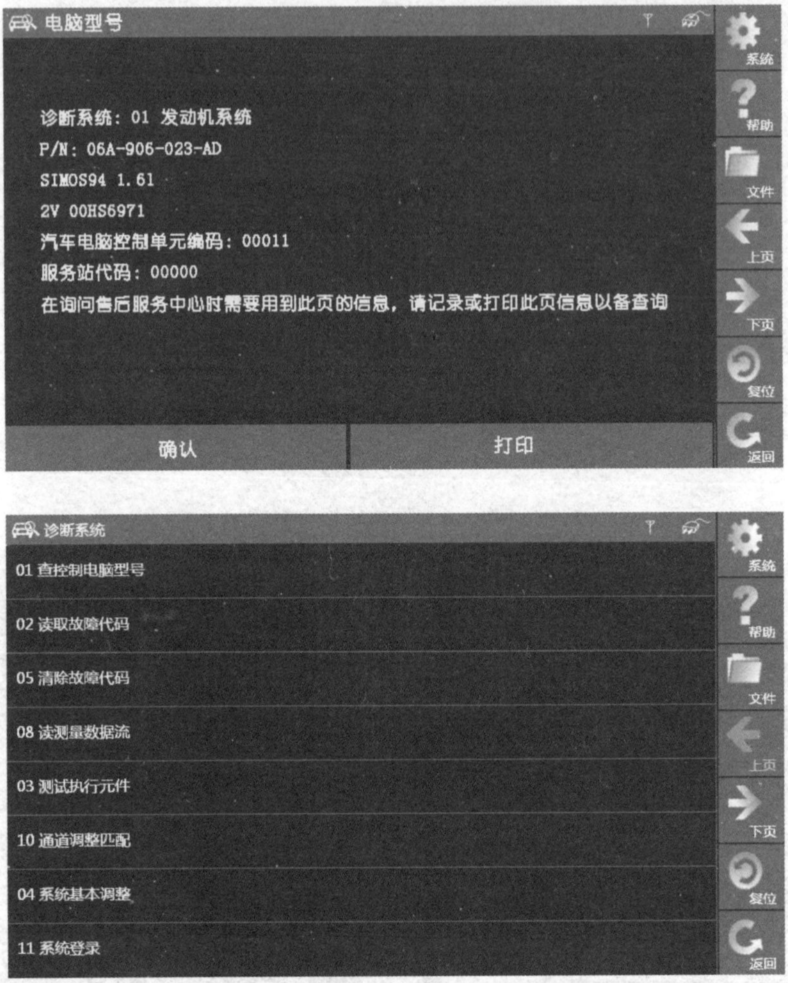

图 6-9　诊断系统测试项目选择界面

技术状况所特定的数字类型编码。第二个数字指出了受影响的故障系统类型，数字 1～7：1 为燃油及空气计量系统；2 为燃油及空气计量系统（特指喷射系统回路功能不良）；3 为点火系统或缺缸监测系统；4 为辅助排放系统；5 为车速控制和怠速控制系统；6 为计算机输出线路系统；7 为变速箱。

（5）清除故障码

在读取故障代码完成之后，可以单击右下角的“返回”按钮，进入如图 6-9 所示的测试项目选择界面，单击清除故障代码即可进入图 6-11 所示的清除故障码操作界面，根据提示选择“是”按钮即可。

注意：使用解码仪读取汽车某一系统的故障代码时，应按照“读取故障代码→清除故障代码→再读取故障代码”的操作流程来进行，避免第一次读取故障代码过程中记录了电脑之前所存在的故障代码。

（6）读数据流

在上一步的基础上，单击右下角的“返回”按钮，进入到图 6-9 所示的测试项目选择界面，

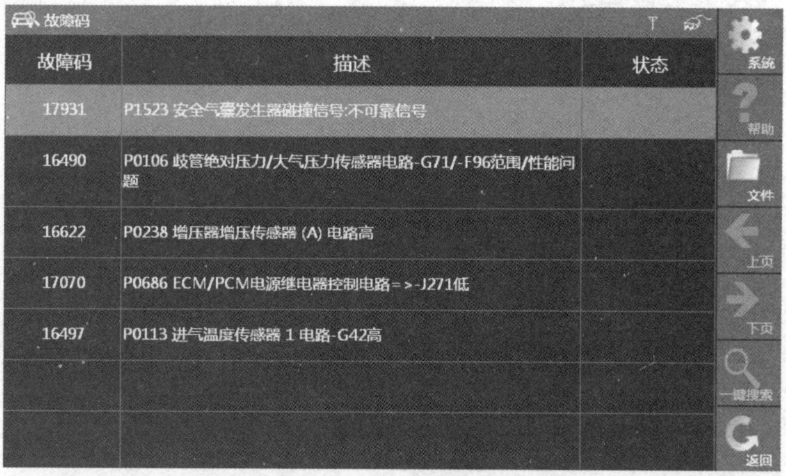

图 6-10　故障码读取界面

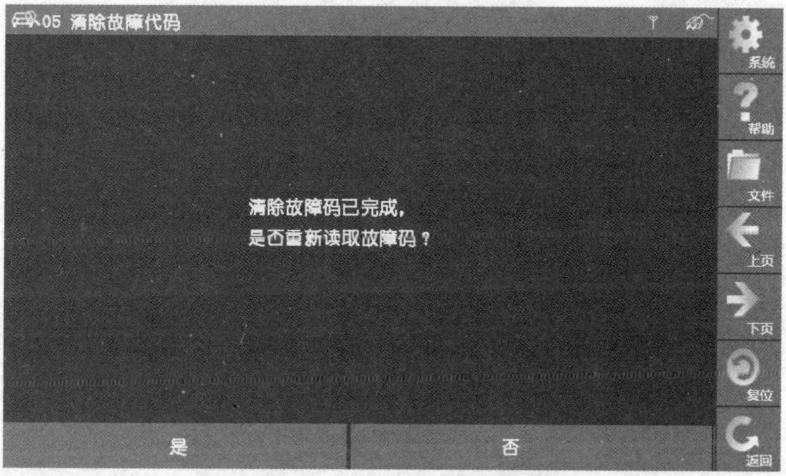

图 6-11　清除故障代码操作界面

单击读测量数据流后会出现虚拟键盘,该虚拟键盘是用来输入通道号(一般为 001～255)的,根据需要选择的通道号单击相应的数字输入即可,例如输入 001 通道号,进入到图 6-12 所示的数据流即时显示界面,此时也可以单击右侧菜单栏的“上通道”和“下通道”进行切换读取数据流。

在图 6-12 显示的界面中,单击“高级”按钮出现“图形、录制和帮助选项”,选择图形即可进入数据流图形显示功能,图 6-13 所示的图形显示界面显示了当前转速(发动机转速)和温度(冷却液温度)的波形参数。

(7) 动作测试

在图 6-9 所示的测试项目选择界面中,单击测试执行元件,进入动作测试中,如图 6-14 所示。此时可单击“下一个”按钮执行下一个元件的测试,重复操作,直到所有的元件测试完毕,屏幕出现“没有可测试执行元件!”,如图 6-15 所示。

注意:使用故障诊断仪的故障码读取功能,可以对故障车辆的电控系统进行扫描。大部分

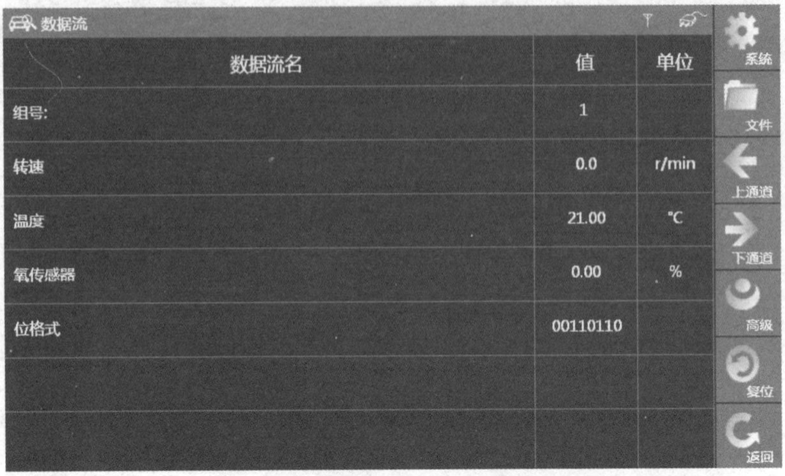

图 6-12　数据流读取界面

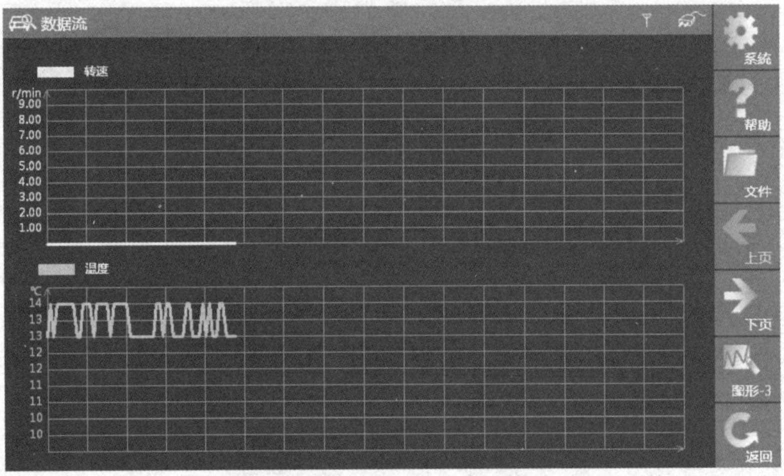

图 6-13　数据流图形显示

情况下，故障记录并不是故障成因。但是故障记录的内容给用户提供了确定故障所在的范围，结合故障现象和其他辅助检查，可以迅速排除故障。

大多数情况下，通过读取故障码功能进行故障查询时，会调出多个有关故障记录，有时这些故障内容并不是孤立的，往往是由一个隐藏的故障造成的，或者有一定的因果关系。通过这个角度分析故障存储的内容，再结合其他检测方式和维修经验，可以迅速判断故障。

通过查询数据流，可以得知控制单元收集的相关传感器和执行元件的数据信息，以及开关状态信息，并以具体的数值显示出来。充分利用这些数据，有助于故障的正确分析和判断。

关机前，先退到开机界面，然后关闭汽车点火开关，再退出程序，选择关机操作。

(8) 控制单元编码

如果车辆的代码没有显示或主电脑已经更换，则必须给控制单元编码。

注意：一个控制单元有时能够适应多种车型，这由控制单元内部所存储的不同程序来决定，控制单元的一个编码代表了其中的一个程序。所以，在更换控制单元时，一般要先查看一

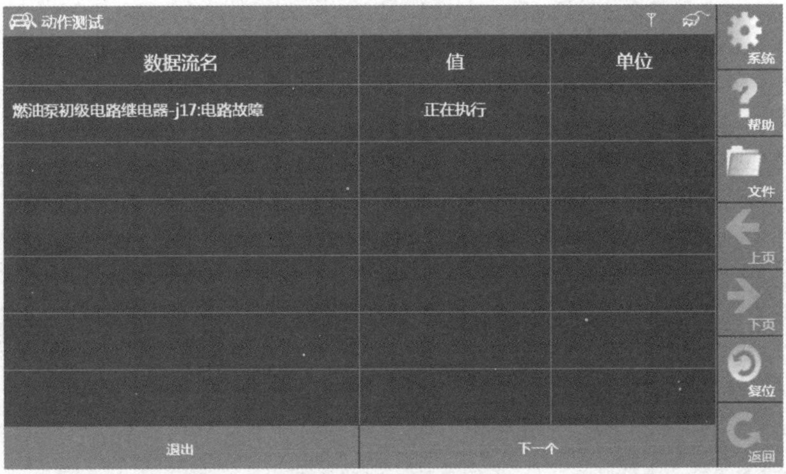

图 6-14　动作测试

图 6-15　动作测试完成

下原车所用的控制单元编码,给换上的控制单元编上同样的编码。错误的编码轻则导致车辆的性能不良,重则会给车辆带来严重的故障。

3. 诊断仪升级

X-431 3G具备在线升级功能,可以使用户方便快捷地从互联网上下载软件进行升级,元征公司最新版本的软件都会及时发送到WWW. x431. com网站上,并在新闻栏中给出新版本软件的升级信息。

客户通过互联网进入X-431网站,通过注册后,即可下载或购买最新版本软件。软件成功下载到PC机后,再下载升级工具,利用CF卡读写器安装好驱动程序,最终完成软件升级。

6.5 实训考核及评价

① 考核要求：

➢ 由学生独立完成解码仪的开机和检测过程。

➢ 由教师进行故障设置，由学生检测故障并清除故障码。

➢ 学生进行数据流的分析。

➢ 学生进行执行元件动作测试。

② 考核时间：45 min。

③ 考核评分：X－431 3G 诊断仪的使用实训项考核评分内容。

表 6－2 X－431 3G 诊断仪的使用实训项考核评分内容

序号	考核内容	配分	评分标准	考核记录	扣分	得分
1	系统介绍并接线	10	每出现一次操作错误扣 5 分			
2	正确开机	5	每出现一次操作错误扣 5 分			
3	找到对应系统	15	每出现一次操作错误扣 5 分			
4	读故障码、清故障码	30	每出现一次操作错误扣 5 分			
5	读数据流	20	每出现一次操作错误扣 5 分			
6	动作执行测试	20	每出现一次操作错误扣 5 分			
6	分数总计	100				

实训项目七　整车电器系统实训

7.1　实训目的

整车电器系统的实训目的：

① 掌握整车电器实训台的组成及使用方法。

② 熟悉整车电路的连接，并能分析各系统的工作过程以及各组成部分之间的相互连接关系。

③ 掌握整车电路故障的诊断与排除方法。

7.2　实训要求

整车电器系统的实训要求：

① 学生在做实训之前要先预习，了解每一部分的功能。

② 教师应先采用边示范边讲解的教学方式，学生在动手实训时，指导教师应指导、规范学生的动作和程序。每位同学必须严格按照给出的操作步骤和技术要求，动手完成规定的检修任务。

③ 实训完成后，学生撰写实训报告，归纳和总结整车电器的功能和检测要点。

7.3　实训工具及设备

表 7－1 所列为整车电器系统实训所需的工具及设备内容。

表 7－1　实训工具及设备表

项　目	名　称	数　量
专用仪器	试　灯	1 个
	万用表	1 个
	解码仪	1 套
设备	整车电器综合实训台	1 台
工具	移动台式工具箱	1 台
	V 形铁、扭力扳手、开口扳手、活动扳手、梅花扳手、专用油管扳手、套筒扳手、鲤鱼钳、尖嘴钳、一字起子、十字起子、橡胶锤、铁锤、油盆等	1 套

7.4　实训内容

整车电器系统的实训内容如下：

1. 整车电器实训台的认识

图 7－1 所示为整车电器综合实训台是广州艾迯公司在丰田卡罗拉整车电器基础上开发

的产品，此设备将整车电器系统各相关的实物元件安装在示教面版上，并由移动台架电路操作面板等组成，面板上绘制有彩色电路图，有可供测量的端口，便于学员使用万用表或诊断设备测量和电路分析。

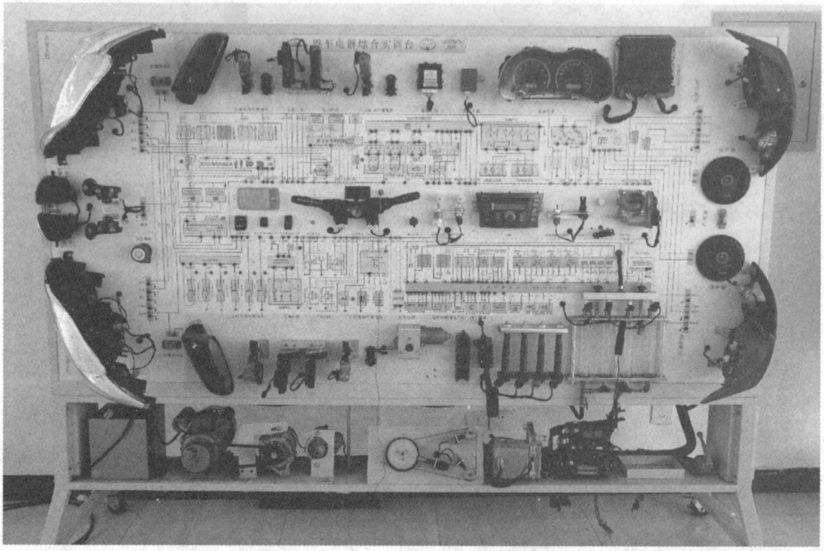

图 7-1　整车电器综合实训台

整车电器系统是由主要电器系统和辅助电器系统两大部分组成。

主要电器系统：由汽车电源系统、启动系统、仪表系统、照明与信号系统、发动机电控系统组成。

辅助电器系统：由雨刷扬声器、电动后视镜、电动车门玻璃升降器、中央门控锁、高级汽车音响组成。

除此之外，实训台还配有信号发生装置及电瓶、起动机、发电机、电动机、曲轴和凸轮轴信号盘及其相应传感器等。

图 7-2 为点火开关及组合开关实物图。

图 7-3～图 7-24 是实训台部分元件分布图。

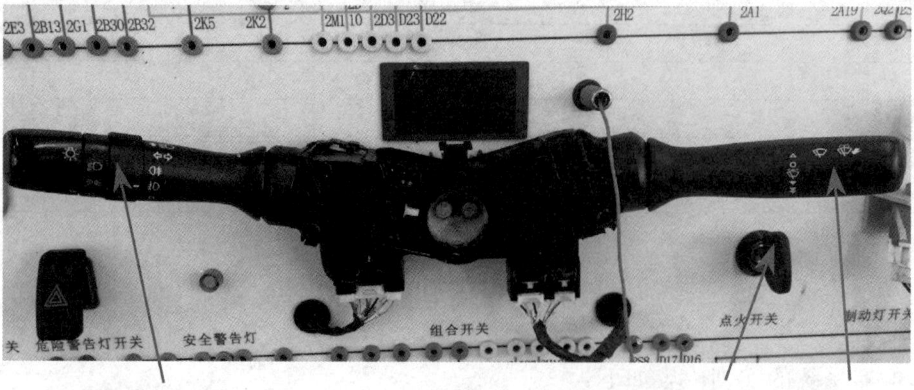

图 7-2　点火开关及组合开关

图 7-3、图 7-4、图 7-5 分别为制动灯、倒车灯开关、节气门的电控元件、扬声器实物图。

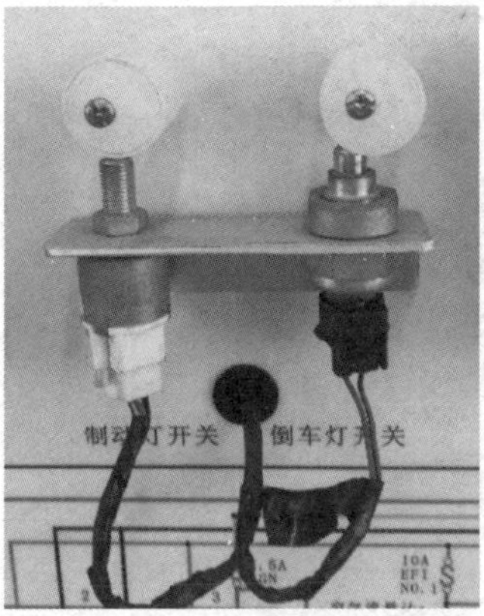

图 7-3　制动灯和倒车灯开关

图 7-4　节气门的电控元件

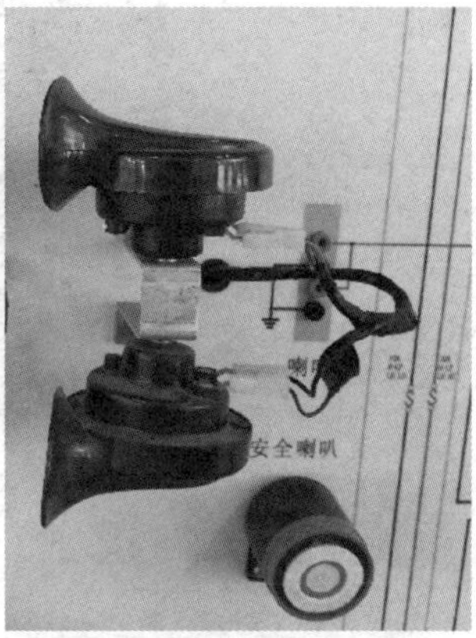

图 7-5　扬声器

图 7-6、图 7-7 分别为雨刮电机和音响总成实物图。

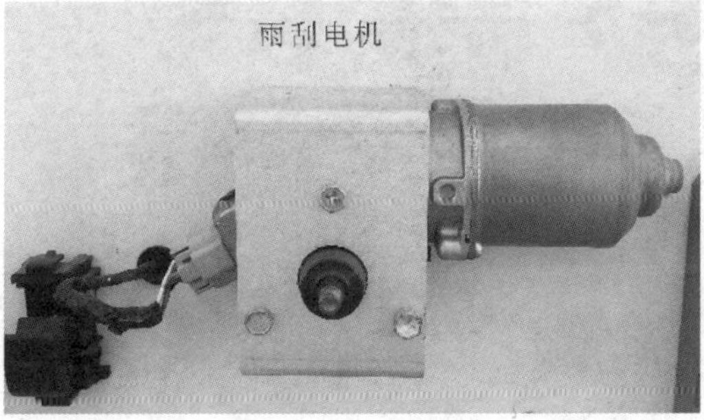

图 7-6　雨刮电机

图 7-7　音响总成

图 7-8、图 7-9、图 7-10 分别为左前大灯、雾灯、右前大灯实物图。

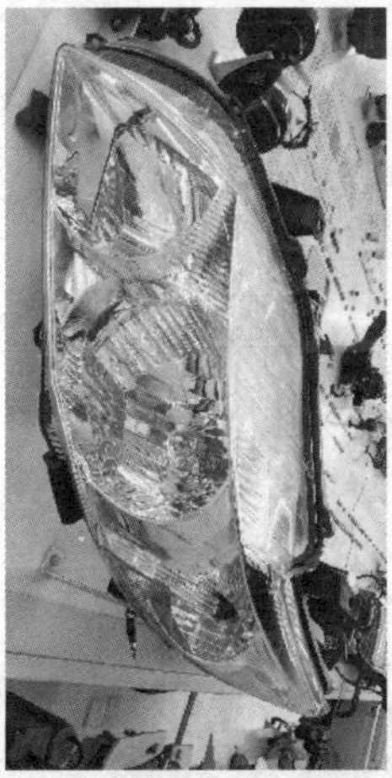

图 7-8　左前大灯

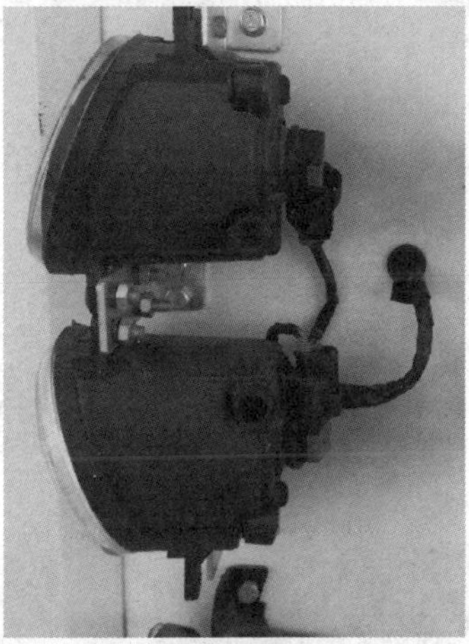

图 7-9　雾　灯

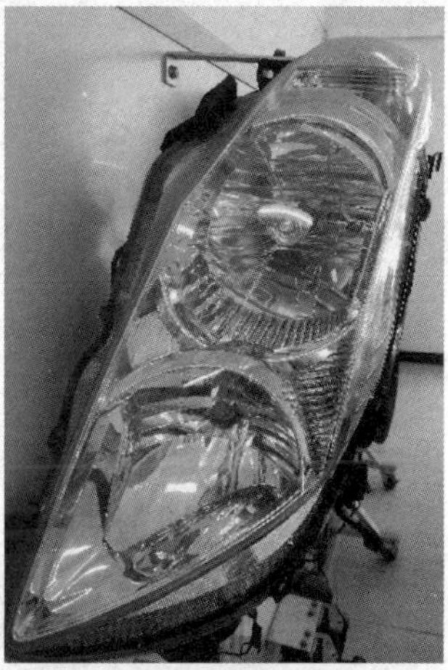

图 7-10　右前大灯

图 7－11 为左侧车窗及门锁总成实物图。

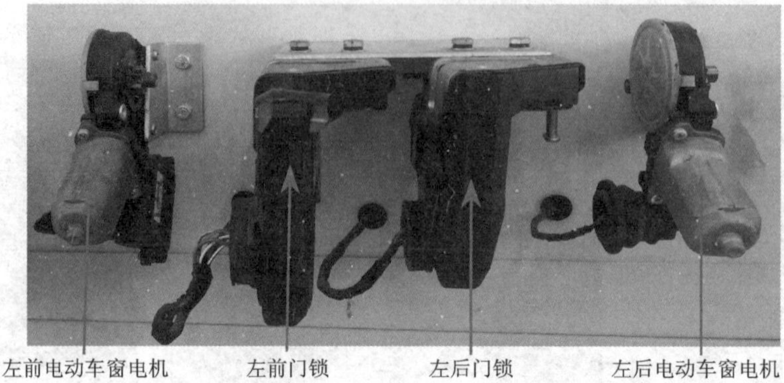

图 7－11　左侧车窗及门锁总成实物

图 7－12～图 7－14 分别为遥控电脑、门控接收器和发动机电脑实物图。

图 7－12　遥控电脑

图 7－13　门控接收器

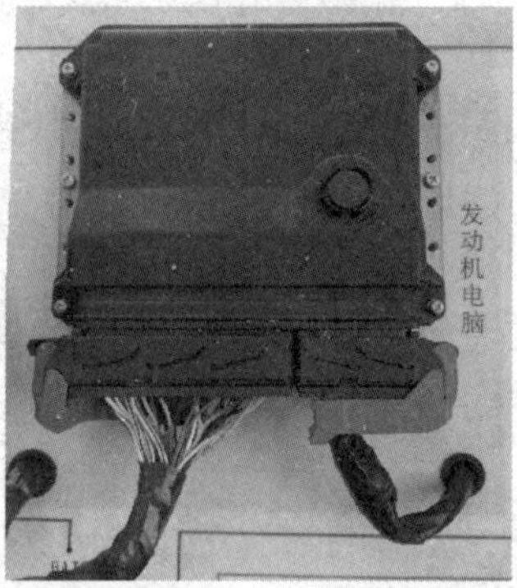

图 7－14　发动机电脑

备　注：

遥控电脑也称防盗警告 ECU：监控车身的防盗状态。进入防盗状态后，若有非法操作会触发报警。

门控接收器主要是接收遥控器遥控信号，并将信号发送至主车身 ECU。

图 7－15～图 7－17 分别为左后尾灯组合、扬声器及牌照灯和右后尾灯组合实物图。

图 7－15　左后尾灯组合

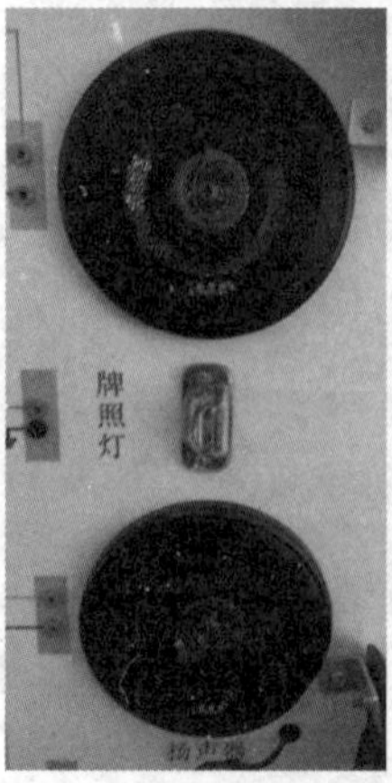

图 7－16　扬声器及牌照灯

图 7－17　右后尾灯组合

图 7 - 18 和图 7 - 19 分别是发动机舱继电器保险丝盒和仪表台继电器保险丝盒实物图。

图 7 - 18　发动机舱继电器保险丝盒

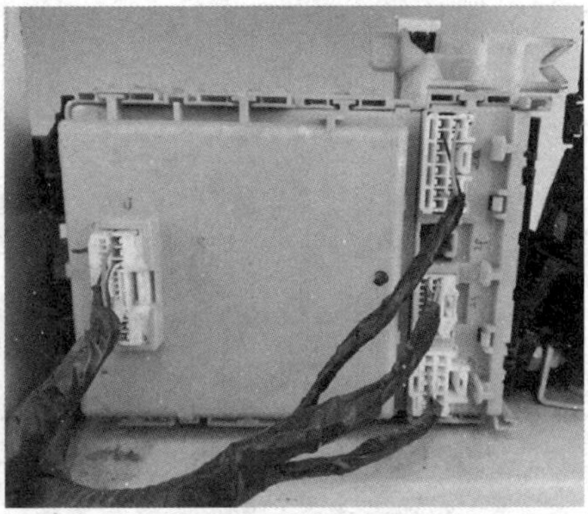

图 7 - 19　仪表台继电器保险丝盒

图 7 - 20 和图 7 - 21 分别为点火装置、燃油喷射装置实物图。

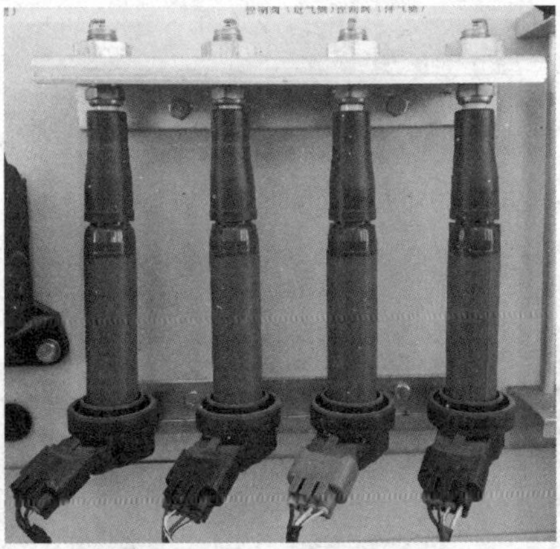

图 7 - 20　点火装置

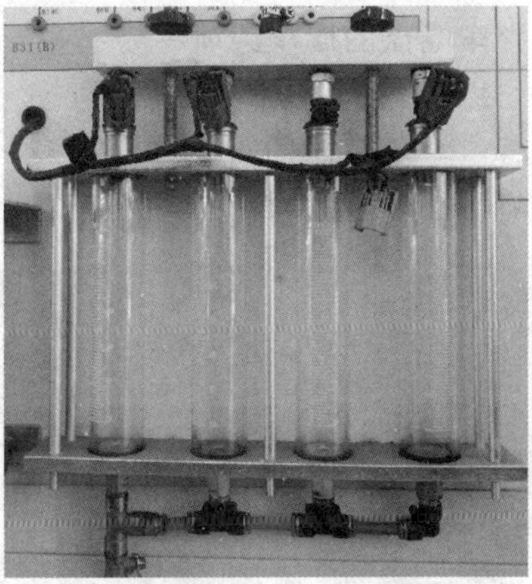

图 7 - 21　燃油喷射装置

图 7 - 22、图 7 - 23 分别是曲轴及凸轮轴转速信号发生装置和实训台燃油箱实物图。

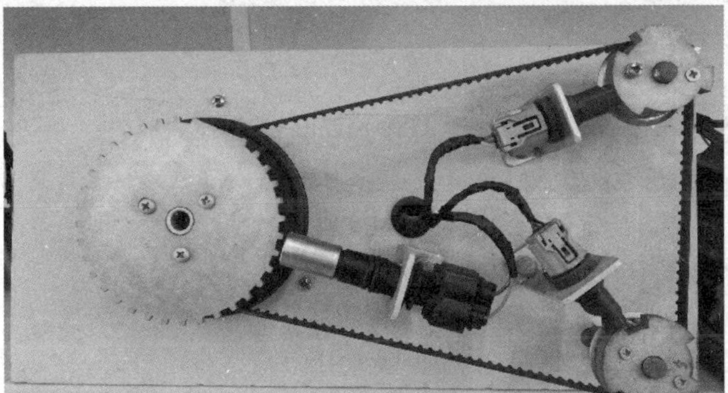

图 7 - 22　曲轴及凸轮轴转速信号发生装置

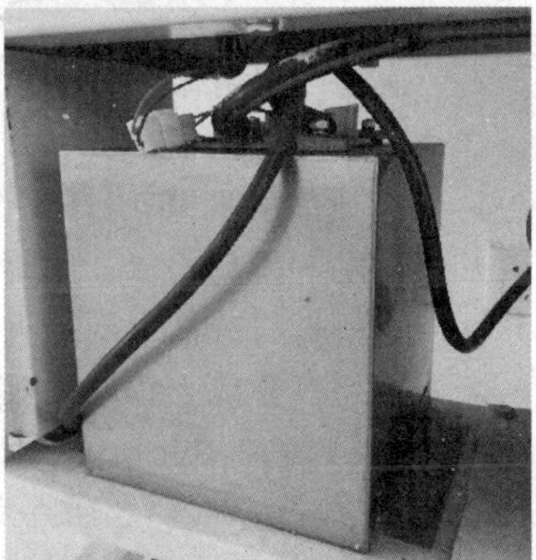

图 7 - 23　实训台燃油箱

图 7 - 24 为实训台启动信号发生装置实物图。

图 7-24　实训台启动信号发生装置

2. 整车电器的操作实训

(1) 通电启动设备

① 将 220 V 电源插头(见图 7-25)插入电源插板(见图 7-26)。

② 将面板侧边的 220 V 空气开关(见图 7-27)合起,面板上的检测电压表点亮。

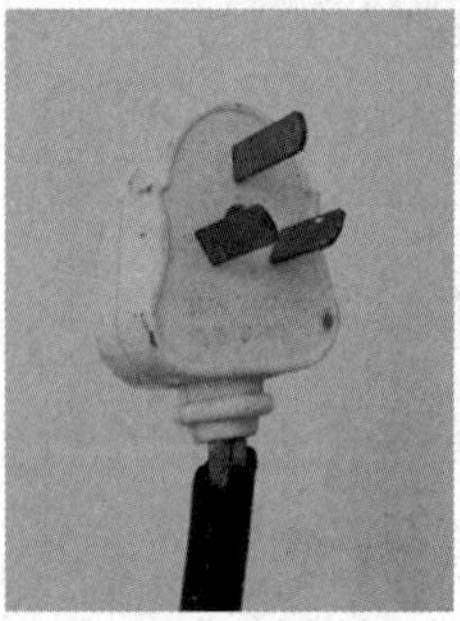

图 7-25　电源插头

图 7-26　电源插板

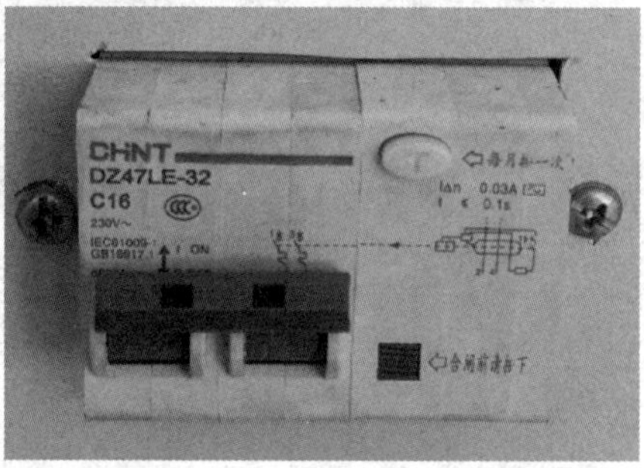

图 7-27　实训台空气开关

(2) 遥控门锁操作

① 操作前提:

- 各车门都关闭(车门开关都弹起断开,各门锁总成锁门卡扣都在关门位置)。
- 行李箱和发动机罩都关闭(行李箱盖开关、发动机罩开关都弹起断开)。
- 点火钥匙没有插入到点火锁内(未锁警告灯开关弹起断开)。
- 左前门锁总成上钥匙旋钮控制开关在中间位置。

② 操作遥控器的开锁键或闭锁键,使各门锁总成开锁或闭锁,开锁时转向灯闪烁两次,闭锁时闪烁一次(在点火钥匙插入点火开关并打开后,遥控器将不起作用)。

③ 也可用左前门锁总成上钥匙旋钮开关控制车门闭锁或开锁。

④ 门锁总成在开锁状态下,打开左前门(按下左前门开关),然后再关闭左前车门(弹起左前门开关)。

⑤ 操作左前门电动车窗升降主开关上的开锁闭锁键,使车门开锁或闭锁。

(3) 车身防盗系统

① 操作前提：

➢ 各车门都关闭(车门开关均弹起断开,各门锁总成锁门卡扣均处于关门位置)；

➢ 后备箱和发动机罩均关闭(后备厢盖开关、发动机罩开关均弹起断开)；

➢ 点火钥匙没有插入到点火锁内(未锁警告灯开关弹起断开)；

➢ 左前门锁总成上钥匙旋钮控制开关在中间位置。

② 操作遥控器的开锁键或闭锁键,使各门锁总成开锁或闭锁,车门闭锁后安全警告灯(见图 7－28)常亮,等待约 3 s 后则安全警告灯间隔 1 s 间闪烁,表示已进入防盗状态,非法操作时即触发报警装置。

③ 开锁时转向灯闪烁两次,闭锁时闪烁一次。

④ 进入防盗状态后,非法操作会触发防盗警报装置。非法操作包含：

➢ 任意一个车门非法打开(车门开关按下)；

➢ 后备厢和发动机罩非法打开(后备厢盖开关、发动机罩开关按下)。

(4) 危险警告系统

未打开点火开关时,按下危险警告灯开关(见图 7－29),危险警告灯开关上的指示灯、仪表左/右转向指示灯、左前转向指示灯、右前转向指示灯、左后转向指示灯、右后转向指示灯点亮闪烁。

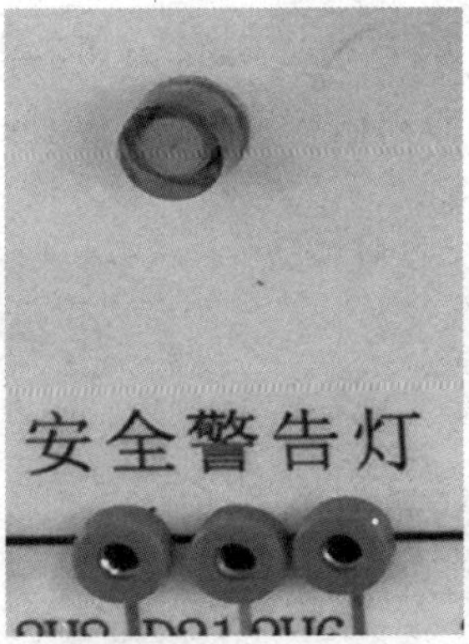

图 7－28　安全警告灯

图 7－29　危险警告灯开关

(5) 制动灯

旋转制动灯开关(见图 7－3)上方的椭圆柱体,使制动灯开关的触点弹出和压缩,触点弹出时制动灯点亮,触点缩回时制动灯熄灭。

(6) 室内灯

根据图 7－30 所示对室内灯进行操作。

(7) 电动车窗

① 打开点火开关后操作电动车窗控制开关,4 个车门电动车窗电机动作。

② 操作左前门组合开关上门窗控制开关控制 4 门玻璃升降器,电机工作。

③ 关闭后窗玻璃升降电机开关,两个后门的升降玻璃电机控制开关将不起作用。

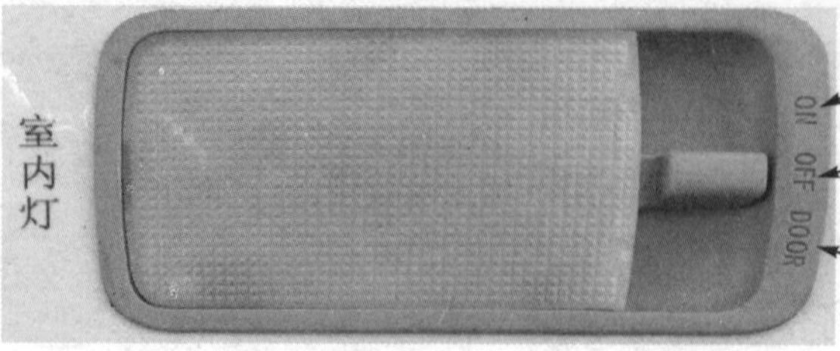

图 7-30 室内灯操作

(8) 后视镜

① 打开点火开关后可操作后视镜开关(见图 7-31),使左侧 L/右侧 R 车外后视镜动作。

② 将开关扭至 L 侧时操作后视镜开关,左侧的后视镜动作。

③ 将开关扭至 R 侧时操作后视镜开关,右侧的后视镜动作。

图 7-31 室内灯操作

(9) 组合灯光系统

打开点火开关后,可对前照灯、小灯、牌照灯、转向灯、倒车灯、前雾灯、后雾灯等进行操作和观察。

① 打开灯光开关旋钮(见图 7-32 中的车灯开关旋钮)一挡,左前小灯、右前小灯、左后小灯、右后小灯、仪表照明灯、牌照灯、危险警告灯开关、左前门组合开关上的照明灯点亮。

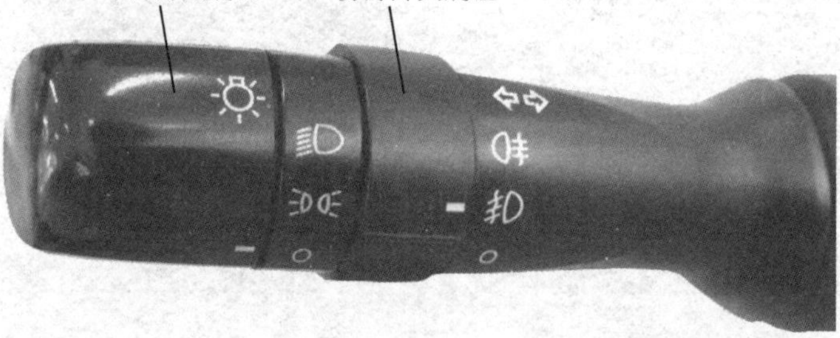

图 7-32 灯光组合开关

② 打开车灯开关旋钮一挡后,可操作雾灯开关。

- 旋转雾灯开关旋钮(见图 7-32 中的雾灯开关旋钮)至前雾灯标志,前雾灯点亮。
- 旋转雾灯开关旋钮(见图 7-32 中的雾灯开关旋钮)至后雾灯标志,后雾灯点亮。

③ 打开车灯开关旋钮二挡,左前小灯、右前小灯、左后小灯、右后小灯、仪表照明灯、牌照灯、左前近光灯、右前近光灯、危险警告灯开关上的照明灯点亮(同一挡)。

④ 可进行远、近光切换和雾灯操作。

- 远、近光灯切换:根据图 7-33 所示的箭头指示向内扳动变光开关,前远光灯点亮,同时仪表上的远光指示灯点亮;向外扳动开关近光与远光瞬间切换,向上二挡近光切换成远光或远光切换成近光。

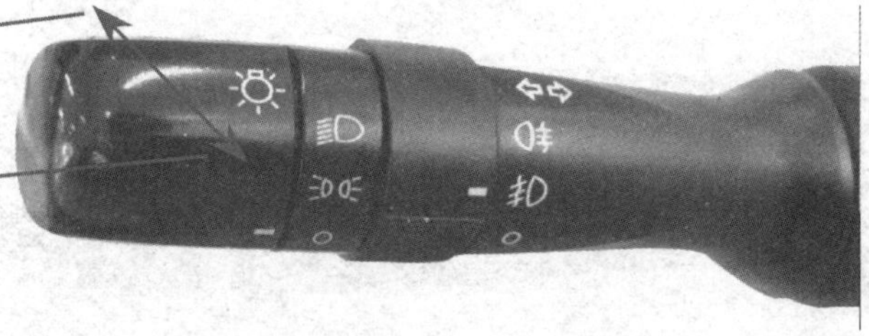

图 7－33　远、近光灯操作

➢ 雾灯操作：同“打开车灯开关旋转一挡”。

⑤ 可利用灯光组合开关进行转向灯操作。

➢ 如图 7－34 所示，将转向开关向下扳动，左前转向灯、左后转向灯、仪表左转向指示灯闪亮。

➢ 如图 7－34 所示，将转向开关向上扳动，右前转向灯、右后转向灯、仪表右转向指示灯闪亮。

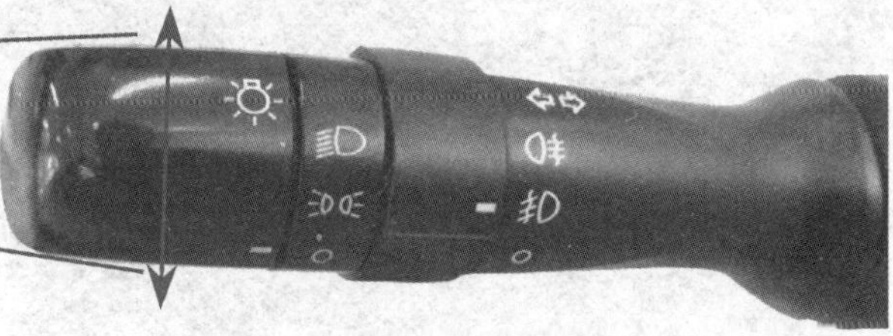

图 7－34　转向灯操作

(10) 倒车灯

旋转倒车灯开关上方的椭圆柱体(见图 7－3)，使倒车灯开关的触点弹出和压缩，触点弹出时倒车灯熄灭，触点压缩时倒车灯点亮。

(11) 双音扬声器

按下扬声器开关，双音扬声器鸣叫。

(12) 雨刮系统

① 0 挡：刮水器电机和洗涤电机都不工作；

② 一挡：刮水器电机间歇工作；

③ 二挡：刮水器电机低速工作；

④ 三挡：刮水器电机高速工作；

⑤ 四挡：刮水器电机短时工作，当松开雨刮开关手柄时，雨刮开关手柄自动回位至 0 挡。

图 7－35 所示为雨刮开关操作图。

(13) 音响系统

按下 CD 开机键，CD 开机，可以根据图 7－36 的图示对音响系统进行相关操作。

(14) 起动机

将点火开关扭至启动挡，起动机(见图 7－24 中的起动机)工作，时间不超过 5 s。

备注：起动机工作时，起动机的驱动齿轮会弹出旋转，在实车上将会带动发动机飞轮进行转动。

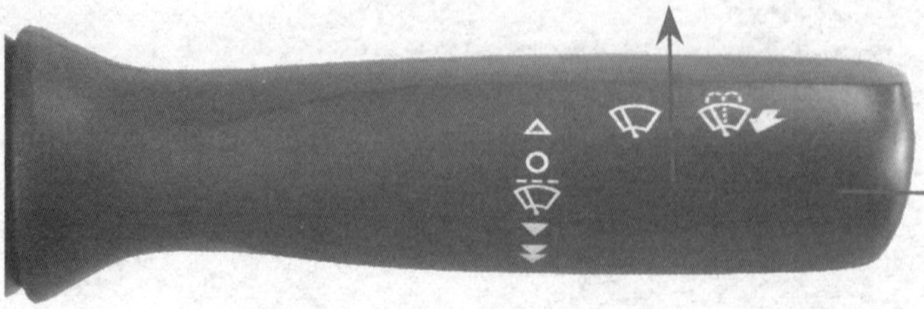

图 7-35 雨刮开关操作实物

(15) 充电机

将面板左侧的220 V漏电保护开关合起，电动机(见图7-24中电动机)工作，带动发电机(见图7-24中车用交流发电机)工作，发电机向蓄电池及用电器提供足够电量，发电机正常发电的同时，仪表充电指示灯熄灭。

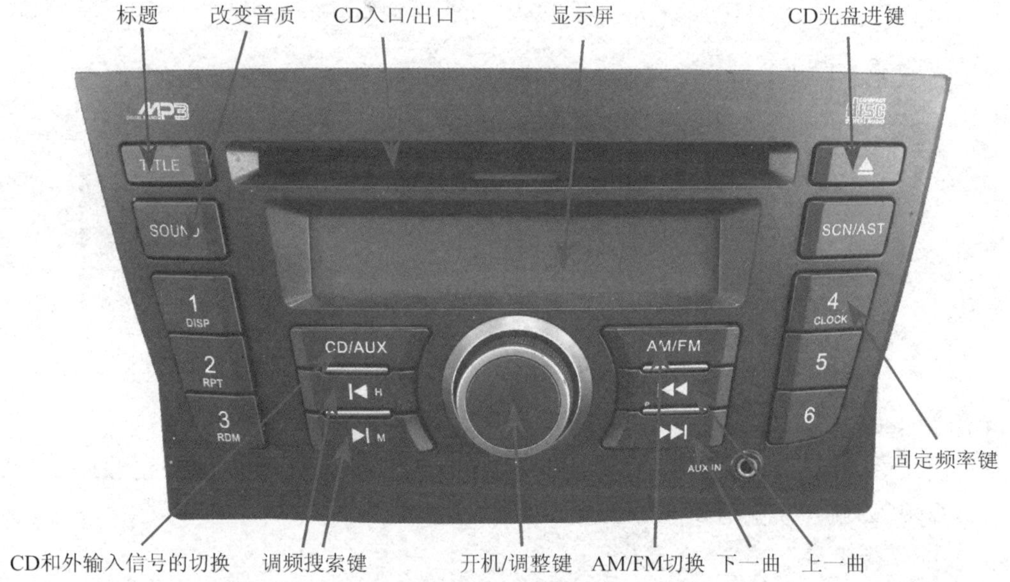

图 7-36 音响系统操作按键

(16) 发动机电控系统

① 旋转面板上转速调整旋钮(在实训台上节气门体左侧，见图7-37)，发动机转速传感器转动，转速传感器产生信号送至发动机电控单元，发动机控制单元控制喷油器喷油，火花塞点火。

② 压下油门踏板，电子节气门动作，喷油量有变化。

③ 向空气流量计吹风，喷油量也有变化。

图 7-37 转速调整旋钮

3. 数据流读取、故障码读取和清除

根据实训项目六中介绍的解码仪使用方法来进行，在本实训项目中，主要是利用元征X-431 3G解码仪对舒适系统进行操作，将诊断仪接入诊断插座，可进入组合仪表、发动机控制单元，进行故障码读取、消码、数据流、执行元件诊断和基本设定等功能。

备注：本实训台是在丰田卡罗拉全车电器基础上开发的产品。当利用解码仪进行操作时，在车系选择界面单击右侧的“下页”按钮，直到找到丰田图标（见图 7－38），然后单击该图标进入系统。

图 7－38　利用解码仪选择丰田车型的界面

4. 遥控器的匹配

① 操作前提：

➤ 各车门都关闭（车门开关都弹起断开，各车门锁总成锁门卡扣都在关门位置）；

➤ 后备厢和发动机罩都关闭（行李箱开关、发动机罩开关都弹起断开）；

➤ 点火钥匙没有插入到点火锁内（未锁警告灯开关弹起断开）；

➤ 左前门锁总成上钥匙旋钮控制开关在中间位置。

② 打开驾驶员侧车门（即按下左前门开关）。

③ 将点火钥匙插入并拔出点火钥匙 2 次（未锁警告灯开关按下→弹起→按下→弹起）。

④ 关闭并打开驾驶员侧车门 2 次（左前门开关弹起→按下→弹起→按下）。

⑤ 将点火钥匙插入并拔出点火钥匙 1 次（未锁警告灯开关按下→弹起）。

⑥ 关闭并打开驾驶员侧车门 2 次（左前门开关弹起→按下→弹起→按下）。

⑦ 将点火钥匙插入点火锁芯（未锁警告灯开关按下，插入点火钥匙），并且将点火钥匙扭至 IG 挡，然后关闭点火开关，拔下钥匙（将未锁警告灯开关弹起），此时各车门总成闭锁和开锁一次，表示进入添加模式。如果门锁总成没有动作，那么说明以上操作步骤没有做好或超出时间范围，需要重新操作。

选择开关模式：

点火开关开关 1 次：添加模式，此时门锁总成会闭锁和开锁一次；

点火开关开关 2 次：重新编程模式，此时门锁总成会闭锁和开锁两次；

点火开关开关 3 次：确认模式，此时门锁总成会闭锁和开锁三次；

点火开关开关 5 次：保护模式，此时门锁总成会闭锁和开锁五次，保护模式下，遥控器不起作用。

⑧ 同时压下遥控器开锁和闭锁键 1 s，然后松开。在 2 s 内再同时压下遥控器开锁和闭锁

键1次，然后松开，此时门锁总成会闭锁和开锁一次，表示遥控器设定成功，如果门锁闭锁和开锁2次，那么表示没有设定成功。

⑨ 若要设定下一个遥控器，则到第⑧步门锁总成闭锁开锁一次后，接着按下一个遥控器，同时压下遥控器开锁和和闭锁键1次，然后松开，在2 s内再同时压下遥控器开锁和闭锁键1次后松开，此时门锁总成会闭锁和开锁一次，表示遥控器设定成功。

5. 实训台故障设置与检测

利用示教板右侧的故障设置盒，可以对示教板上部分元器件的线路或接线端子设置故障，通过故障设置，可以进行故障发生未知的检测判断实训，找到故障发生点后可以利用故障设置盒进行排除。图7-39所示为实训台故障设置盒，表7-2所列为故障具体内容。

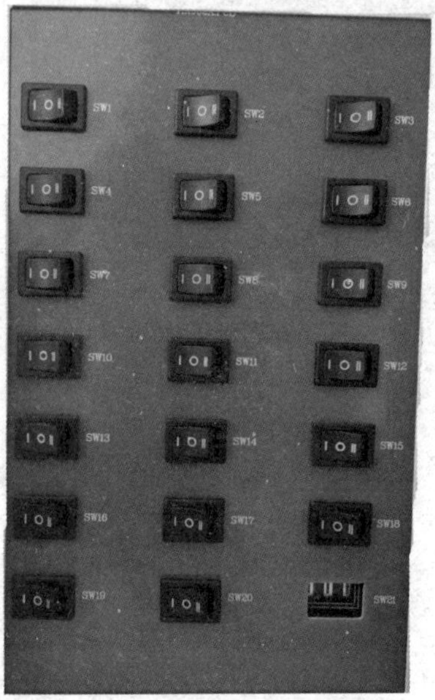

图7-39 整车电器实训台故障设置盒

表7-2 故障设置表

序 号	故障内容	序 号	故障内容
1	远光灯	12	左后视镜
2	右侧近光灯	13	右后视镜
3	右前小灯	14	左前升降电机
4	小 灯	15	油 泵
5	左转向灯	16	空气流量计
6	大灯调整	17	一缸点火
7	雨刮开关B2	18	三缸点火
8	雨刮开关B1	19	油门踏板
9	左前门锁	20	节气门
10	仪表电源	21	曲轴位置传感器
11	CD机	22	主继电器

7.5 实训考核及评价

① 考核要求：

- 学生对整车电器实训台元器件的认知情况。
- 由学生独立完成整车电器实训台的部分电器元件的操作过程。
- 学生利用解码仪进行数据流读取、故障码读取和清除，进行执行元件动作测试。
- 学生进行遥控器的匹配。
- 教师设置相关故障，学生进行检测和排除。

② 考核时间：45 min

③ 考核评分：整车电器系统实训考核评分内容如表7-3所列。

表 7－3　整车电器系统实训考核评分内容

序　号	考核内容	配　分	评分标准	考核记录	扣　分	得　分
1	整车电器实训台认知	5	每出现一次操作错误扣 5 分			
2	正确启动实训台	5	每出现一次操作错误扣 5 分			
	灯光系统操作	20	每出现一次操作错误扣 5 分			
	雨刷系统操作	10	每出现一次操作错误扣 5 分			
	车门车窗系统操作	10	每出现一次操作错误扣 5 分			
	音响系统操作	10	每出现一次操作错误扣 5 分			
3	读故障码、清故障码、读数据流	10	每出现一次操作错误扣 5 分			
4	动作执行测试	10	每出现一次操作错误扣 5 分			
5	遥控器的匹配	10	每出现一次操作错误扣 5 分			
6	故障检测与排除	10	每出现一次操作错误扣 5 分			
7	分数总计	100				

实训项目八　CAN－BUS 网络系统实训

8.1　实训目的

CAN－BUS 网络系统的实训目的：

① 掌握 CAN－BUS 网络系统示教板的组成及使用方法。

② 掌握示教板各组成部分之间的关系，并结合实车进行相关操作。

③ 熟练运用解码仪进行数据流的读取、故障码的读取和清除。

④ 能够独立完成发动机防盗钥匙的匹配和解除。

8.2　实训要求

CAN－BUS 网络系统的实训要求：

① 学生在做实训之前要先预习，了解每一部分的功能。

② 教师先应采用边示范边讲解的教学方式，学生在动手做实训时，指导教师应指导、规范学生的动作和程序。每位同学必须严格按照给出的操作步骤和技术要求，动手完成规定的检修任务。

③ 实训完成后，学生撰写实训报告，归纳和总结 CAN－BUS 网络系统功能和检测要点。

8.3　实训工具及设备

表 8－1 所列为 CAN－BUS 网络系统实训所需设备及工具表。

表 8－1　实训工具及设备表

项　目	名　称	数　量
专用仪器	试　灯	1个
	万用表	1个
	解码仪	1套
设　备	CAN－BUS 网络系统实训台	1台
工　具	移动台式工具箱	1台
	V形铁、扭力扳手、开口扳手、活动扳手、梅花扳手、专用油管扳手、套筒扳手、鲤鱼钳、尖嘴钳、一字起子、十字起子、橡胶锤、铁锤、油盆等	1套

8.4　实训内容

CAN－BUS 网络系统的实训内容如下：

1. CAN－BUS 网络系统示教板的认识

（1）示教板简介

图 8－1 所示为 CAN－BUS 网络系统示教板是广州艾逊公司在上海大众帕萨特 B5 动力

与舒适系统基础上开发的产品。

上海大众帕萨特轿车的先进的 CAN－BUS(网络控制)系统用两条数据线实现了车内各控制器之间数据共享,同时可减少多而庞杂的传感器及信号线路。其有两种通信速率传输模式,即动力系统 CAN－BUS 和车身舒适系统 CAN－BUS。

动力系统 CAN 要求数据信息量大且传输速度快,它包含 ABS 电脑、发动机电脑、变速箱电脑、组合仪表等;它以 500 Kbit/s 速率传递数据,每组数据需 0.25 ms,每一控制单元间隔 7～20 ms;ABS 电控单元具有优先权。

图 8－1　CAN－BUS 网络系统实训台

舒适 CAN 系统有舒适中央控制单元(舒适电脑)和四个车门控制单元,以 62 Kbit/s 速率传递数据,每组数据需 1 ms,每一控制单元间隔 20 ms 发送一次数据。关闭点火开关,动力 CAN 停止工作,遥控锁门后,舒适系统仍工作一段时间,等待接收指令,随后进入休眠状态,只接收遥控和钥匙信号舒适系统有中央控制单元(舒适电脑)、左前门控制单元、右前门控制单元、左后门控制单元、右后门控制单元、左前门门锁系统、右前门门锁系统、左后门门锁系统、右后门门锁系统以及组合开关等组成;其主要控制四门门窗的升降、四门门锁的控制,舒适电脑还有行李箱控制,遥控车门控制、防盗控制和报警器转向灯、室内灯控制等。

(2) 示教板的组成及作用

CAN－BUS 网络系统示教板主要由实物元件、示教面板、移动机架和附属装置等组成。

实物元件主要包括:发动机控制单元、ABS 控制单元、自动变速器控制单元、点火钥匙、点火锁、曲轴位置传感器、霍耳传感器、后备箱锁、组合仪表、诊断座、室内灯、点火线圈、火花塞、转向灯、舒适电脑(中心模块)、各车门窗控制电脑、各车门门锁总成、组合开关、各车窗升降开关等组成。

示教面板主要由数据传输网络系统原理图、实物元件等组成。

附属装置主要由电源装置、信号模拟装置、检测电压表、检测线、防盗扬声器、指示灯等组成。

图 8－2～图 8－14 所示为示教板部分实物元件图。

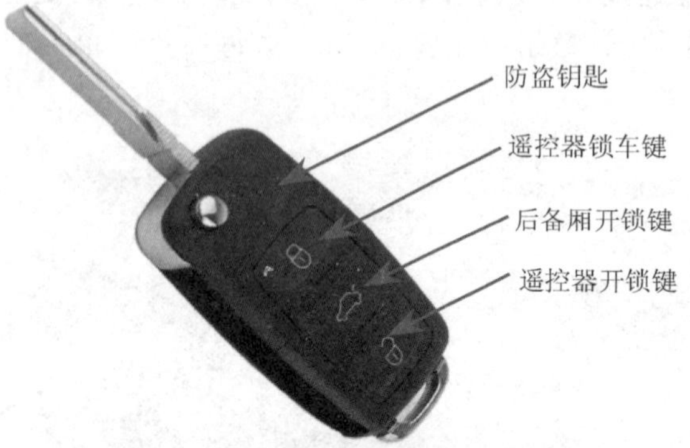

图 8－2　防盗钥匙

图 8－3　后备厢电机

图 8－4　ABS 电脑

图 8－5　舒适电脑

图 8－6　发动机电脑

图 8－7　自动变速器电脑

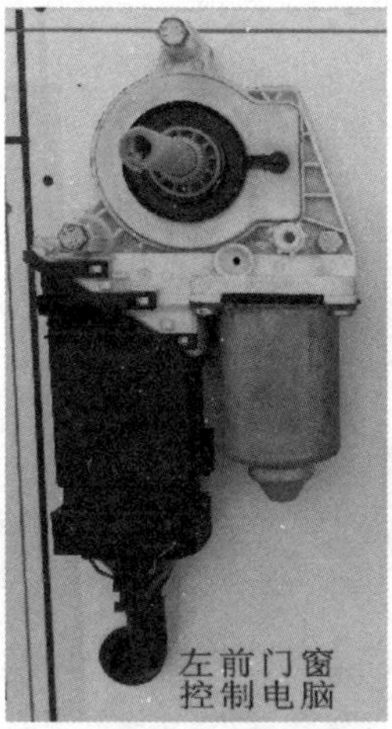

图 8－8　左前门窗电脑

图 8－9　右前门窗电脑

图 8－10　左后门窗电脑

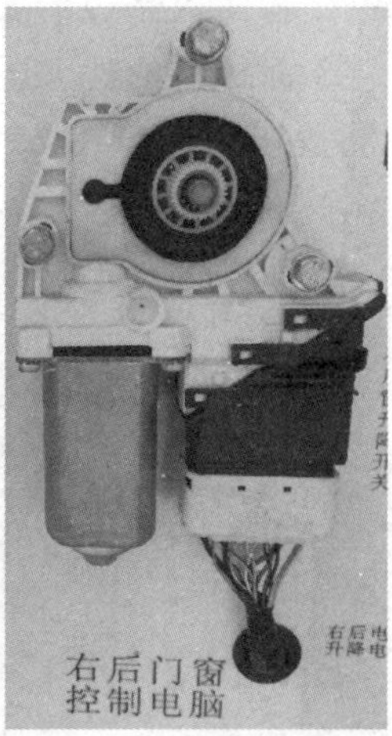

图 8－11　右后门窗电脑

图 8　12　转速信号模拟装置

图 8－13　左前门锁总成

图 8－14　点火器

2．CAN－BUS 示教板操作实训

① 将 220 V 电源插头(见图 8－15)插入电源插座板(见图 8－16)。

② 将面板侧边的 220 V 空气开关(见图 8-17)合起，面板上的检测电压表点亮。

③ 面板上的检测电压表(见图 8-18)点亮，此时可用检测线连接至各控制单元的外接端子，测量在未打开点火钥匙时的端子电压。

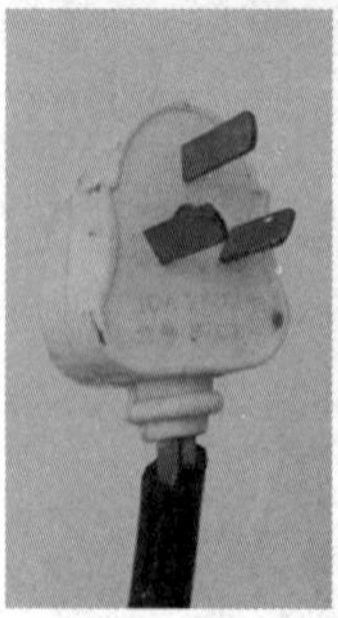

图 8-15　电源插头

图 8-16　电源插座板

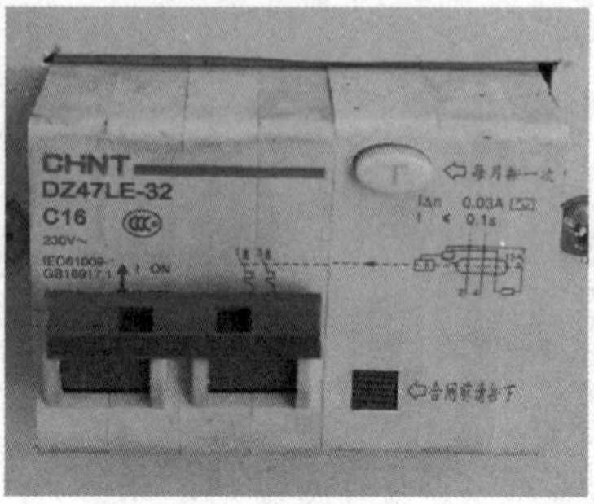

图 8-17　示教板空气开关

图 8-18　检测电压表

④ 用遥控器或者钥匙扭动左前门钥匙孔将 4 车门同时开锁；保持开锁位置，4 车门玻璃升降电机同时下降，钥匙回到关闭位置时停止。

注意：当遥控不起作用时，亦可以用钥匙转动钥匙孔打开或关闭闭锁器。

⑤ 如图 8-19 所示，拉动四门开门机构，门锁扣打开表示车门已开，门灯点亮，仪表显示开门状态，表明开门信号是通过 CAN 送入仪表的。关闭车门，门灯熄灭，室内灯继续点亮。

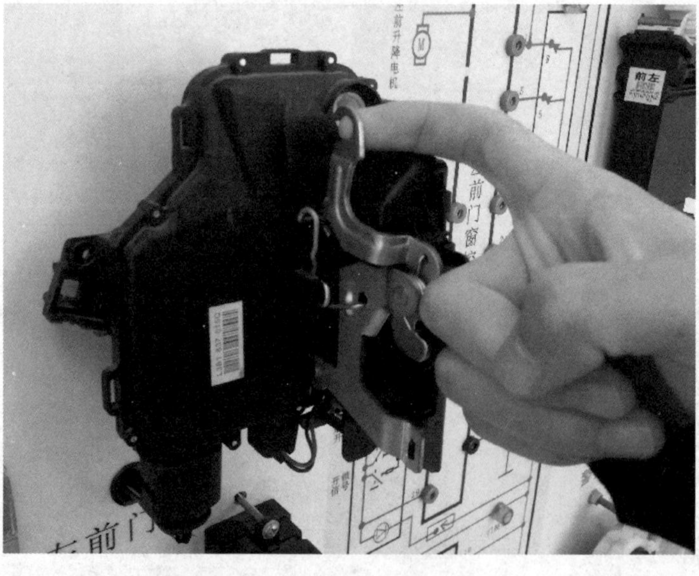

图 8-19　向外拉开门机构

⑥ 打开点火开关，室内灯熄灭，动力 CAN-BUS 被激活，仪表开始工作，防盗灯亮，2 s 后熄灭，表明钥匙为合法。

⑦ 调节转速信号轮右侧的加速旋钮(见图 8-20)，发动机收到转速信号，开始点火、喷油工作。若为非法钥匙，则防盗灯闪烁，发动机电脑控制点火，喷油 2 s 后停止工作。

注意：转动调速器旋钮时，曲轴位置信号盘和霍耳位置信号盘开始转动，此时传感器产生信号发送至发动机控制单元，控制单元控制点火喷油，在示教板上，喷油指示灯会在工作时闪烁，同时火花塞产生高压火花。

⑧ 当确认为合法钥匙时，若点火和喷油工作一下就停或点火不正常，说明电脑检测并存储有多个主要传感器或执行器故障码，发动机继续运转可能损坏三元催化，电脑会强制停止发动机运行，须清除故障后，再打开点火开关运行。同时发动机电脑将转速信号通过CAN总线送入仪表系统和变速箱系统。

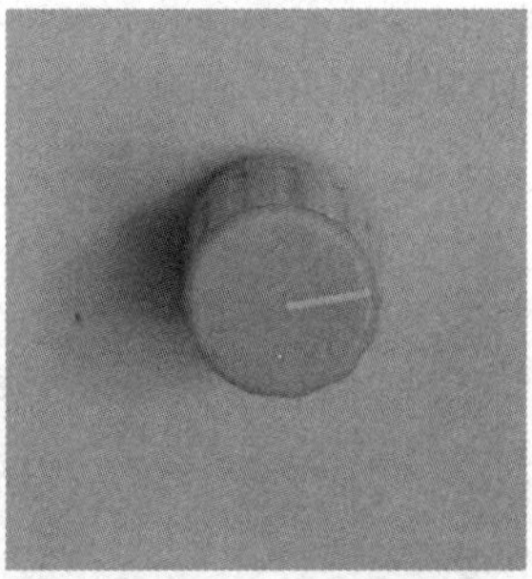

图8-20 转速调速旋钮

⑨ 在打开点火开关后，组合开关可以控制四门的门窗电机工作，中控锁可使四门门锁上锁或开锁。关闭后窗开关，两个后门的升降开关不起作用。

⑩ 关闭点火开关，四门锁同时开锁，不拔钥匙，按压遥控器不起作用。拔下钥匙，可以遥控开锁，不能上锁。必须开1次、闭1次主车门，将门锁扣设定在关门位置，就可以遥控上锁或开锁。遥控锁车时，转向灯闪1次，遥控开锁时转向灯闪2次。

⑪ 在遥控锁车后，用导线将门锁端子的开门信号短接，模拟车门被强制打开，或用非法钥匙打开点火开关都会触发防盗报警系统，此时转向灯闪烁，警报器鸣叫。必须用遥控开锁或用合法钥匙打开点火开关。

⑫ 当用钥匙或遥控开锁而不打开车门，车门在30 s后自动上锁，重新进入防盗警戒状态。长按后备厢键，后备厢开锁。

⑬ 操作完毕后，关闭总电源。

3. 数据流的读取、故障码的读取和清除

根据实训项目六中介绍的操作方法，将X-431 3G诊断仪接入诊断座，可通过CAN-BUS进入各电控单元进行故障读取、数据流读取等操作。可进入的控制单元包括：发动机控制单元、自动变速箱控制单元、ABS控制单元、舒适单元（中心模块）、组合仪表和网关系统。

4. 发动机防盗钥匙的匹配和解除

连接诊断仪，打开点火开关，下载大众诊断软件，单击17仪表系统，单击11登录，选5位密码，输入0确认，显示登录成功（密码错误时提示登录失败），进入10通道匹配调整，选择21确认，显示已匹配钥匙数量，按+或-，重新输入钥匙数，点确认，显示匹配成功，防盗钥匙指示灯点亮后熄灭，一把钥匙匹配成功，关闭拔出钥匙，插入第二把钥匙并打开，待防盗指示灯熄灭。需要配几把就插几把，操作同前。

5. 遥控器的匹配与解除

① 匹配：连接诊断仪，打开点火开关，下载大众诊断软件，单击46舒适系统，进入10通道匹配，输入00组号确认，清除以前记忆值，再进入10通道，输入01组号确认。显示匹配成功，退出。关闭点火开关并拔出钥匙，遥控可以使用。

② 解除：连接诊断仪，打开点火开关，下载大众诊断软件，单击46舒适系统，进入10通道匹配，输入00组号确认，退出后遥控不起作用。

6. 示教板故障设置与检测

利用示教板左侧的故障设置盒，可以对示教板上部分元器件的线路或接线端子设置故障，通过故障设置，可以进行故障发生未知的检测判断实训，找到故障发生点后可以利用故障设置盒进行相应的排除。图 8－21 所示为实训台故障设置盒，表 8－2 所列为故障具体内容。

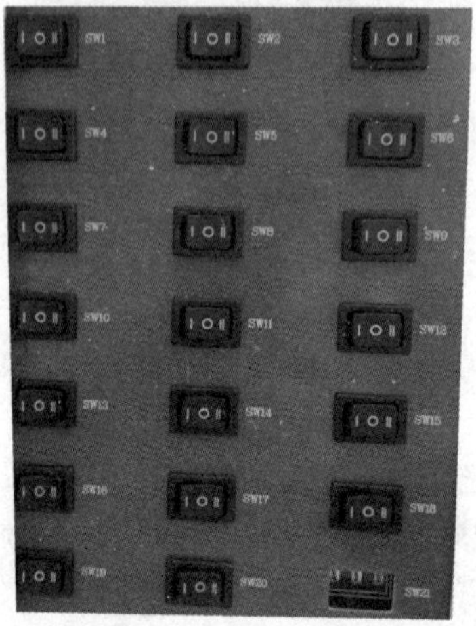

图 8－21　CAN－BUS 实训台故障设置盒

表 8－2　故障内容表

序　号	故障内容	序　号	故障内容
1	发动机电脑 62	11	舒适电脑 T23/8
2	发动机电脑 60	12	左前门电脑 28
3	发动机电脑 58	13	ABS 诊断线
4	发动机电脑 65	14	防盗线圈
5	发动机电脑 102	15	左前门电脑 18
6	仪表单元 8 脚	16	左前门电脑 24
7	仪表单元 9 脚	17	右前门电脑 6
8	舒适电脑 11	18	右前门电脑 28
9	变速器电脑 86	19	左后门电脑 6
10	变速器诊断线 7	20	右后门电脑 6

8.5　实训考核及评价

① 考核要求

- 学生对 CAN－BUS 网络系统示教板元器件的认知情况。
- 由学生独立完成示教板部分电器元件的操作过程。
- 学生利用解码仪进行数据流读取、故障码读取和清除，进行执行元件动作测试。
- 学生进行发动机防盗钥匙的匹配和解除。
- 学生进行遥控器的匹配和解除。
- 教师设置相关故障，学生进行检测和排除。

② 考核时间：45 min。

③ 考核评分：表 8－3 所列为 CAN－BUS 网络系统实训考核内容评分。

表 8－3　CAN－BUS 网络系统实训考核内容

序　号	考核内容	配　分	评分标准	考核记录	扣　分	得　分
1	CAN－BUS 示教板认知	10	每出现一次操作错误扣 5 分			
2	正确启动示教板	10	每出现一次操作错误扣 5 分			
	门锁机构操作	10	每出现一次操作错误扣 5 分			
	转速信号调节	10	每出现一次操作错误扣 5 分			
	门窗组合开关操作	10	每出现一次操作错误扣 5 分			

续表8-3

序 号	考核内容	配 分	评分标准	考核记录	扣 分	得 分
3	读故障码、清故障码、读数据流	10	每出现一次操作错误扣5分			
4	动作执行测试	10	每出现一次操作错误扣5分			
5	发动机防盗钥匙的匹配和解除	10	每出现一次操作错误扣5分			
6	遥控器的匹配和解除	10	每出现一次操作错误扣5分			
7	故障检测与排除	10	每出现一次操作错误扣5分			
8	分数总计	100				

实训项目九　汽车空调实训

9.1　实训目的

汽车空调的实训目的：

① 通过实物掌握汽车空调的组成、结构和工作原理。

② 掌握汽车空调的电路，了解空调的制冷、取暖、通风调节、控制等工作过程。

③ 熟练操作空调相关的控制系统。

④ 熟练拆装几种不同类型的空调压缩机。

⑤ 掌握电磁离合器的工作原理和检修方法。

⑥ 能够排除空调系统常见故障，检修空调系统常用元件。

⑦ 掌握空调更换制冷剂的方法。

9.2　实训要求

汽车空调的实训要求：

① 学生在做实训之前要先预习，在实训过程中要按分解顺序摆放零部件并做相应标记和纪录。

② 教师先应采用边示范边讲解的教学方式，学生在动手实训时，指导教师应指导、规范学生的动作和程序。每位同学必须严格按照给出的操作步骤和技术要求，动手完成规定的检修任务。

③ 实训完成后，学生撰写实训报告，归纳和总结汽车空调系统的组成、结构及其检测要点。

9.3　实训工具及设备

汽车空调的实训工具及设备如表 9－1 所列。

表 9－1　实训工具及设备表

项　目	名　称	数　量
专用仪器	试　灯	1 个
	万用表	1 个
	解码仪	1 套
设　备	手动空调实训台	1 台
工　具	移动台式工具箱	1 台
	V 形铁、扭力扳手、开口扳手、活动扳手、梅花扳手、专用油管扳手、套筒扳手、鲤鱼钳、尖嘴钳、一字起子、十字起子、橡胶锤、铁锤、油盆等	1 套

9.4　实训内容

汽车空调实训的内容如下：

1. 空调基本结构和工作原理

汽车空调是用来改善汽车舒适性的设备，可以对车内空气的温度、湿度和气流进行调节，并保持车内的空气清洁。为完成空调的上述功能，汽车空调系统通常应包括如下结构：

① 制冷系统：制冷系统的作用是对车室内的空气（或外部进入车室内的新鲜空气）进行冷却或除湿，使车室内的空气变得凉爽舒适。

② 暖风系统：暖风系统主要用于取暖，对车室内的空气（或外部进入车室内的新鲜空气）进行加热，达到取暖、除湿的作用。

③ 通风系统：通风系统的作用是将外部新鲜空气吸进车室内，起到通风和换气的作用。同时通风对预防或去除风窗玻璃上的雾、霜、冰雪起着良好的作用。

④ 空气净化系统：空气净化系统的作用是去除车室内空气中的尘埃、臭味、烟气及有毒气体，使车室内的空气变得清新。

⑤ 控制系统：控制系统的作用是对制冷和暖风系统的温度、压力进行控制；同时，对车室内空气的温度、风量、流向进行控制，使车用空调系统的工作更加完善。

尽管车用空调系统的类型多种多样，但其结构与工作原理基本相同。车用空调的制冷系统一般由压缩机、冷凝器、储液干燥器、膨胀阀、蒸发器、电风扇、鼓风机和控制装置等组成，如图 9－1 所示。

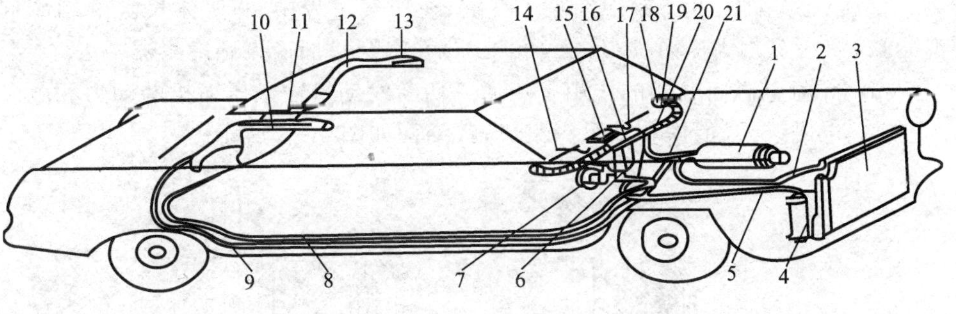

1—压缩机；2—高压排气管路；3—冷凝器；4—储液干燥器；5—前高压管路；6—膨胀阀；7—前鼓风机；8—后高压管路；9—后低压管路；10—后蒸发器；11—后鼓风机；12—后风道；13—后出风口；14—后冷风开关；15—前冷风出口；16—前蒸发器；17—前冷风开关；18—前冷风左风挡开关；19—前冷风左出风口；20—管路连接三通；21—前低压管路

图 9－1　车用空调制冷系统的组成

2. 空调系统元件认知

（1）制冷系统

① 压缩机：压缩机是制冷系统中的心脏，其作用是将低温低压的气态制冷剂变为高温高压的制冷蒸气，为制冷剂循环提供足够的动力。

压缩机的类型很多，但目前汽车上采用曲轴连杆式压缩机和轴向斜盘式压缩机的较多，两者均利用活塞在气缸中往复运动来改变容积的大小进行增压。

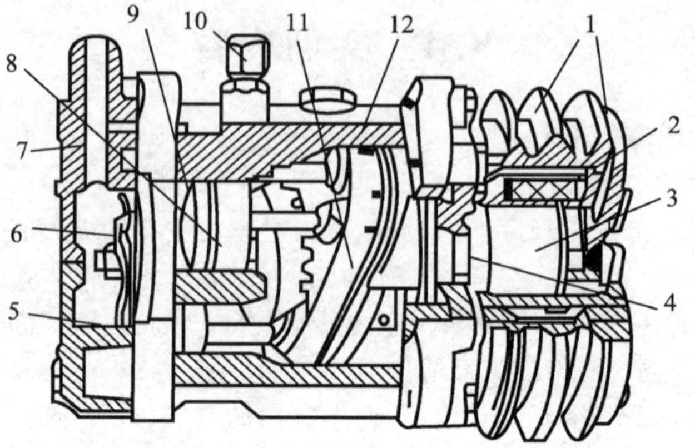

1—传送带轮；2—电磁线圈；3—轴承；4—压缩机驱动轴；5—阀片；6—阀片限程板；
7—接头；8—活塞；9—气缸；10—油塞；11—斜盘；12—压缩机壳体

图 9-2　SD-508 型斜盘式压缩机的结构

曲轴连杆式压缩机如同立式单缸空压机，结构大、制冷量大、功耗也大，常用于大、中型汽车独立式空调系统，轴向斜盘式压缩机常用于小型汽车非独立式空调系统。桑塔纳轿车空调制冷系统采用的 SD-508 型单向斜盘式压缩机，一般由电磁离合器、压缩机驱动轴、斜盘、活塞、气缸和阀片等组成，其结构如图 9-2 所示。

在压缩机内部设有 5 个气缸，均匀分布在压缩机壳体内部周围的。发动机工作，如接通空调制冷系统的开关，电磁离合器接合，发动机曲轴通过 V 带轮驱动压缩机斜盘运动，斜盘驱动活塞作轴向往复运动，使气缸容积变化实现吸气和压气过程。在吸气过程中，将蒸发器中的低温(273 K)、低压(150 kPa)气态制冷剂吸入气缸；在压气过程中，将吸入气缸的制冷剂蒸气压缩成高温(333～339 K)、高压(1 100～1 400 kPa)气态制冷剂输入到冷凝器中去。

② 电磁离合器：电磁离合器的作用是接通或切断发动机输入压缩机的动力。电磁离合器一般由 V 带轮、电磁线圈、衔铁和轴承等组成，其结构如图 9-3 所示。

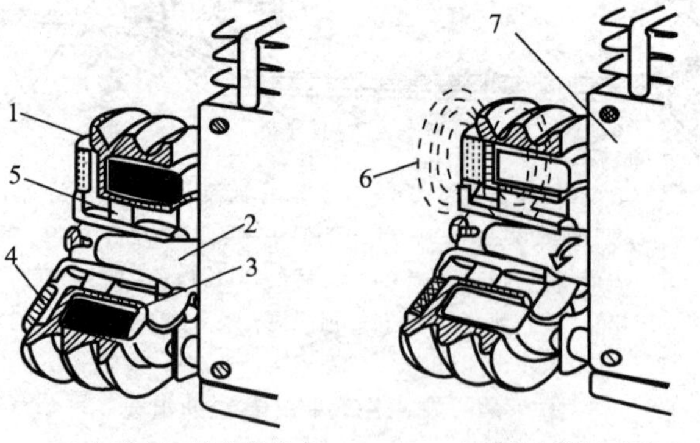

(a) 电磁离合器分离状态　　(b) 电磁离合器结合状态

1—V 带轮；2—压缩机驱动轴；3—电磁线圈；4—衔铁；
5—轴承；6—磁场；7—压缩机壳体

图 9-3　电磁离合器的结构

当电磁线圈未通电时，衔铁与 V 带轮分离，压缩机的传动带轮在压缩机驱动轴上空转，压缩机不工作；当电磁线圈通电时，电磁线圈产生电磁吸力，使衔铁与 V 带轮紧密结合在一起，发动机曲轴上的动力经 V 带轮、衔铁、压缩机驱动轴后驱动压缩机工作。电磁线圈电路的接通和切断由控制电路根据车室内的温度进行自动调节控制。

③ 冷凝器：冷凝器的作用是将压缩机输送来的高温（333～339 K）、高压（1 100～1 400 kPa）气态制冷剂在冷凝器内冷却，将热量传递给车室外部环境中；同时，将高温、高压制冷剂蒸气冷凝为高温、高压液态制冷剂送往储液干燥器。冷凝器一般由铜管或铝管制成空心管，将空心管制成蛇形弯曲状，并在空心管外部周围焊接若干散热片，安装在发动机冷却液散热器的前方（或车顶上），其结构如图 9-4 所示。

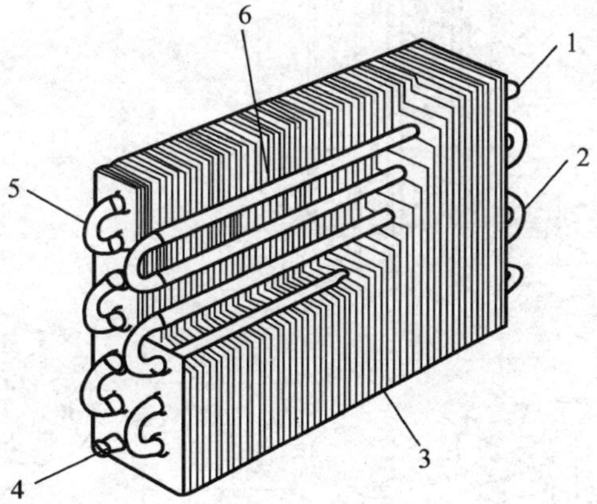

1—进口；2—U 形管；3—翅片；4—出口；5—弯头；6—盘管

图 9-4　冷凝器的结构外形图

④ 储液干燥器：储液干燥器的作用就是去除制冷系统内的水分、过滤杂质和储存多余的液态制冷剂，以防止制冷系统管路产生冰堵或杂堵。

储液干燥器一般安装在冷凝器与膨胀阀之间，用高压管路相连接。储液干燥器一般由玻璃视窗、吸取管、粗过滤器、干燥剂、过滤器及壳体等组成，其结构如图 9-5 所示。在储液干燥器顶部还有易熔塞，易熔塞是一种安全保护装置。当储液干燥器内部压力达到 30 MPa，温度达到 373～378 K 时，铜铝合金的易熔塞熔化，排泄制冷系统中的高温、高压制冷剂，避免制冷系统的机件损坏。

⑤ 集液器：集液器用于膨胀管式的制冷系统，安装在蒸发器出口处的管路中。由于膨胀管无法调节制冷剂的流量，因此蒸发器出来的制冷剂不一定全部是气体，可能有部分液体，为防止压缩机损坏，故在蒸发器出口处安装集液器，一方面将制冷剂进行气液分离，另一方面起到与储液干燥器相同的作用，其结构如图 9-6 所示。

⑥ 膨胀阀：

a）膨胀阀作用

➢ 节流降压：将从储液干燥器来的高温高压液态制冷剂提高流速、降低压力，使低温、低压雾状制冷剂进入蒸发器。

➢ 自动调节制冷剂流量：由于车室内的热负荷变化以及压缩机的转速改变，要求流量作相应的调节，以保持车室内温度的稳定，热力膨胀阀能自动调节进入蒸发器内的制冷剂流量，以满足制冷系统循环的要求。

➢ 控制制冷剂流量，防止液击和异常过热现象发生：以热力膨胀阀的感温包作为感温组

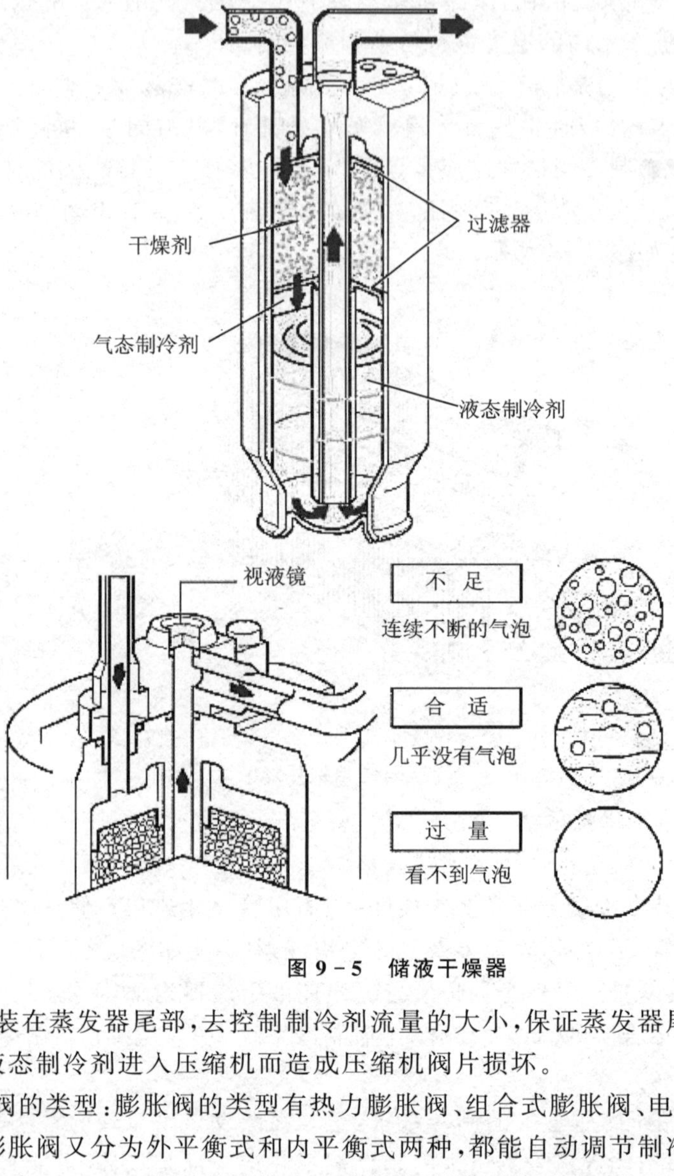

图 9-5 储液干燥器

件,安装在蒸发器尾部,去控制制冷剂流量的大小,保证蒸发器尾部有一定量的过热度,避免液态制冷剂进入压缩机而造成压缩机阀片损坏。

b) 膨胀阀的类型:膨胀阀的类型有热力膨胀阀、组合式膨胀阀、电子式膨胀阀和膨胀节流管等。热力膨胀阀又分为外平衡式和内平衡式两种,都能自动调节制冷剂流量,广泛用于各种车用空调系统中。下面以外平衡式热力膨胀阀为例说明热力膨胀阀的结构与原理。

外平衡式热力膨胀阀主要由感温包、毛细管、膜片、上阀体、下阀体、阀针、外平衡管接头、弹簧与调节螺钉等组成,如图 9-7 所示。

c) H 型热力膨胀阀:H 形膨胀阀的结构如图 9-8 所示,主要由阀体、感温元件、球阀、调节螺栓和预紧弹簧组成。因为其内部结构与大写英文字母"H"相似,所以称为 H 形膨胀阀,又称为整体式膨胀阀。

在 H 形膨胀阀上,设有低压与高压两个通道和四个管路接头(见图 9-8),分别与制冷系统的低压管路和高压管路连接。在图 9-8 所示结构示意图中,上面一个通道为低压通道,下面一个通道为高压通道。低压通道的入口接头经制冷管路与蒸发器出口连接、出口接头经制冷管路与空调压缩机入口连接;高压通道的入口接头经制冷管路与储液干燥器连接、出口接头经制冷管路与蒸发器入口连接。

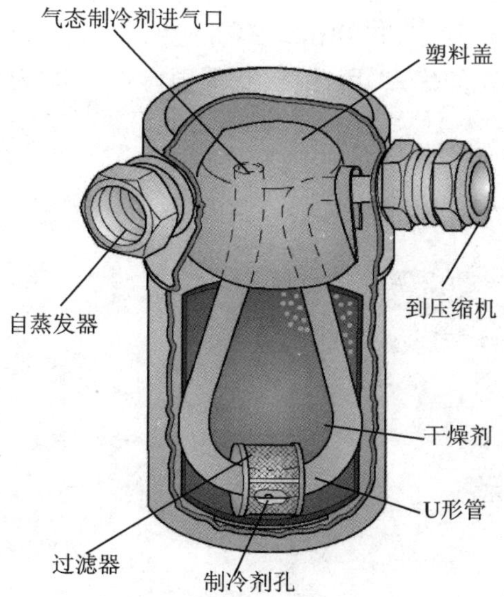

图 9-6　集液器

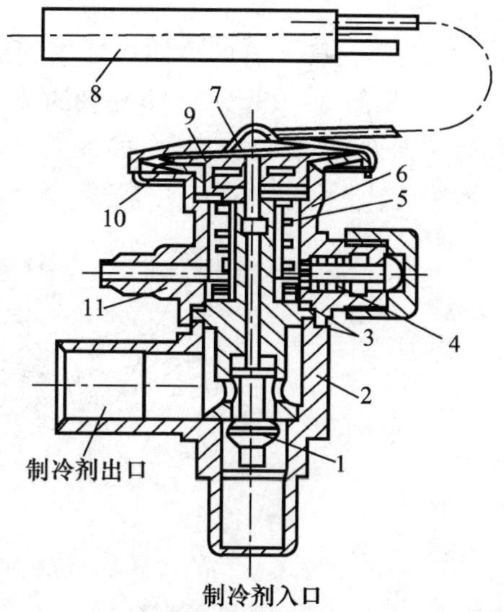

1—阀针；2—下阀体；3—密封垫；4—调节齿轮；5—弹簧；6—上阀体；7—膜片；8—感温包；9—膜片内室；10—膜片外室；11—外均压管接头

图 9-7　外平衡式热力膨胀阀的结构

在高压液体进口和出口之间，设有一个由球阀组成的节流阀，节流阀开度的大小由感温元件和预紧弹簧控制。感温元件内部充注有制冷剂，安放在低压通道上直接感受蒸发器出口蒸气的温度。转动调节螺栓即可调节弹簧的预紧力，从而可调节节流阀的开度和流入蒸发器的制冷剂流量来调节车内空气的温度。

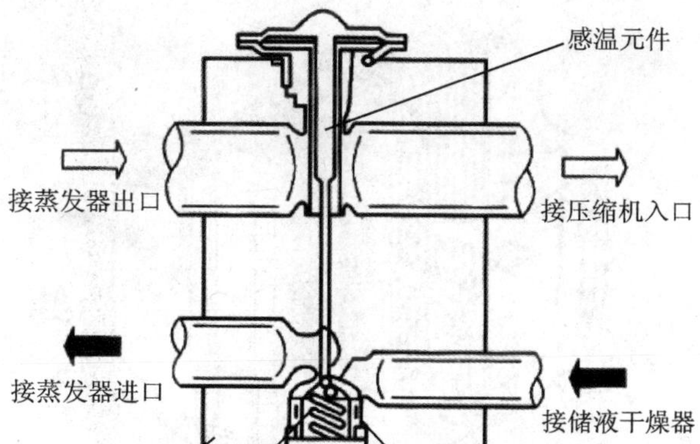

图 9-8　H 型膨胀阀的结构示意图

当蒸发器出口蒸气温度升高时，感温元件内部制冷剂吸热膨胀压力升高，迫使球阀压缩预紧弹簧使节流阀开度增大，进入蒸发器的制冷剂流量增大，蒸发器制冷量增大，车内空气温度降低。反之,当蒸发器出口蒸气温度降低时,节流阀开度减小,制冷剂流量减小,蒸发器制冷量减小,车内空气温度将升高。

⑦ 膨胀管:膨胀管的作用与膨胀阀的作用基本相同,只是将调节制冷剂流量的功能取消了,其结构如图 9-9 所示。膨胀管的节流孔径是固定的,入口和出口都有滤网。由于节流管没有运动部件,具有结构简单、成本低、可靠性高、节能的优点,因此美、日等国有许多高级轿车采用膨胀管式制冷循环。

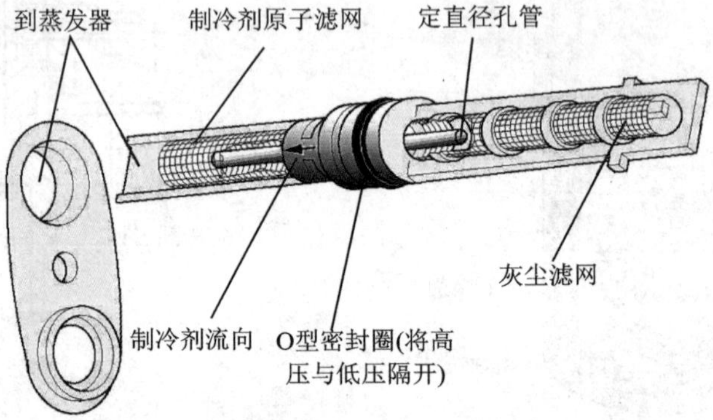

图 9-9 膨胀管

⑧ 蒸发器:蒸发器(见图 9-10)用来吸收车室内部的热量,调节汽车室内空气温度。蒸发器的结构与冷凝器相似,一般由铜管或铝管制成空心管,将空心管制成蛇形弯曲,并在空心管外部周围焊接若干散热片,安装在前乘员一侧(或顶侧)。

液态制冷剂经膨胀阀节流、降压变成低压、雾状制冷剂后,立即在蒸发器内沸腾或蒸发,汽化为气态制冷剂。同时,吸收管壁内大量的热量,使蒸发器周围的温度降低。

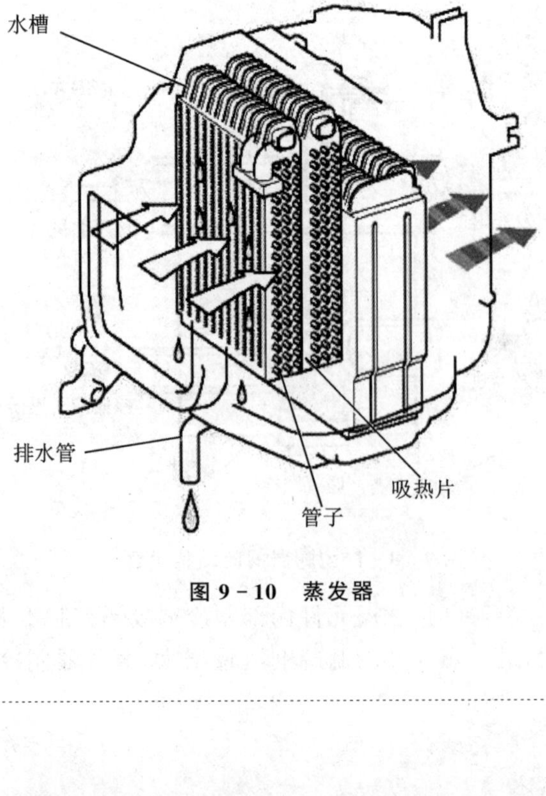

图 9-10 蒸发器

（2）暖风系统

暖风装置是空调的重要组成部分，可以对车内空气或进入车内的外部空气进行加热装置，称为汽车暖风装置。

① 暖风系统的分类：按所使用的热源不同可分为以下三种：

➢ 水暖式暖风系统——利用发动机的冷却液热量采暖，多用于轿车。
➢ 独立热源式——装有专门的燃烧供热暖风装置，多用于客车和载货车。
➢ 综合预热式——既利用发动机的冷却液热量，又装有燃烧预热的综合加热暖风装置。多用于大客车。

② 暖风系统的作用如下：

➢ 冬季天气寒冷——在运动的汽车内人们感觉更寒冷，这时，汽车空调可以向车内提供暖风，提高车室内的温度，使乘员不再感觉到寒冷。
➢ 冬季或者初春——室内外温差较大，车窗玻璃会结霜或起雾，影响驾驶员和乘客的视线，不利于安全行车，可以用暖风来除霜和除雾。

③ 水暖式暖风系统工作过程：水暖式暖风系统一般由控制开关、鼓风机、暖风水箱、循环水控制开关及相应的管路组成，如图 9－11 所示。需要暖风时，接通控制开关，循环水控制开关也自动接通，这样发动机的冷却液开始在暖风水箱及管路中循环。鼓风机同时开始转动，冷风通过暖风水箱后变成暖风通过出风口吹向车内。这种暖风装置结构简单、耗能少、成本低、维修方便，因此小型轿车一般都采用这种暖风装置。

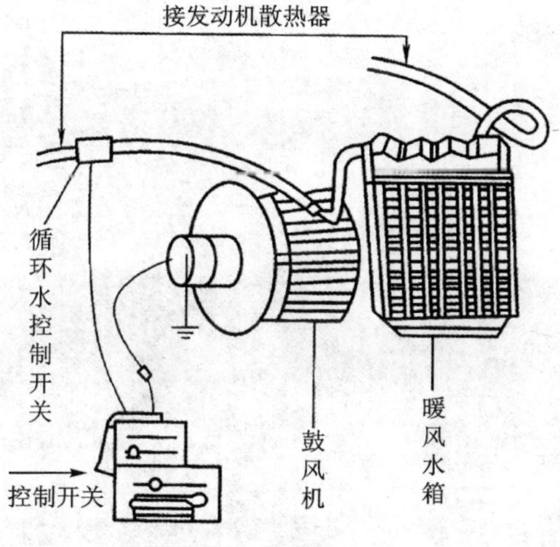

图 9－11　水暖式暖风装置

（3）通风系统

通风系统的作用是向车室内提供温度适宜的干净空气。通风系统主要由新鲜空气/循环空气风门、鼓风机、中央风门、除霜/下出风风门、风道和各出风口等组成，如图 9－12 所示。

新鲜空气/循环空气风门真空阀 2 的作用是打开或关闭车外新鲜空气进气口，空气流经鼓风机 3 后，通过蒸发器 4，再流经暖风加热器 10。由于温度风门 11 的位置不同，流向暖风加热器 10 加热的空气比例也不同。这样，通过调节温度风门 11 的位置就改变了出风温度。图中除霜/下出风口真空阀 8 的作用是打开或关闭除霜出风口 9 和下出风口 7。中央风门双向真空阀 6 的作用是打开或关闭仪表板出风口 5 和除霜/下出风口，改变通风系统的出风方式。

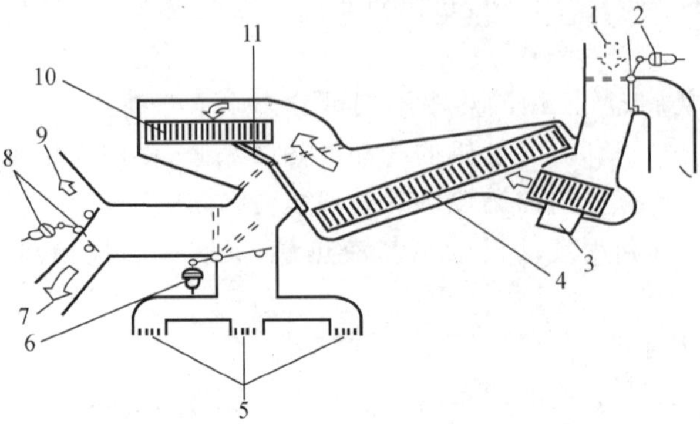

1—车外新鲜空气；2—新鲜空气/循环空气风门真空阀；3—鼓风机；4—蒸发器；5—仪表板出风口；
6—中央风门双向真空阀；7—下出风口；8—除霜/下出风口真空阀；9—除霜出风口；10—暖风加热器；11—温度风门

图 9－12　通风系统

3．手动空调实训台认识与基本操作

本汽车自动空调教学实验台是在丰田汽车空调系统的基础上研制的，完全可以实现原空调系统的全部功能，如图 9－13 所示。

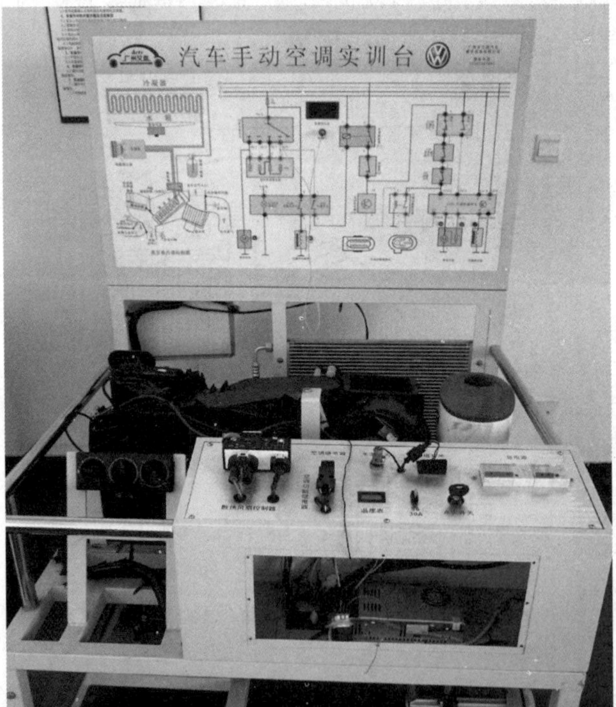

图 9－13　汽车手动空调实训台

本全自动空调教学实验装置的主要组成部分有:原丰田汽车的进风与空气混合风道总成、冷凝器总成、压缩机、蓄电池、发电机、三相电动机、原车空调 ECU、取暖加热器、信号检测显示板、电源控制柜等。

本实训台与原车在组成方式上的主要不同是用几个功能相同的部件代替了汽车上的相应部分,用三相电动机代替了汽车发动机;用取暖加热器代替了发动机的水暖系统。另外,对相应的传感器的输出特性用电压来模拟电阻特性。

空调的操纵控制系统的功用是对制冷系统与加热系统进行控制,调节车室内的空气温度、风量、流向,确保空调系统的正常工作。本实训台是通过手动控制模式完成的。

手动空调的操纵控制系统就是指空调系统中的鼓风机运转的转速、出风温度与送风方式都是由驾驶员手动操纵控制的。图 9-14 所示为实训台的手动控制面板。

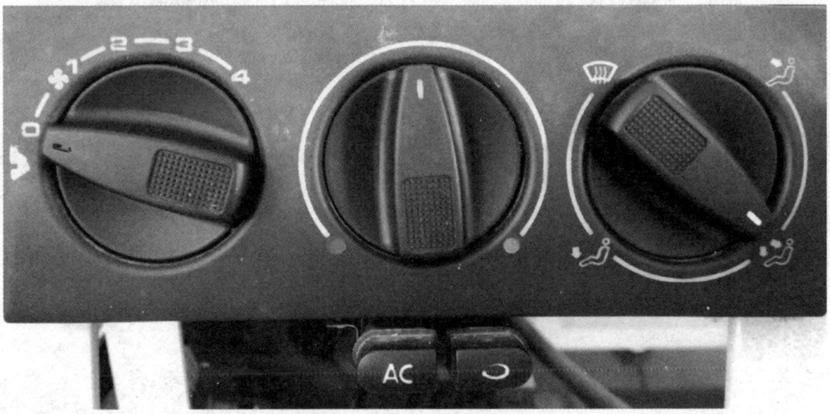

图 9-14　手动控制面板

图中左边旋钮控制出风速度,右边控制出风位置(左上角挡位为吹前挡玻璃),中间旋钮控制冷暖风。A/C 是空调启动、关闭开关,对称位置为风窗加热装置开关,中间为车内/车外空气循环选择。

4. 空调压缩机的拆卸和组装

各类活塞式制冷压缩机的拆卸工艺虽然基本相似,但由于结构不同,所以拆卸的步骤和要求也略有不同,应根据各类压缩机的特点制订不同的拆卸方法,一般制冷压缩机拆卸方法和步骤如下。

(1) 拆卸步骤

① 拆卸汽缸盖与排汽阀;

② 拆卸曲轴箱侧盖;

③ 拆卸活塞连杆部件;

④ 拆卸汽缸套;

⑤ 拆卸载机构;

⑥ 拆卸细滤油器和油泵部件;

⑦ 拆卸油三通阀和粗滤油器;

⑧ 拆卸吸汽过滤器;

⑨ 拆卸联轴器;

⑩ 拆轴封部件；

⑪ 拆后轴承座；

⑫ 拆曲轴；

⑬ 拆前轴承座。

(2) 活塞连杆部件的组装

① 连杆小头衬套的装配；

② 活塞销与连杆小头的装配；

③ 活塞环的装配。

(3) 汽阀部件的组装

① 汽阀弹簧若有一个损坏则应全部换新的；

② 检查阀盖上阀片升程两侧有无毛刺，若有毛刺则应用细挫修理；

③ 装阀盖、阀片和外阀座用 M16 螺丝连接，注意阀片应放正；

④ 装内阀座和芽芯螺丝；

⑤ 装配后，用螺丝刀试验阀片各处在升程中活动是否灵活。

(4) 三通阀部件组装

① 装配时应注意定位；

② 限位板的螺丝要装平。

注意：

① 拆卸前必须准备好扳手、专用工具及放油等准备工作。

② 拆卸时要有步骤进行，一般应先拆部件，后拆零件，由外到内，由上到下，有顺序地进行。

③ 拆卸所有螺栓、螺母时，应使用专用扳手；拆卸汽缸套和活塞连杆组件时，应使用专用工具。

④ 对拆下来的零件，要按零件上的编号(如无编号，应自行编号)有顺序地放置到专用支架或工作台上，切不可乱堆乱放，以免造成零件表面的损伤。

⑤ 对于固定位置不可改变方向的零件，都应划好装配记号，以免装错。

⑥ 拆下的零件要妥善保存，细小零件在清洗后，即可装配在原来部件上以免丢失，并注意防止零部件锈蚀。

⑦ 对拆下的水管、油管、汽管等，清洗后要用木塞或布条塞住孔口，防止进入污物。对清洗后的零件应用布盖好，以防止零件受污变脏，影响装配质量。

⑧ 对拆卸后的零部件，组装前必须彻底清洗，并不许损坏结合面。

5. 空调电磁离合器的拆检装调

汽车空调电磁离合器一般都是由带轮总成、线圈总成和驱动盘总成这三个部分组成。汽车空调电磁离合器是较为典型的机电一体化产品。

实际中，若只是对电磁离合器进行修理或更换，可不必从车上拆下压缩机，直接在车上进行操作。现以桑塔纳 2000 轿车为例进行介绍。

(1) 拆　卸

① 断开电瓶接地线。

② 拆卸空调压缩机传送带。

③ 用三爪卡具固定好(俗称“背着”)离合器压盘,然后用套筒拆下压盘锁紧螺母,如图 9-15 所示。

④ 拆卸离合器压盘:用专用拉器将离合器压盘从压缩机主轴上拉下来,如图 9-16 所示。

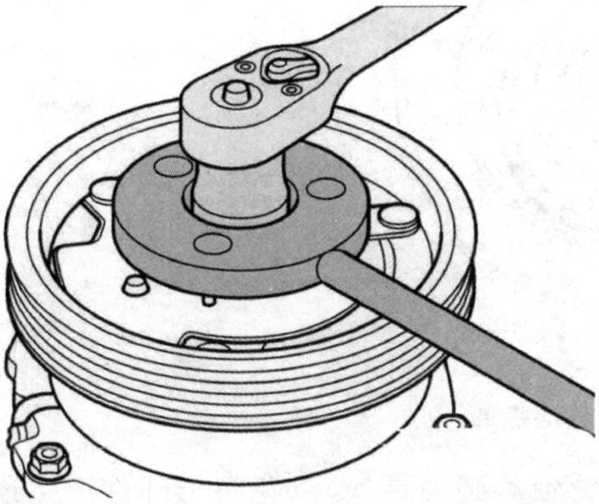

图 9-15 电磁离合器压盘锁紧螺母的拆卸

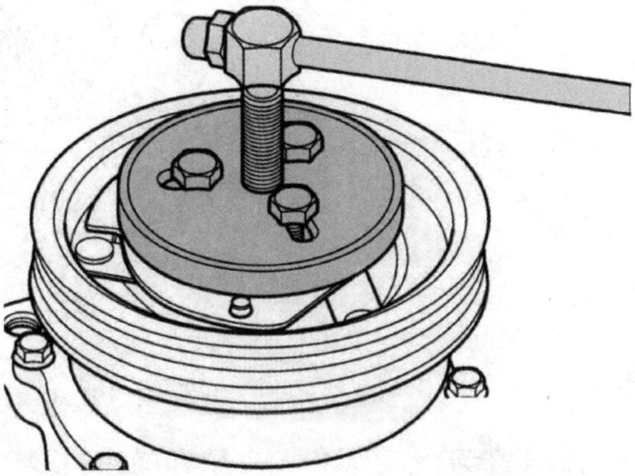

图 9-16 电磁离合器压盘的拆卸

⑤ 用卡环钳拆下驱动带轮轴承的卡环,如图 9-17 所示。

⑥ 用二爪或三爪拉器拆卸驱动带轮和轴承组件,如图 9-18 所示。

注意:轴承外套与带轮之间是过渡配合,轴承内套与轴承座(即压缩机前端盖)之间也是过渡配合。拆卸时要对压缩机轴端及螺纹处加以保护,轴端与拉器丝杠之间最好垫上软金属,并保持拉器与轴的对正以防止压缩机轴损坏。

图 9-17 驱动带轮轴承卡环的拆卸

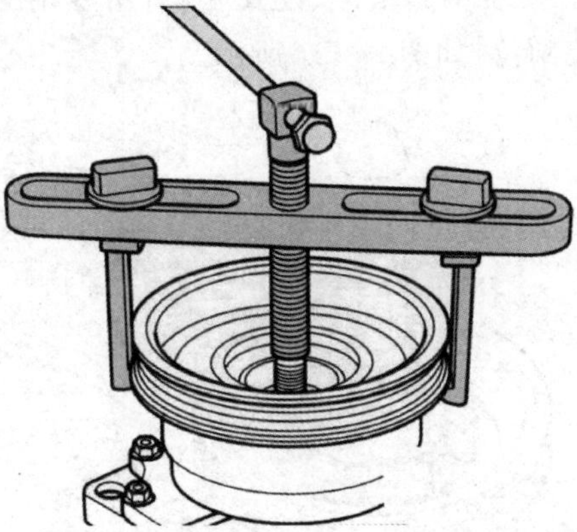

图 9-18 驱动带轮和轴承组件的拆卸

⑦ 用卡环钳拆卸电磁线圈的限位卡环,拆下电磁线圈,如图 9-19 所示。

注意:有些空调压缩机离合器电磁线圈是用螺钉固定在压缩机前端盖上的。

(2) 拆卸后的检查

① 检查离合器压盘的摩擦表面,看是否有翘曲变形的地方(必要时测量),或是由于过热和打滑而引起的刮损痕迹。若压盘翘曲变形了或有刮痕损伤,则要更换离合器总成。

② 摩擦表面上的油污或脏物应用酒精擦洗干净。

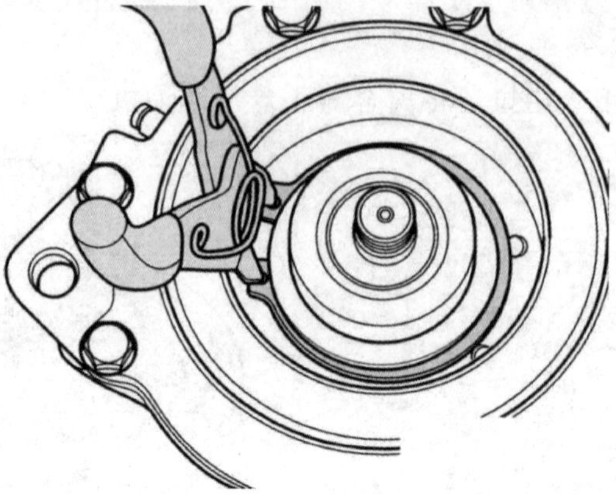

图 9-19　电磁线圈限位卡环的拆卸

③ 检查轴承有无松旷现象和噪声，损坏的驱动带轮轴承必须更换，以免整个部件产生连锁性的损坏。

④ 检查电磁线圈的导通性与绝缘性。电磁线圈的阻值一般为 4 Ω 左右。

(3) 安　装

① 安装电磁线圈：将压缩机前端盖上的定位孔与电磁线圈上的定位销对正，然后用卡环固定。

② 安装驱动带轮及轴承：用专用工具或铜棒均匀平整地轻轻敲击，使驱动带轮安装到位，然后再用卡环与轴承固定，如图 9-20 所示。

③ 安装调整垫片、键及压盘：用专用工具压在中心孔部位，用榔头轻轻敲击，使离合器压盘安装到位，如图 9-21 所示。

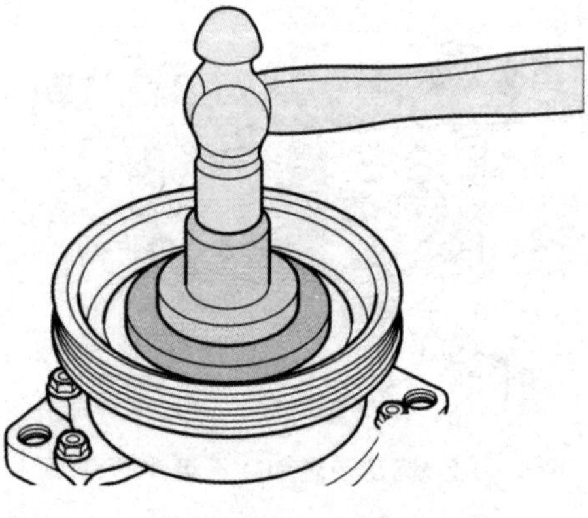

图 9-20　驱动带轮的安装

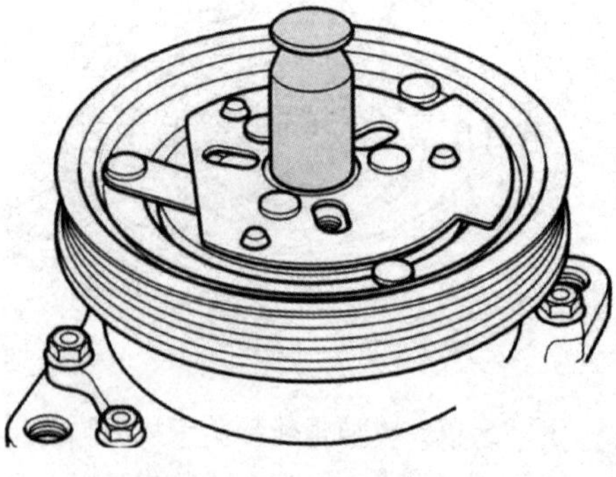

图 9-21　电磁离合器压盘的安装

(4) 检查、调整压盘与驱动带轮之间的轴向间隙

用深度游标卡尺 C 测量传送带盘与离合器压盘之间的距离，并记录为 a，在不同位置上测量三次。拔下电磁离合器的线束接头 A，用一根辅助导线将接头 A 连到蓄电池的正极，此时离合器接合，用深度游标卡尺 C 再次测量传送带盘与离合器压盘之间的距离，并记录为 b，在不同位置上测量三次。将尺寸 b 的平均值与尺寸 a 的平均值相减，即为电磁离合器间隙，如图 9-22 所示。

电磁离合器标准间隙为：0.4～0.78 mm，且在整个圆周范围内，间隙必须均匀，若间隙不在标准范围内，则应卸下离合器压盘，用增减垫片的方法进行调整。

6. 空调制冷剂的添加与更换

车用空调系统的故障有80 %是系统制冷剂泄漏造成的。在对空调做维护时，一般要进行制冷系统抽真空、加注制冷剂等操作，这些操作技能掌握得好坏，不仅直接影响车用空调系统的工作性能，而且也直接影响车用空调系统的使用寿命。

(1) 制冷系统抽真空

制冷系统抽真空的目的就是为了排除制冷系统内的空气和水气，这是维修中一项重要和需要仔细的工序。更换制冷系统零部件、查漏、焊接管后，都必然会有空气和水气进入制冷系统，空气和水气不排除会严重影响车用空调系统的工作。因此，只有通过对制冷系统抽真空排除空气和水气后才能再加制冷剂。制冷系统抽真空如图9－23所示，具体操作如下：

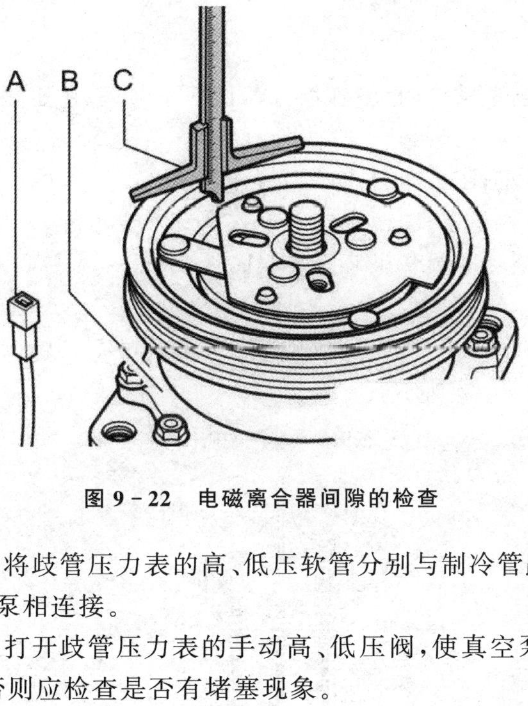

图9－22　电磁离合器间隙的检查

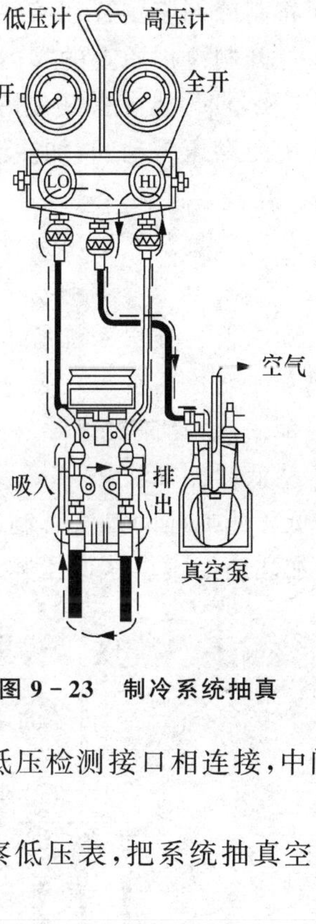

图9－23　制冷系统抽真

① 将歧管压力表的高、低压软管分别与制冷管路上的高、低压检测接口相连接，中间软管与真空泵相连接。

② 打开歧管压力表的手动高、低压阀，使真空泵运行，观察低压表，把系统抽真空至0.1 MPa，否则应检查是否有堵塞现象。

③ 关闭歧管压力表的手动高、低压阀，观察歧管压力表真空度是否下降。如真空度下降，说明系统有泄漏，应查找出泄漏点再进行维修。如系统不漏，再打开歧管压力表的手动高、低压阀，继续抽真空20～30 min，再将真空泵的排气管插入水中，观察是否还有气泡排出。

④ 关闭歧管压力表的手动高、低压阀。

⑤ 关闭真空泵(先关歧管压力表的手动高、低压阀，后关真空泵以防止空气和水气再次进入系统)。

(2) 加注制冷剂

在制冷系统经过抽真空，并确认制冷系统没有泄漏后，就可开始对系统加注制冷剂。加注制冷剂的方法有两种，一种是从高压侧加注，另一种是从低压侧加注。

1）从高压侧加注法

从高压侧加注的是液态制冷剂，它是靠制冷剂罐内与系统之间的压力差与位差进行加注的，这种方法适合于系统抽过真空而无制冷剂的情况。它的特点是加注速度快。从高压侧加注法如图 9-24 所示。

① 将歧管压力表的高、低压软管分别与制冷管路上的高、低压检测接口相连接，中间软管与制冷剂瓶相连接，并将制冷剂瓶倒置。

② 用制冷剂排除连接软管内的空气。先关闭高、低压手动阀，拧松高压侧检修阀与软管连接的接头，然后打开高压手动阀，最后打开制冷剂瓶上的阀门。当高压侧软管排出制冷剂气体时，迅速将软管与高压侧检修阀连接的接头拧紧，并关闭制冷剂瓶上的阀门。用同样的方法排除低压侧连接软管内的空气，然后关闭好高、低压手动阀和制冷剂瓶上的阀门。

③ 将制冷剂瓶倒置在磅秤上，并记录起始质量。

④ 打开制冷剂瓶上的阀门，缓慢打开高压侧手动阀，制冷剂液体注入系统内，当磅秤指示到达规定质量时，迅速关闭制冷剂瓶上的阀门。

⑤ 关闭高压手动阀，加注制冷剂结束。

注　意：

① 从高压侧加注制冷剂时，严禁开启空调系统，也不可以打开低压手动阀，防止压缩机产生“液击”现象，而损坏机件。

② 加注前应查明系统所用制冷剂的类型，R12 和 R134a 两者不可混用。

③ 加注制冷剂前一定要排空连接软管内的空气，防止空气进入系统产生冰堵。

④ 加注后，拆卸软管时应防止残留的制冷剂损伤眼睛及皮肤。

2）从低压侧加注法

从低压侧加注的是气态制冷剂，这种方法适合于向系统内补充少量制冷剂的情况。它的特点是加注速度慢。从低压侧加注法如图 9-25 所示。

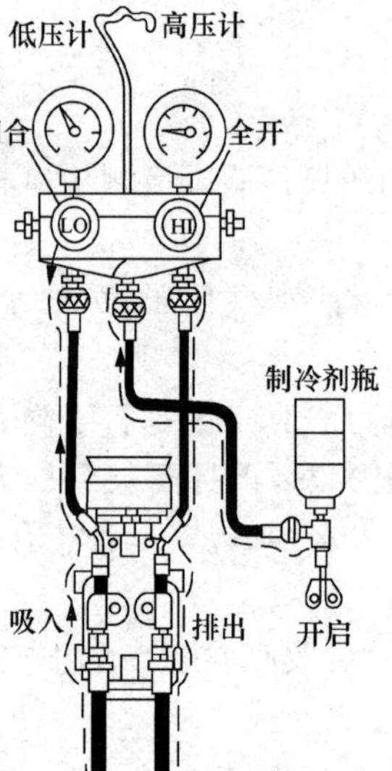

图 9-24　从高压侧加注法

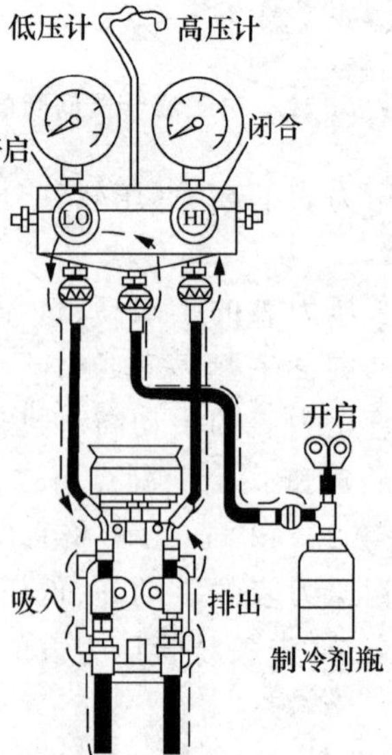

图 9-25　从低压侧加注法

① 将歧管压力表的高、低压软管分别与制冷管路上的高、低压检测接口相连接，中间软管与制冷剂瓶相连接，并将制冷剂瓶竖置。

② 用制冷剂排除连接软管内的空气(同高压侧加注法)。

③ 将制冷剂瓶竖置在磅秤上，并记录起始质量。

④ 打开制冷剂瓶上的阀门，缓慢打开低压侧手动阀，向系统内注入气态制冷剂。

⑤ 启动发动机并将转速调整在 1 250～1 500 r/min 间，接通空调开关，把风机开关和温度控制开关开至最大。

⑥ 当磅秤指示到达规定质量时，迅速关闭低压侧手动阀，然后关闭制冷剂瓶上的阀门。

⑦ 关闭空调开关，停止发动机运转，迅速将高、低压软管拆下。

3）制冷剂加注量

① 压力表观察：R12 制冷剂，当发动机转速为 2 000 r/min，风机转速为最高挡，气温为 30～35 ℃时，低压侧压力应为 0.15～0.19 MPa，高压侧压力应为 1.37～1.67 MPa，R134a 制冷剂压力稍低点。

② 储液干燥器见视窗观察：见视窗内清亮、透明、无气泡，无液体流动。

③ 参照厂家提供的参数加注，几种车型制冷剂加注量如表 9-2 所列，仅供参考。

表 9-2　几种车型制冷剂加注量

车　型	制冷剂加注量/kg
桑塔纳轿车	1～1.2
普通轿车	0.7～0.8
丰田 CROWN 牌 MS112、MS122 小轿车	前置空调 0.8，双联空调 1.2
日产 DATSUN 牌 430 轿车	前置空调 0.9，双联空调 1.4
马自达 E200、E1800 型旅行车	1.6
三菱 ROSA 牌 BS310C 型旅行车	2.7
丰田 HIAC 牌 ERH20 型旅行车	2.4
日野 RC420 型、RE200 型大客车	7
三菱 BS701T 型大客车	6.3

(3) 加注冷冻润滑油

在车用空调系统正常运行情况下，无须检查冷冻润滑油的油量，也无须添加冷冻润滑油。但是，空调系统发生制冷剂严重泄漏，接头处或压缩机轴密封处有油迹，以及更换了系统部件后，应当适量添加冷冻润滑油。加注冷冻润滑油的方法，有直接加入法和真空吸入法两种。

1）直接加入法

将冷冻润滑油装入干净的量杯里，从压缩机的旋塞口直接倒入即可，这种方法适合于更换蒸发器、冷凝器和储液干燥器时采用。

2）真空吸入法

真空吸入法加注冷冻润滑油，如图 9-26 所示。

① 首先将系统抽真空至 100 kPa(在检漏过程中进行)。

② 准备一个带刻度的量杯，量杯中装入稍多于所添加量的冷冻润滑油。

③ 关闭高压手动阀及辅助阀门，将高压软管一端从歧管压力表上拆下，并插入量杯冷冻润滑油中。

④ 打开辅助阀门，油从量杯中被吸入系统内。

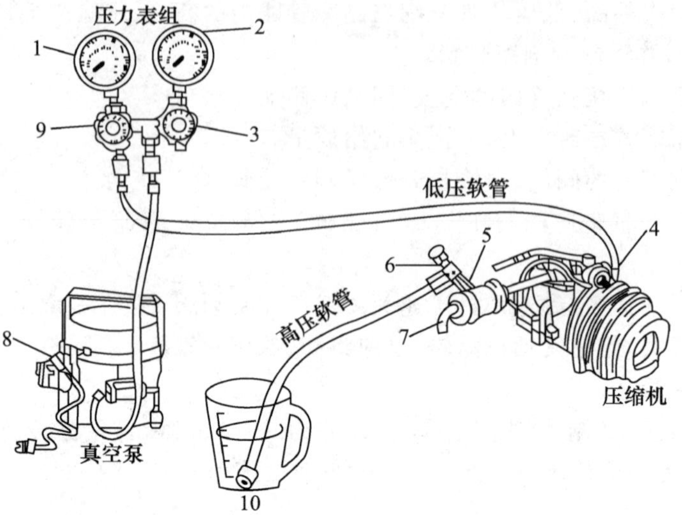

1—低压表；2—高压表；3—高压手动阀；4—低压检修阀；5—高压检修阀；
6—辅助阀门；7—高压管路；8—真空泵；9—低压手动阀；10—冷冻润滑油

图 9-26　冷冻润滑油加注方法

⑤ 当油面到达规定刻度时，立即关闭辅助阀门。

⑥ 将量杯软管与歧管压力表组连接，打开高压手动阀，启动真空泵，先对高压软管抽真空，然后打开辅助阀门对系统抽真空。

3）冷冻润滑油加注量

① 系统新加油量：空调系统中，只有压缩机内装有冷冻润滑油，一般为 270～350 g，不同型号的压缩机充油量也不同，具体可直接查看供应商手册。

② 系统补充加油量：在维修中，如更换了系统部件或管路，由于这些部件和管路中残存有一定量的冷冻润滑油。因此，在更换这些部件和管路的同时应向系统内补充冷冻润滑油，其冷冻润滑油补充量见表 9-3，仅供参考。

表 9-3　系统部件冷冻润滑油补充量

更换的部件	冷冻润滑油补充量/ml	更换的部件	冷冻润滑油补充量/ml
冷凝器	40～50	储液干燥器	10～20
蒸发器	40～50	制冷循环管道	10～20

7. 空调系统常见故障诊断与排除

汽车空调系统的工作环境和工作条件较为恶劣，零部件多，管路接头又多，因而容易出现较多故障。如果不及时排除出现的故障，非但享受不到空调的舒适，而且可能造成汽车空调系统的损坏，甚至影响发动机的正常运行。汽车空调系统出现故障的部位及原因很多，主要集中在电气线路、内部机件和外部元件。这些线路和元件对故障部位的确定带来一定的困难，因此对汽车空调系统的故障诊断方法尤为重要。

（1）诊断状态

诊断状态是指诊断故障时空调系统所处的状态，根据诊断状态观察故障现象，由表及里完成全面诊断。空调系统所处的状态，有静止状态和工作状态。

① 静止状态：静止状态就是指汽车发动机和制冷系统都在静止不工作状态下，对空调制

冷系统的电气线路、机械传动、空调制冷部件、管路及连接件等进行外部检查。如松动、脱落、搭铁、锈蚀、损伤、污垢、泄漏和堵塞等。

② 工作状态：工作状态就是指汽车发动机在怠速或正常转速，制冷系统都在稳定工作状态下，将空调控制开关置于最大或最小冷量的位置，检查车室内的风有无变化、压缩机是否工作。

（2）基本诊断方法

基本诊断方法是根据看、听和摸等方式直观确认故障的部位。

① 看：用眼睛观察整个空调系统各个零件是否处于正常工作状态。启动空调，观察储液干燥器的观察窗，看制冷剂是否适量。

如果观察到连续不断的气泡出现，说明制冷剂严重不足。如果每隔 1～2 s 就会有气泡出现，也表示制冷剂不足。

如图 9－27 所示，观察玻璃见视窗，如果观察窗几乎透明，发动机转速变化时可能会出现气泡，说明制冷剂适量（见图(a)）。如果制冷剂不足，则会形成气泡（见图(b)、(c)）。看各接头处是否有油污，沾有灰尘。如果有油污（见图(d)）和灰尘（见图(e)），说明可能有泄漏。观察冷凝器表面脏不脏，散热片是否变形。

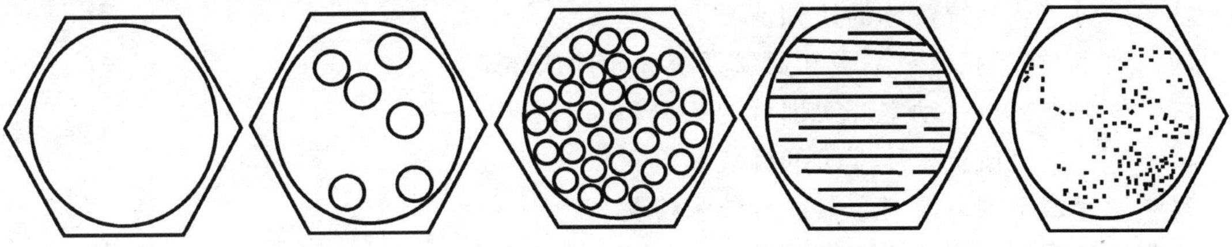

(a) 清晰　(b) 气泡　(c) 泡沫　(d) 机油条纹　(e) 污浊

图 9－27　观察储液干燥器见视窗制冷剂情况

② 听：用耳朵听运转中的空调系统有无异常声音。如果有噪声则可能是电磁线圈老化，吸力不足，通电后由于打滑而产生噪声，也可能是离合器片磨损造成间隙过大使离合器打滑。听压缩机是否有液击声。如果有液击声，可能是制冷剂过多或膨胀阀开度过大，应释放制冷剂或调整膨胀阀。除此之外，就是压缩机内部损坏。

③ 摸：开机 15～20 min 后，用手触摸空调制冷系统部件，感受各部位温度。高压管路比较热，如果某处特别热或进出口有明显温差，说明这个地方堵了。如果空调系统各部分工作正常，则下列部件会有正常温差。

- 压缩机进、排气管应有明显温差（进气管低、排气管高）。
- 冷凝器进、出口管应有温差（进口管高、出口管低）。
- 储液干燥器进、出口温度相等时，表示系统正常；进口温度低于出口温度时，表示系统制冷剂不足；进口温度高于出口温度时，表示系统制冷剂过多。
- 膨胀阀进、出口应有明显温差（进口高、出口低）。
- 蒸发器进、出口应有明显温差（进口高、出口低）。
- 膨胀阀出口到压缩机之间的软管应该凉而不结霜，正常情况应为结霜后即化，用肉眼看到的只是化霜后结成的水珠。用手感觉车内出风口有凉的感觉，车内保持适应人体的正常温度。

如果高压管路、低压管路没有明显温差，说明制冷系统不工作或系统泄漏，制冷剂严重不足。

④ 测：

➢ 用检漏仪检查各接头是含有泄漏。

➢ 用歧管压力表检查制冷系统的压力。运转压缩机，发动机转速为 2 000 r/min，观察歧管压力表。在一定的大气湿度内，轿车制冷系统正常工作时的高、低压范围是：高压端压力成为 1.421～1.470 MPa；低压端压力应为 0.147～0.196 MPa。若不在此范围内，则说明系统有故障。

➢ 用万用表检查空调电路故障。

➢ 用温度计检测相关部件的温度。

蒸发器：不结霜的前提下，蒸发器表面温度越低越好。

冷凝器：正常工作时，冷凝器入口温度为 70～90 ℃，冷凝器出口温度为 50～65 ℃。

储液干燥器：正常情况下应为 50 ℃。如果上下温度不一致，则说明储液干燥器堵塞。

9.5 实训考核及评价

① 考核要求：

➢ 学生对空调系统整体的认知情况。

➢ 由学生对空调制冷、采暖和通风系统各元件认知情况。

➢ 学生独立完成手动空调实训台的认识和基本操作。

➢ 学生独立完成空调压缩机的拆装和检测。

➢ 学生完成空调电磁离合器的拆装和检测。

➢ 学生完成制冷剂的添加与更换。

➢ 教师设置相关故障，学生完成空调电路分析与检测，并排除故障。

② 考核时间：45min

③ 考核评分：表 9－4 所列为汽车空调实训项目的考核评分内容。

表 9－4　汽车空调实训项目的考核评分内容

序　号	考核内容	配　分	评分标准	考核记录	扣　分	得　分
1	空调系统整体认知	5	每出现一次操作错误扣 5 分			
2	制冷系统认知	5	每出现一次操作错误扣 5 分			
	采暖系统认知	5	每出现一次操作错误扣 5 分			
	通风系统认知	5	每出现一次操作错误扣 5 分			
3	手动空调实训台的认识和基本操作	10	每出现一次操作错误扣 5 分			
4	空调压缩机的拆装	20	每出现一次操作错误扣 5 分			
5	空调电磁离合器的拆装和检测	20	每出现一次操作错误扣 5 分			
6	制冷剂的添加与更换	20	每出现一次操作错误扣 5 分			
7	故障分析与检测	10	每出现一次操作错误扣 5 分			
8	分数总计	100				

实训项目十　大众电控发动机实训

10.1　实训目的

大众电控发动机的实训目的：

① 熟悉常见电控发动机各传感器、线束、执行器的型号和位置。

② 掌握利用诊断仪进行故障诊断的方法。

③ 掌握利用诊断仪进行数据流读取的方法。

④ 掌握常见发动机系统电路图读图方法、主要传感器的故障诊断与排除。

10.2　实训要求

大众电控发动机的实训要求：

① 学生在做实训之前要先预习，在作业过程中要按分解顺序摆放零部件并做相应标记和纪录。

② 教师应先采用边示范边讲解的教学方式，学生在动手做实训时，指导教师应指导、规范学生的动作和程序。每位同学必须严格按照给出的操作步骤和技术要求，动手完成规定的检修任务。

③ 实训完成后，学生撰写实训报告，归纳和总结电控发动机的组成、结构及其检测要点。

10.3　实训工具及设备

表 10－1 所列为大众电控发动机实训所需工具及设备。

表 10－1　实训工具及设备表

项　目	名　称	数　量
专用仪器	试　灯	1个
	万用表	1个
	解码仪	1套
设　备	电控发动机实训台	1台
工具	移动台式工具箱	1台
	V形铁、扭力扳手、开口扳手、活动扳手、梅花扳手、专用油管扳手、套筒扳手、鲤鱼钳、尖嘴钳、一字起子、十字起子、橡胶锤、铁锤、油盆等	1套

10.4 实训内容

大众电控发动机的实训内容如下：

1. 电控发动机整体认识

电控汽油喷射发动机是装有电脑、传感器、执行元件的智能控制发动机。它可以精确控制空燃比，使燃烧充分，显著减少排气污染。同时，由于发动机工作稳定性得到加强，从而降低了噪音。其传感器采集瞬息变化的空气进气量、发动机负荷、水温、进气温度等信号输入电脑，由电脑计算出适时的、恰当的汽油量和最佳点火提前角，并输出控制信号给喷油阀和点火器，使得发动机在各工况下得到最佳性能。

电控发动机系统以电控单元(ECU)为控制核心，以空气流量和发动机转速为控制基础，以喷油器、怠速空气调整器等为控制对象，保证获得与发动机各种工况相匹配的最佳混合气体的成分和点火时刻。相同的控制原则决定了各类电控汽油喷射系统具有相同的组成和类似结构。电控汽油喷射系统大致可分为空气供给系统、燃油供给系统和电子控制系统三部分。

本实训项目中所用到的发动机试验台是车拉夫公司利用大众帕萨特轿车的发动机改装而成的试验台(见图 10-1)，利用该试验台可以完成熟悉大众发动机结构、读取故障码和读取数据流的相关实训。

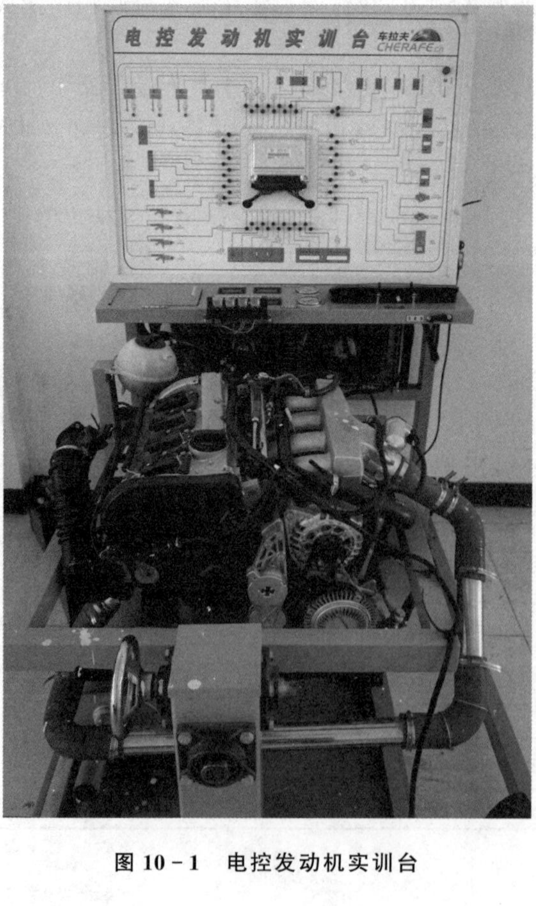

图 10-1 电控发动机实训台

2. 电控发动机的组成和功能

（1）发动机电控系统的组成

发动机电控系统的应用技术较多，主要有燃油喷射控制、电控点火控制、辅助控制等。对每一个发动机电子控制系统而言，主要由传感器、电子控制单元（ECU）和执行元件三部分组成，如图 10－2 所示。

图 10－2　电控发动机组成示意图

信号输入装置，即各种传感器，它负责采集控制系统的信号，并转换成电信号输送给 ECU。

电子控制单元，即 ECU，给各传感器提供参考电压，接收传感器信号，并进行存储、计算和分析处理后执行器发出指令。

执行元件，即由 ECU 控制，执行某项控制功能的装置。

（2）发动机电控系统的类型

开环控制，即 ECU 可根据传感器的信号对执行器进行控制，而控制的结果是否达到预期目标对其控制过程没有影响。

闭环控制也叫反馈控制，在开环的基础上，它对控制结果进行检测，并反馈给 ECU，进行原定的控制修正。

（3）汽油机电控系统的主要控制功能

① 汽油喷射控制：

- 喷油正时控制：喷油开始时刻控制（对进气管喷射系统为固定值）；
- 喷油持续时间控制：喷油量控制（由进气量和 A/F 决定）；
- 停油控制：减速和超速停油控制（停止供油和恢复供油）；
- 电动汽油泵控制：电动油泵运行控制。

② 点火控制：

- 点火正时控制：实际最佳点火提前角控制；
- 闭合角控制：点火线圈的初级线圈通电时间控制；
- 爆震反馈控制：基于爆震的最佳点火提前角反馈修正。

③ 怠速控制：

- 无负荷怠速控制（暖机工况及空载怠速转速控制）；
- 有无负荷怠速控制（空调、动力转向等接入时怠速转速控制）。

④ 排气净化控制：

- 空燃比反馈控制：在闭环控制工况，使 A/F 始终保持在 14.7 或 14.6，使三元催化转化器的净化效率达到最高。
- 废气再循环控制（EGR）：把发动机排出的一部分废气重新引入进气管参加循环，降低燃烧温度，以减少 NO_x 的生成量。

➢ 二次空气喷射控制：在采用浓混合气的工况，把新鲜空气引入排气管，氧化 CO 和 HC，以减少 CO 和 HC 的排放量。

➢ 活性炭罐清洗控制：定时用新鲜空气清洗碳罐，并把清洗后油气混合物引入汽缸，以减少燃油蒸发的 HC 对大气环境的污染。

⑤ 进气控制：

➢ 进气谐振增压控制：通过改变进气歧管的长度解决进气惯性增压和减小进气阻力；

➢ 配气定时控制；

➢ 废气涡轮增压控制：控制废气涡轮增压放气阀，控制增压压力；

➢ 进气涡流控制。

⑥ 故障自诊断：

➢ 故障自诊断(对传感器输入信号、执行元件执行反馈及电控单元状态的不间断)；

➢ 故障警示及信息储存(异常信号和状态的提示和信息存储)；

➢ 带故障运行控制(出现异常情况后运行控制)。

3. 电控发动机常见传感器和执行元件认识

常见的传感器有：

➢ 进气压力传感器：反映进气歧管内的绝对压力大小的变化，是向 ECU(发动机电控单元)提供计算喷油持续时间的基准信号。

➢ 空气流量传感器：测量发动机吸入的空气量，提供给 ECU 作为喷油时间的基准信号。

➢ 节气门位置传感器：测量节气门打开的角度，提供给 ECU 作为断油、控制燃油/空气比、点火提前角修正的基准信号。

➢ 曲轴角度传感器：检测曲轴及发动机转速，提供给 ECU 作为确定点火正时及工作顺序的基准信号。

➢ 氧传感器：检测排气中的氧浓度，提供给 ECU 作为控制燃油/空气比在最佳值(理论值)附近的基准信号。

➢ 进气温度传感器：检测进气温度，提供给 ECU 作为计算空气密度的依据。

➢ 水温传感器：检测冷却液的温度，向 ECU 提供发动机温度信息。

➢ 爆燃传感器：安装在缸体上专门检测发动机的爆燃状况，提供给 ECU 根据信号调整点火提前角。

常见的执行元件有：喷油器、点火器、怠速控制阀、节气门控制电机、EGR 阀、进气控制阀、二次空气喷射阀、活性炭罐控制阀、油泵继电器、风扇继电器等。

图 10－3 所示为典型电控发动机结构组成和布置。

4. 电控发动机系统故障码读取与清除

根据实训项目六中介绍的操作方法，连接元征 X－431 3G 诊断仪到实训台相应诊断口，读取发动机系统的故障代码，并进行清除。在实际操作中，可以对发动机相关的传感器线束插接件断开，然后分别读取故障码，并做好记录。比如：空气流量计线束、节气门线束、某缸喷油器线束、某缸点火线、冷却液温度传感器线束等。表 10－2 所列为帕萨特发动机的部分故障代码与排除方法。

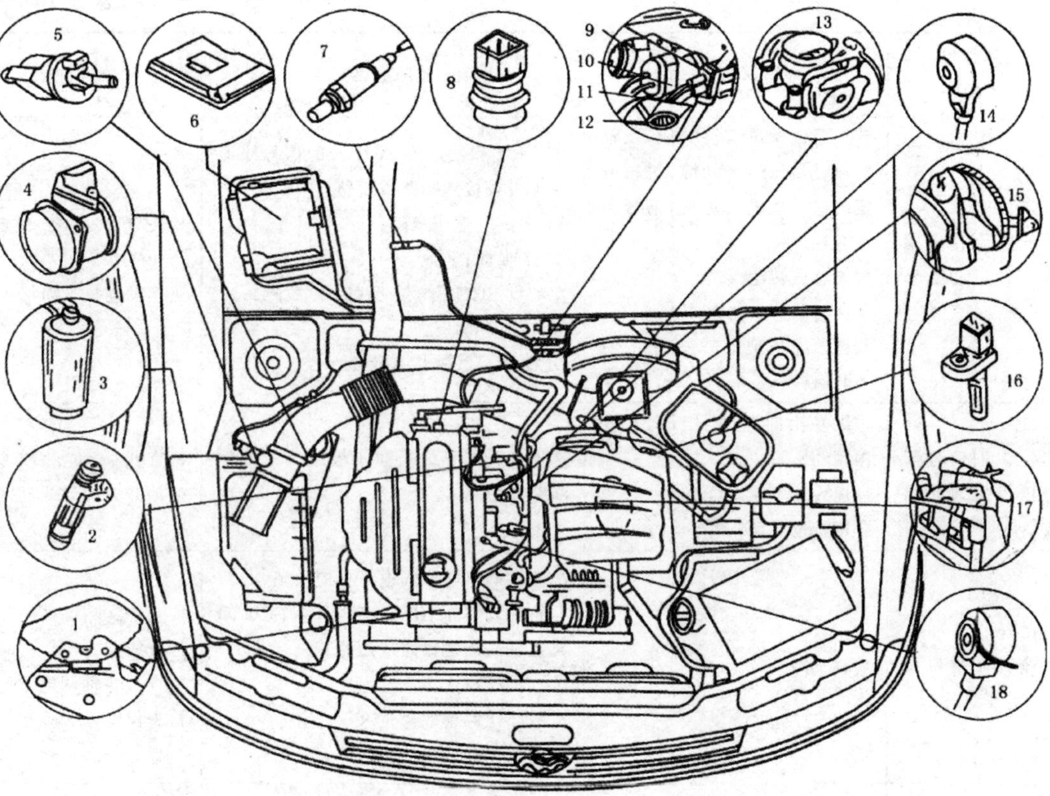

1—霍耳传感器；2—喷油器；3—活性炭罐；4—热模式空气流量计；5—活性炭罐电磁阀；6—发动机 ECU；7—氧传感器；8—冷却液温度传感器；9—转速传感器插接器；10—1 号爆震传感器插接器；11—氧传感器插接器；12—2 号爆震传感器插接器；13—节气门控制组件；14—2 号爆震传感器；15—转速传感器；16—进气温度传感器；17—点火线圈；18—1 号爆震传感器

图 10－3　典型电控发动机的组成与布置

表 10－2　帕萨特发动机部分故障代码表

故障码与故障内容	故障现象	故障原因	故障排除
00515 霍耳传感器 G40 故障	满负荷时发动机无动力； 排放值不正确； 油耗增加	通往正极的导线短路或断路； 同接地短路； 霍耳传感器的传感器片扭弯； G40 失效	检查线路； 更换 G40
00532 电源供应信号不正常	发动机 ECU 不工作； 怠速转速不在允许范围； 发动机的 ECU 学习(输入)值丢失	供电电压超过 16 V； 由辅助启动而产生过压； 供电电压低于 10 V； 同发动机 ECU 的接地不良； 蓄电池损耗，点火时无电	检查发电机； 检查发动机 ECU 的电源供应； 检查蓄电池电量； 发动机 ECU 与节气门控制部件匹配

续表 10-2

故障码与 故障内容	故障现象	故障原因	故障排除
00670 节气门位置传感器 G127 的信号不正常	节气门位置调节器关闭，发动机通过紧急运行间隙，机械确定的空气量进行怠速，信号不正常； 增加怠速转速； 减速时负荷变化有冲击； 空调压缩机到 1 520 r/min 时才开启	在 G127 和发动机 ECU 间的信号线通往正极或接地断路或短路； G127 供电电压故障； G127 损坏； 发动机 ECU 信号中断(ECU 故障)； 节气门卡死； G127 的导线连接有故障	检查节气门控制部件 J338(G127)； 更换发动机 ECU
01119 挡位识别信号同正极或接地断路或短路	操纵发生问题(换挡冲击、变挡振动)； 怠速转速不在许可范围； 怠速转速波动	选挡开关的导线通往正极或接地发生断路或短路	检查由发动机 ECU 到换挡开关的导线连接
01120 凸轮轴调整机构机械故障	功率下降	凸轮轴调整电磁阀电压供应故障； 凸轮轴调整阀 N205 和发动机 ECU 间与正极或接地短路或短路； N205 故障； 机械凸轮调整故障； 保险丝 29 故障	检查 N205； 检查线路； 检查凸轮轴调整； 检查保险丝 29
01165 节气门控制部件 J338 故障	怠速转速升高； 加速时腐恶变化有冲击； 空调压缩机到 1 520 r/min 时才开启	节气门卡死； 节气门位置调节器卡死/机械损伤； 节气门位置调节器(V60)的导线连接断路； V60 失效； 发动机 ECU 中的 V60 输出故障	发动机 ECU 与节气门控制部件进行匹配； 检查节气门控制部件； 更换发动机 ECU； 更换发动机 ECU
01182 高度调适信号超出允许范围	启动困难； 节气门反应慢； 行驶有问题	节气门卡死； 节气门位置调节器卡死/机械损坏； 错误的节气门控制部件； 空气质量计(G70)和节气门控制部件的空气未计量； 空气滤清器阻塞	检查节气门控制部件； 检查零件号； 检查进气系统的密封性； 更换空气滤清器
01247 活性炭罐电磁阀 N80 故障	在部分负荷区域内可能有抖动； 车辆可能有股燃油味	N80 和发动机 ECU 间导线正极或接地短路或断路； N80 电压供应故障； N80 故障； 保险丝 29 故障	检查线路； 检查 N80； 检查保险丝 29
01249 1 缸喷油器 N30 故障	发动机运行粗暴或发动机停下	N30 和发动机 ECU 间导线正极或接地短路； N30 电压供应故障； N30 故障； 保险丝 34 故障	检查线路； 检查 N30； 检查保险丝 34

续表 10-2

故障码与 故障内容	故障现象	故障原因	故障排除
01250 2 缸喷油器 N31 故障	同代码 01249,气缸 1 对应到 N32		
01251 3 缸喷油器 N32 故障	同代码 01249,气缸 1 对应到 N33		
01252 4 缸喷油器 N33 故障	同代码 01249,气缸 1 对应到 N34		
01259 燃油泵继电器 J17 故障	断开时发动机不转 同接地短接,发动机通常继续运转,燃油泵一直转 同正极短接,发动机不转	J17 与发动机 ECU 间导线同接地或正极断路或短路; J17 电压供应故障; J17 故障	检查线路; 检查燃油泵继电器
16486 空气质量计 G70 信号太小	紧急运行由节气门角度和转速作为替代,运行中发动机无明显变化	G70 与发动机 ECU 间信号线同正极短路; G70 接地故障; G70 故障; ECU 故障	检查线路; 检查 G70; 更换发动机 ECU
16487 空气质量计 G70 信号太大	紧急运行由节气门角度和转速作为替代,运行中发动机无明显变化	G70 与发动机 ECU 间信号线同正极短路; G70 接地故障; G70 故障; ECU 故障	检查线路; 检查 G70; 更换发动机 ECU
16496 进气温度传感器 G42 信号太小	紧急运行替代值恒定为 19.5 ℃	G42 与发动机 ECU 间信号线同接地短路; G42 故障; ECU 故障	检查线路; 检查 G42; 更换发动机 ECU
16497 进气温度传感器 G42 信号太小	紧急运行替代值恒定为 19.5 ℃	G42 与发动机 ECU 间信号线同正极短路或断路; G42 的接地有故障; G42 故障; ECU 故障	检查线路; 检查 G42; 更换发动机 ECU
16500 冷却液温度传感器 G62 信号不可信	温度很低时冷启动困难; 暖车阶段行驶特性不良; 燃油消耗增加; 废气排放增加	G62 由于接触不良而提供不可信信号; 发动机 ECU 故障	检查 G62; 更换发动机 ECU
16501 冷却液温度传感器 G62 信号太小	温度很低时冷启动困难; 暖车阶段行驶特性不良; 燃油消耗增加; 废气排放增加	G62 与发动机 ECU 的信号线同接地短路; G62 故障; 发动机 ECU 故障	检查 G62; 更换发动机 ECU

续表 10－2

故障码与故障内容	故障现象	故障原因	故障排除
16502 冷却液温度传感器 G62 信号太大	温度很低时冷启动困难； 暖车阶段行驶特性不良； 燃油消耗增加； 废气排放增加	G62 与发动机 ECU 间的导线连接中通向正极断路或短路； G62 故障； 到 G62 地线故障； 发动机 ECU 故障	检查 G62； 更换发动机 ECU
16505 节气门电位计 G67 信号不可信	加速时少数缸缺火； 减油变载荷时有颠簸； 怠速调节特性不稳定	G69 的插接处接触不良； G69 故障	检查 G69
16506 节气门电位计 G67 信号太小	加速时少数缸缺火； 减油变载荷时有颠簸	G69 的插接处接触不良； G69 电源故障； G69 故障	检查 G69
16507 节气门电位计 G67 信号太大	加速时少数缸缺火； 减油变载荷时有颠簸	G69 的插接处接触不良； G69 电源故障； G69 故障	检查 G69
16514 氧传感器 1 电路中的电气故障	λ^* 调节处于固定不变； 怠速变差； 排放值不正常； 油耗加大	在传感器加热插接处及氧传感发生腐蚀； 氧传感器地线和信号线间短路； 信号电压变化太小	排除电路故障； 检查 λ 调节
16515 氧传感器 1 电压太低	λ 调节处于固定不变； 怠速变差； 排放值不正常； 油耗加大	传感器信号线同接地或屏蔽短路； 氧传感器地线或屏蔽的短路； 氧传感器 G39 故障	排除电路故障； 检查 λ 调节
16516 氧传感器 1 电压太高	λ 调节处于固定不变； 怠速变差； 排放值不正常； 油耗加大； 火花塞积碳	传感器信号线同正极短路； 氧传感器地线和正极的短路； 氧传感器 G39 故障	排除电路故障； 检查 λ 调节
16518 氧传感器 1 不起作用	λ 调节处于固定不变； 怠速变差； 排放值不正常； 油耗加大	在传感器加热插接处及氧传感发生腐蚀； 氧传感器信号线之间断路； 氧传感器地线的断路； 氧传感器加热无功能； 氧传感器 G39 故障	排除电路故障； 检查 λ 调节
16519 氧传感器 1 加热电路中电气故障	氧传感器加热无功能	同接地的短接或断路	检查氧传感器自加热

续表 10-2

故障码与故障内容	故障现象	故障原因	故障排除
16705 发动机转速传感器 G28 不可信信号	发动机熄火	在 G28 上有金属粒屑； 在 G28 同传感器轮距离大于 2.3 mm	检查 G28
16706 发动机转速传感器 G28 无信号	发动机不能启动； 发动机停转	信号线同接地断路或断路或同正极短路； 接地线同正极短接或断路； G28 故障； G28 屏蔽线断路； ECU 故障	检查线路； 检查 G28； 更换发动机 ECU
16711 爆震传感器 1G61 信号太小	高油耗； 功率降低	爆震传感器插接件接触不良； G61 和发动机 ECU 间屏蔽线断路或对正极短路或对信号线短路； G61 和发动机 ECU 间地线断路； G61 故障； 发动机 ECU 故障	松开 G61 并重新以 20 N·m 旋紧； 检查线路； 检查爆震传感器； 更换发动机 ECU
16716 爆震传感器 2G66 信号太小	见故障代码号 16711，对应到 G66		
16885 车速信号不可信信号	满负荷时在一挡中无空调压缩机的关闭； 怠速转速时会出现短暂的偏离标准值； 使用该速度信号的系统故障	车速传感器 G22 故障； G22 和车速表 G21 断路或短路； G21 故障； 仪表板和发动机 ECU 间短路或断路； 车速表同使用车速信号的其他控制单元之间的信号线短路； 发动机 ECU 故障	检查车速信号； 检查线路； 更换发动机 ECU
16989 发动机 ECU 故障	发动机不能启动	同发动机 ECU 接地连接断路； 发动机 ECU 故障	检查接地线； 更换发动机 ECU
17733 气缸 1 爆震达到控制极限	高的油耗； 性能变差； 发动机工作粗暴； 达不到最高速度	低质量燃油(小于 91ROZ)； 非正常的发动机运转噪声(辅助装置松动、支架/螺栓断裂)； 爆震传感器 1 的屏蔽线断路； 插接处松动； 爆震传感器旋紧力矩不对	加入至少 91ROZ 的燃油； 排除不正常的发动机噪声； 检查爆震传感器； 检查线路； 以 20 N·m 旋紧
17733 气缸 2 爆震达到控制极限	见故障代码 17733，对应到 2 缸爆震控制		

续表 10-2

故障码与故障内容	故障现象	故障原因	故障排除
17733 气缸 3 爆震达到控制极限	见故障代码 17733，对应到 3 缸爆震控制		
17733 气缸 4 爆震达到控制极限	见故障代码 17733，对应到 4 缸爆震控制		
17913 怠速开关 F60 不闭合/断路	在减速时负载变化的跃变； 怠速转速不在允许范围内	节气门卡死； 油门拉锁调整； 地板垫子压在油门踏板上； F60 与发动机 ECU 间往正极导线断路或短路； F60 故障； 发动机 ECU 故障	修理节气门操纵机构； 调整油门拉锁； 检查线路； 检查 F60； 更换发动机 ECU
17914 怠速开关 F60 不打开/同接地短路	怠速控制进入固定设置； 减速时负载变化的跃变； 怠速运转不在允许范围内	节气门控制部件(J338)的插头中潮湿； F60 与发动机 ECU 间接地短路； F60 故障； 发动机 ECU 故障	检查线路； 检查 F60； 更换发动机 ECU
17915 怠速系统学习值达到下限	怠速转速太高	在节气门控制部件之前的不被计量空气	检查进气系统的泄漏(未被计量的空气)
17916 怠速系统学习值达到上限	降低功率	进气系统堵塞(空气滤清器或时气通道)	检查进气系统的泄漏(未被计量的空气)
17920 进气歧管 N156 同正极短路	加速性能变差	在 N156 与发动机 ECU 间的导线连接同正极短路； N156 故障； 发动机 ECU 故障	检查线路； 检查 N156； 更换发动机 ECU
17923 双通道进气歧管变切换阀 N156 同接地短接	加速性能变差	在 N156 与发动机 ECU 间的导线连接同接地短路； N156 故障； 发动机 ECU 故障	检查线路； 检查 N156； 更换发动机 ECU
17924 进气歧管切换阀 N156 断路	加速性能变差	在 N156 与发动机 ECU 间的导线连接同接地短路； N156 的电压供应故障； N156 故障； 保险丝 29 故障； 发动机 ECU 故障	检查线路； 检查 N156； 检查保险丝 29； 更换发动机 ECU

续表 10－2

故障码与故障内容	故障现象	故障原因	故障排除
17934 凸轮轴调节阀 N205 同正极短路	功率降低	在 N205 与发动机 ECU 间的导线同正极或接地短路； N205 故障； 保险丝 29 故障； 发动机 ECU 故障	排除线路短路； 检查 N205； 检查凸轮轴调整； 检查保险 29； 更换发动机 ECU
17935 凸轮轴调节阀 N205 同接地短路	功率降低	在 N205 与发动机 ECU 间的导线同接地短路； N205 故障； 保险丝 29 故障	排除线路短路； 检查 N205； 检查凸轮轴调整； 检查保险 29
17936 凸轮轴调节阀 N205 断路	功率降低	在 N205 与发动机 ECU 间的导线断路； 保险丝 29 故障	排除线路断路； 检查 N205； 检查凸轮轴调整； 检查保险 29
17953 节气门控制功能故障	怠速转速提高； 减速时负载变化有跃变	节气门电位计 G69 和节气门位置调节器的传感器 G127 的电压供应及接地线故障； G69 和 G127 信号线断路； G69 和 G127 故障； 节气门位置调节器或节气门重或卡死	检查节气门控制部件
17966 节气门驱动机构电路中的电气故障	怠速转速太高； 空调压缩机在 1 520 r/min 后才开启	同接地短路； 同正极短路； 节气门位置调机器 V60 故障	检查节气门控制部件
17967 节气门控制部件 J338 基本设置故障	怠速转速不在允许范围； 怠速转速波动	发动机控制单元与节气门控制部件的匹配被中断，其原因可能是在匹配阶段中启动或加速踏板被操作	重复发动机控制单元对节气门控制部件的匹配过程
17972 节气门控制部件 J338 在匹配中电压不足	怠速转速不在允许范围； 怠速转速波动	发动机控制单元同节气门控制部件做匹配时，发动机控制单元的电压低于 10 V	检查蓄电池的电量； 检查发动机 ECU； 重复发动机 ECU 对节气门控制部件的匹配
17978 发动机 ECU 锁死	发动机只短暂地启动，但马上停止转动	以非法钥匙进行启动； 操作尝试； 通信线路的短路； 不正确的编码； 防盗系统故障； 防盗控制单元故障/失效； 更换发动机 ECU 后未与电子防盗器匹配	将发动机控制单元同电子防盗器匹配； 检查电子防盗器

续表 10－2

故障码与故障内容	故障现象	故障原因	故障排除
18010 供应 KL.30 端子电压太低	发动机 ECU 中的学习值将丢失	蓄电池未接上； ECU 的电源供应端被拔下或导线断路	检查发动机 ECU 电压供应
18020 发动机 ECU 编码不对	行驶特性不好(换挡冲击、负荷变化跃变)； 排放增加； 无 ASR 功能； ASR 警告灯亮	带自动变速箱的车辆编码为手动变速箱； 带前置驱动的 ASR 的车辆编码为全驱车辆	将发动机 ECU 正确编码

注：λ 学名为“过量空气系数”即发动机运行中实际所需空气量与理论所需空气量的比值。

5. 读取数据流

根据实训项目六中，关于发动机系统部分数据流的读取，在实际操作中，可以采取拔掉发动机系统部分传感器的线束，然后观察数据流的变化情况。读取数据流，需要知道通道号(或者称为组号)，数据共 100 组。表 10－3 所列的部分通道号的具体内容及分析。

表 10－3 部分组号含义

显示组号	说 明	允许值
00 基本内容	1—冷却液温度 2—发动机负荷 3—发动机转速(怠速转速) 4—发动机 ECU 电压供应 5—节气门角度 6—怠速调节器 7—怠速稳定的学习值 8—氧过量的调节器 9—混合气的学习值 10—混合气的学习值	80～105 ℃ 0.85～2.2 ms 820～990 r/min 10～14.5 V 0°～5° －2.5～2.5 g/h －4～4 kg/h －10 %～10 % －0.64～0.64 ms －8 %～8 %
01 基本功能	1—发动机转速(怠速转速) 2—发动机负荷 3—节气门角度 4—点火提前角	820～990 r/min 1.00～2.50 ms 0°～5° 5.25°～14.25°
02 基本功能	1—发动机转速(怠速转速) 2—发动机负荷 3—发动机每循环喷射时间 4—进气质量	820～990 r/min 1.00～2.50 ms 2.00～5.00 ms 2.0～4.0 g/s
03 基本功能	1—发动机转速(怠速转速) 2—发动机 ECU 电压供应 3—冷却液温度 4—进气质量	820～990 r/min 10.000～14.500 V 80～105 ℃ Umgeb. Temp～90 ℃

续表 10-3

显示组号	说　明	允许值
04 怠速稳定系统	1—节气门角度 2—怠速空气质量学习值(手动变速箱在空挡位置) 3—怠速空气质量学习值(自动变速箱在P或N挡) 4—工作状态(怠速、部分负荷、满负荷、加速滑行)	0°～5° −1.70～1.70 g/s −1.70～1.70 g/s Idling
05 怠速稳定	2—怠速转速 3—发动机转速(怠速允许值) 4—怠速进气量调节值 5—进气质量	820～920 r/min 860 r/min −10.0 %～10.0 % 2.0～4.0 g/s
06 怠速稳定	1—发动机转速 2—怠速进气量调节值 3—λ 调节器的调节值 4—点火提前角	0～2 550 r/min −10.0 %～10.0 % −10.0 %～10.0 % −10～+45 V.OT
07 λ 学习值	1—λ 调节器控制值 2—λ 传感器电压 3—活性炭罐电磁阀占空比 4—燃油通风的 λ 修正因素	−10.0 %～10.0 % 0.000～1.100 V 0 %～99 % 0.30～1.10
08 λ 学习值	1—发动机每循环喷射时间 2—怠速时 λ 学习值 3—部分负荷时 λ 学习值 4—燃油箱通风运行状态	2.00～5.00 −10.0%～10.0% −8.0 %～8.0% 活性炭罐电磁阀动作或活性炭罐电磁阀关闭或调节起作用
09 λ 学习值	1—发动机转速(怠速转速) 2—λ 调节器调节值 3—λ 传感器电压 4—怠速时 λ 学习值	820～920 r/min −14.00 %～10.0 % 0.000～1.000 V −10.0 %～10.0 %
10 燃油箱通风	1—活性炭罐电磁阀的占空比 2—燃油箱通风动作时的 λ 修正因素 3—活性炭罐过滤器充满水平 4—燃油箱通风系统净化速率	0.00～0.30 −3～32 0.30～1.20 0 %～99 %
11 燃油消耗	1—发动机转速(怠速转速) 2—发动机负荷 3—行驶速度 4—燃油消耗	820～920 r/min 1.00～2.50 ms 0 km/h 0.5～1.50 L/h
14 爆震控制	1—发动机转速(怠速转速) 2—发动机负荷 3—1 缸爆震控制点火滞后角 4—2 缸爆震控制点火滞后角	820～920 r/min 1.00～2.50 ms 0°～15.0°,kW 0°～15.0°,kW

续表 10-3

显示组号	说　明	允许值
15 爆震控制	1—发动机转速(怠速转速) 2—发动机负荷 3—3 缸爆震控制点火滞后角 4—4 缸爆震控制点火滞后角	820～920 r/min 1.00～2.50 ms 0°～15.0°，kW 0°～15.0°，kW
16 爆震控制	1—1 缸爆震传感器信号电压 2—2 缸爆震传感器信号电压 3—3 缸爆震传感器信号电压 4—4 缸爆震传感器信号电压	0.300～1.400 V 0.300～1.400 V 0.300～1.400 V 0.300～1.400 V
18 海拔高度适配	1—发动机转速(怠速转速) 2—发动机负荷 3—发动机负荷，节气门角度 4—高度修正因素	820～920 r/min 1.00～2.50 ms — −30.0%～25.0%
19 在自动变速箱中的扭矩减小	1—发动机转速(怠速转速) 2—发动机负荷 3—运行状态 4—点火提前角	820～920 r/min 1.00～2.50 ms ×1×无点火滞后角 12° V.OT
20 运行状态	1—发动机转速(怠速转速) 2—自动变速排挡选择信号 3—空调工作状态 4—空调压缩机工作状态	820～920 r/min Neutral Gear selected ON A/C−High A/C−Low Compr. ON Compr. OFF
21 λ 调节	1—发动机转速(怠速转速) 2—发动机负荷 3—冷却液温度 4—λ 调节器工作状态	820～920 r/min 1.00～2.50 ms −39～140 ℃ l−Reg. OFF Reg. ON
23 节气门控制部件	1—学习需要显示 2—节气门位置调节器最小停止位置 3—节气门位置调节器紧急运行停止位置 4—节气门位置调节器最大停止位置	100 000 72.0%～95.0% 67.0%～83.0% 18.0%～54.0%
24 爆震控制	1—发动机转速 2—发动机负荷 3—点火提前角 4—1～4 缸点火滞后角	0～6 800 r/min 0～10.00 ms 20°～40° V.OT 0°～72.0° kW
25 进气歧管切换和凸轮轴调整	1—发动机工作状态 2—霍耳传感器调整偏差 3—工作状态(进气歧管切换/凸轮轴调整) 4—激活的凸轮轴调整角	 −30°～30° kW ×00 −3°～21° kW

续表 10－3

显示组号	说　明	允许值
26 凸轮轴调整	1—发动机转速 2—发动机负荷 3—工作状态(进气歧管切换/凸轮轴调整) 4—激活的凸轮轴调整角	0～6 800 r/min 0～10.00 ms ×00 －3°～21° kW
95 基本功能	1—发动机转速(怠速转速) 2—发动机负荷 3—点火提前角 4—冷却液温度	820～920 r/min 1.00～2.50 ms 12.0° V.OT 80～105 ℃
98 节气门控制部件匹配	1—节气门电位计电压 2—节气门位置传感器电压 3—工作状态 4—匹配状态	0.5～4.9 V 怠速/部分负荷 正在匹配/匹配完成/匹配错误
99 λ 控制	1—发动机转速(怠速转速) 2—冷却液温度 3—λ 调节 4—λ 调节工作状态	820～900 r/min －40～125 ℃ －10 %～10 % 关闭/打开

10.5　实训考核及评价

① 考核要求：

➢ 学生对电控发动机系统的认知情况。

➢ 由学生独立完成电控发动机系统的相关操作(读取故障代码、数据流等)。

➢ 学生进行故障检测并进行排除。

② 考核时间：45 min。

③ 考核评分：表 10－4 所列为大众电控发动机实训项目考核评分内容。

表 10－4　大众电控发动机实训项目考核评分内容

序　号	考核内容	配　分	评分标准	考核记录	扣　分	得　分
1	电控发动机整体认知	10	每出现一次操作错误扣 5 分			
2	电控发动机结构认知	10	每出现一次操作错误扣 5 分			
	关键传感器认知	10	每出现一次操作错误扣 5 分			
	执行元件认知	10	每出现一次操作错误扣 5 分			
3	故障码读取与清除	20	每出现一次操作错误扣 5 分			
4	数据流读取	20	每出现一次操作错误扣 5 分			
5	故障检测与排除	20	每出现一次操作错误扣 5 分			
6	分数总计	100				

实训项目十一　01M 自动变速箱实训

11.1　实训目的

01M 自动变速箱的实训目的：

① 熟悉大众 01M 变速箱各传感器、线束、执行器的型号和位置。

② 掌握利用诊断仪进行故障诊断的方法。

③ 掌握利用诊断仪进行数据流读取的方法。

④ 熟悉 01M 自动变速箱电路常见故障及排除方法。

11.2　实训要求

01M 自动变速箱的实训要求：

① 学生在做实训之前要先预习，在实训中要按分解顺序摆放零部件并做相应标记和记录。

② 教师应先采用边示范边讲解的教学方式，学生在动手实训时，指导教师应指导、规范学生的动作和程序。每位同学必须严格按照给出的操作步骤和技术要求，动手完成规定的检修任务。

③ 实训完成后，学生撰写实训报告，归纳和总结自动变速器的组成、结构及其检测要点。

11.3　实训工具及设备

01M 自动变速箱实训所列工具及设备如表 11－1 所列。

表 11－1　实训工具及设备表

项　目	名　称	数　量
专用仪器	试　灯	1个
	万用表	1个
	解码仪	1套
设　备	01M 自动变速器实训台	1台
工　具	移动台式工具箱	1台
	V形铁、扭力扳手、开口扳手、活动扳手、梅花扳手、专用油管扳手、套筒扳手、鲤鱼钳、尖嘴钳、一字起子、十字起子、橡胶锤、铁锤、油盆等	1套

11.4 实训内容

01M 自动变速箱的实训内容如下：

1. 01M 自动变速器结构说明

液力自动变速器由变矩器、机械式变速器(一般多采用行星齿轮)和电子-液压控制系统三部分组成，如图 11-1 所示。

(1) 液力变矩器

涡轮为主动部分，将发动机动力变成油液动能。

导轮为输出部分，将动力传至机械式变速器的输入轴。

泵轮为反作用元件，它对油流起反作用，达到增扭作用。

锁止离合器：当汽车行驶阻力小时，发动机转速较高，此时不需要增扭，锁止离合器将变矩器的泵轮和涡轮锁住，可以提高传动效率，能节油 5%左右：在汽车行驶阻力大时，发动机转速降低，此时锁止离合器分离，实现增扭。

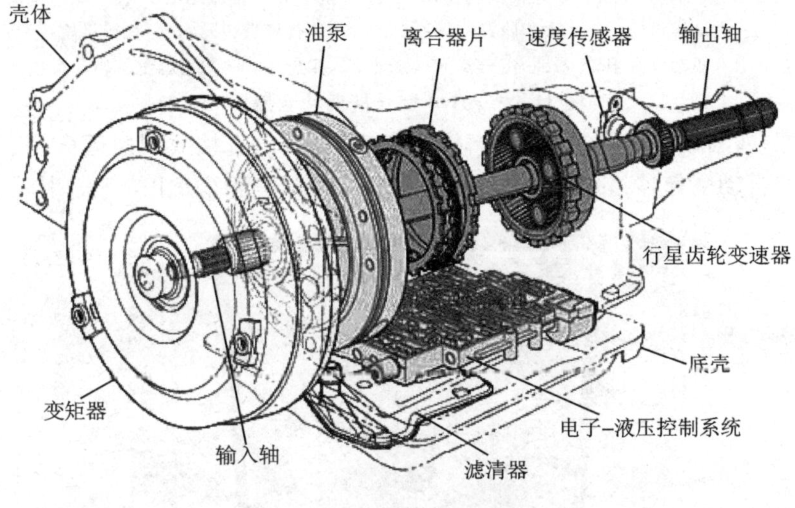

图 11-1　液力自动变速器的组成

(2) 行星齿能变速器

液力自动变速器多采用结构紧凑的行星齿轮变速器。它通常采用两排行星齿轮来实现各档变速比。行星齿轮组由齿圈、行星齿轮、太阳轮 3 个元件组成。任一元件固定，其余两个作输入或输出，多片离合器和制动器分别对这些元件进行结合制动以实现换挡装置。

(3) 电子-液压控制系统

电子-液压控制系统主要由传感器、电控单元、换挡电磁阀、油压调节电磁阀等组成。

图 11-2 所示为 01M 型自动变速器结构图，由双行星排组成，包括大太阳轮、小太阳轮、长行星轮、短行星轮、齿圈和行星架。短行星轮与长行星轮及小太阳轮啮合，长行星轮同时与大太阳轮、短行星轮及齿圈啮合，动力通过齿圈输出。两个行星轮共用一个行星架。

2. 01M 自动变速器实训台认知和基本操作

(1) 实训台整体介绍

如图 11-3 所示为自动变速器实训台。它采用电控自动变速器总成为基础，以调速三相异步

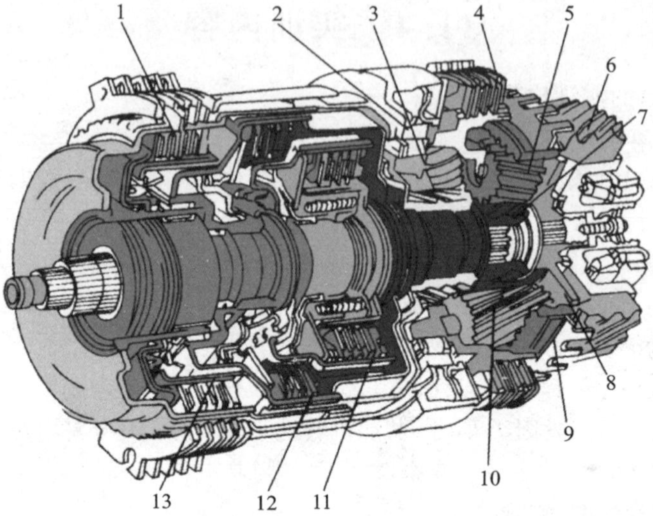

1—2 挡和 4 挡制动器 B2；2—单向离合器；3—大太阳轮；4—倒挡制动器 B1；5—短行星轮；
6—主动锥齿轮；7—小太阳轮；8—行星架；9—车速传感器齿轮；10—长行星轮；
11—离合器 K2（驱动大太阳轮）；12—离合器 K1（驱动小太阳轮）；13—离合器 K3（驱动行星齿轮架）

图 11－2　01M 型 4 挡自动变速器

电动机做动力源，对自动变速器进行挡位显示、空挡启动、前进挡及倒挡运行等工况实践操作，可真实展示电控自动变速器组成结构和工作过程。在实训台面板上安装有检测端子，可直接

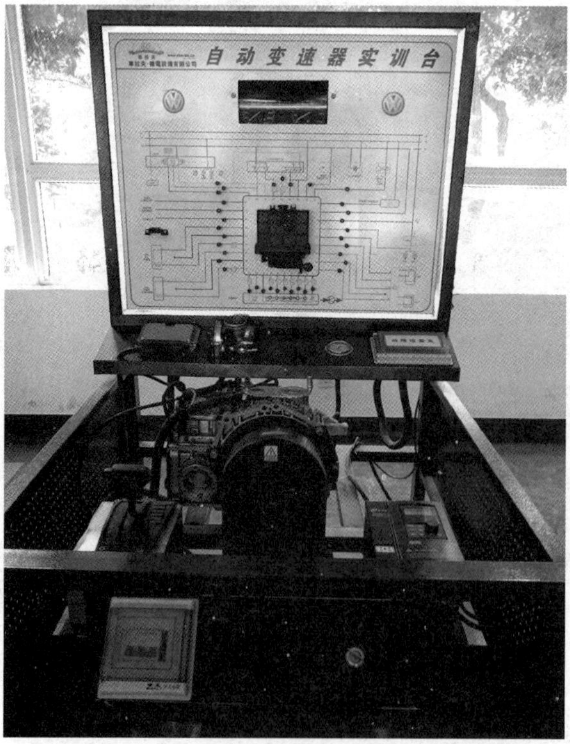

图 11－3　01M 型自动变速器实训台

在面板上检测各传感器、执行器、控制单元引脚的电信号，如电阻、电压、电流、频率信号等。实训台面板上安装有汽车仪表、压力表、可实时显示发动机转速、车速、自动变速器的挡位、主油道压力等参数变化。实训台安装有诊断座，可连接专用或通用型汽车解码器，对发动机自动变速器电控系统进行读取故障码、清除故障码等自诊断功能。

(2) 实训台变速器挡位介绍

本实训台自动变速器的挡位分为 P、R、N、D、3、2、1，如图 11-4 所示。

P(Parking)作停车之用，是利用机械装置去锁紧汽车的转动部分，使汽车不能移动。当汽车需要在一固定位置上停留一段较长时间，或在停靠之后离开车辆前，应该拉好手制动及将拨杆推进“P”的位置上。

R(Reverse)作倒挡，车辆倒后之用。通常要按下拨杆上的保险按钮，才可将拨杆移至“R”挡。要注意的是：当车辆尚未完全停定时，绝对不可以强行转至“R”挡，否则变速器会受到严重损坏。

N(Neutral)空挡，将拨杆置于“N”挡上，发动机与变速器之间的动力已经切断分离。如短暂停留可将拨杆置于此挡并拉出手制动杆，右脚可移离刹车踏板稍作休息。

D(Drive)作前进挡，用在一般道路行驶。由于各国车型有不同的设计，“D”挡一般包括从 1 挡至高挡或者 2 挡至高挡，并会因车速及负荷的变化而自动换挡。将拨杆放置在“D”挡上，驾车者控制车速快慢只要控制好油门踏板就可以了。

3(Third Gear)挡为前进挡，但变速器只能在 1 挡、2 挡和 3 挡之间变换，不会跳到 4 挡。将拨杆放置在 3 挡位，汽车会由 1 挡起步，当速度增加时会自动转 2 挡和 3 挡。

2(Sencond Gear)挡为前进挡，但变速器只能在 1 挡、2 挡之间变换，不会跳到 3 挡和 4 挡。将拨杆放置在 2 挡位，汽车会由 1 挡起步，当速度增加时会自动转 2 挡。2 挡可以用作上、下斜坡之用，此挡段的好处是当上斜或落斜时，车辆会稳定地保持在 1 挡或 2,挡位置，不会因上斜的负荷或车速的不平衡、令变速器不停地转挡。在落斜坡时，利用发动机低转速的阻力作制动，也不会令车子越行越快。

1(First Gear)挡也是前进挡，但变速器只能在 1 挡内工作，不能变换到其他挡位。1 挡在严重交通堵塞的情况和斜度较大的斜坡上最能发挥功用。上斜坡或下斜坡时，可充分利用汽车发动机的扭力。

(3) 实训台速度控制面板

实训台利用可调速三相异步电动机做动力源，因此配有相应的变频器来对电机的运转速度和运转方向等进行控制，如图 11-5 所示，具体操作如表 11-2 所列。

表 11-2　变频器操作面板说明

按　钮	功　能	备　注
RUN	运行键	启动变频电机
STOP/RESET	STOP 是停止，RESET 是复位	停止变频电机的运转或进行报警的复位操作
SHIFT	移位，换挡键	在设置时，可以移动位数(个位，十位，百位……)
REV/JOG	REV 是反转，JOG 是点动	点动也叫寸动
ESC/MENU	编程退出键	进入或退出编程状态
▲	增加键	增加变频器的频率(增加电机运转速度)
▼	减小键	减小变频器的频率(减小电机运转速度)
ENTER/DATA	功能/数据键	可进行参数存储等操作

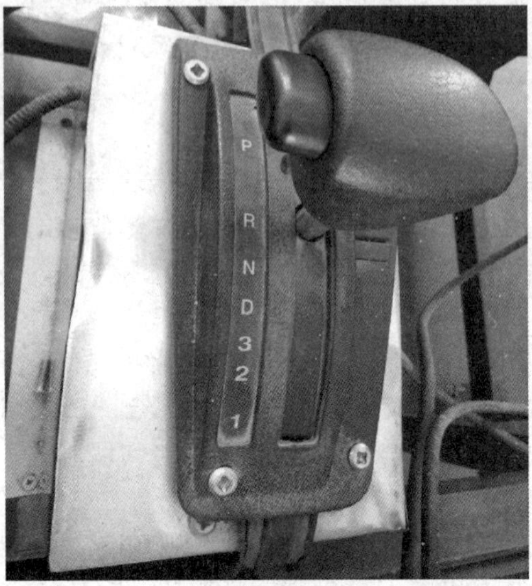

图 11-4　自动变速器换挡杆

图 11-5　变频器操作面板

3. 01M 自动变速器电控系统相关元件认知

自动变速器电控系统大同小异，都是由传感器与控制开关、电控单元 ECU 和执行器三部分组成。不同型号或不同年代生产的自动变速器，其电子控制系统采用的传感器或控制开关不尽相同，常用的传感器与控制开关有节气门位置传感器、车速传感器、水温（冷却液温度）传感器、换挡规律选择开关（驱动模式选择开关）、超速 O/D 开关、空挡启动开关、制动灯开关等，执行器有各种电磁阀。图 11-6 所示为 01M 型自动变速器电子控制系统，图 11-7 所示为自动变速器电子控制系统部件，图 11-8 所示为部分元件的安装位置示意。

4. 自动变速器故障自诊断

01M 型自动变速器是用电子/液压方式操纵的。自动变速器控制单元 J217 接收与换挡有关部件的信号，经过处理后输出控制信号到电磁阀，电磁阀操纵滑阀箱内的滑阀运动。如果控制单元内部有一故障存储器，当电气元件及其接线有故障时，控制单元能立刻识别并将故障以代码的形式储存于故障存储器。

J217 中有一个故障存储器，如果被监控的传感器、执行元件出现故障，那么该故障连同故障说明一起被存入故障存储器中。只出现一次的故障为偶然故障，该故障作为附加故障识别。自动变速控制单元能识别故障是偶然故障还是稳定故障，若故障在车辆行驶 5 km（或 6 min）至 20 km（或 24 min）期间不再出现，则作为偶然故障存储。对于影响汽车运行的电气故障，可用故障诊断仪来查询。

若车辆行驶过程中出现严重故障，则自动变速器进入应急状态。

若 D、3、2 挡有故障，则进入应急状态后，3 挡仍可工作。

若 1、P、N 或 R 挡出现故障，则进入应急状态后，当时行车挡仍可工作。

汽车进入应急状态并重新启动后，若换挡杆位于 D、3 或 2 挡位时出现故障，则变速器由液压控制以 3 挡工作，直至故障消除。

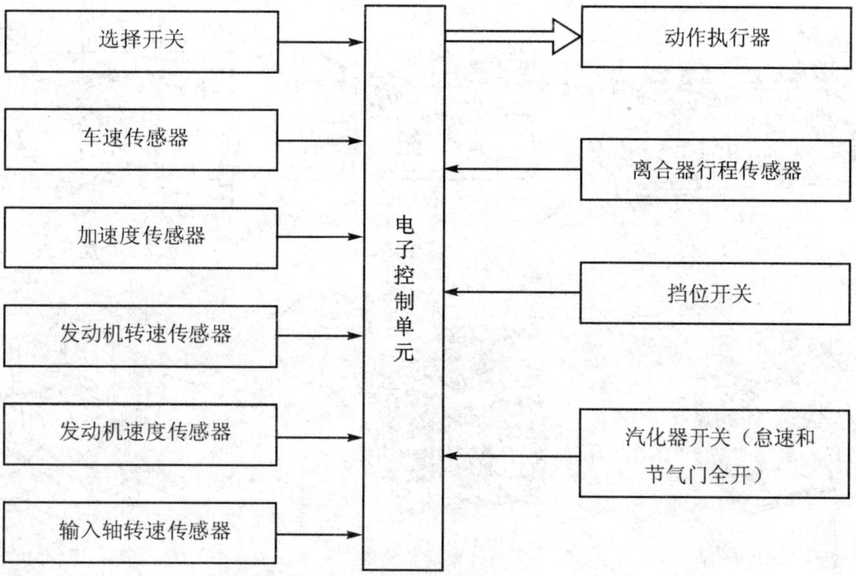

图 11－6　01M 型自动变速器电子控制系统

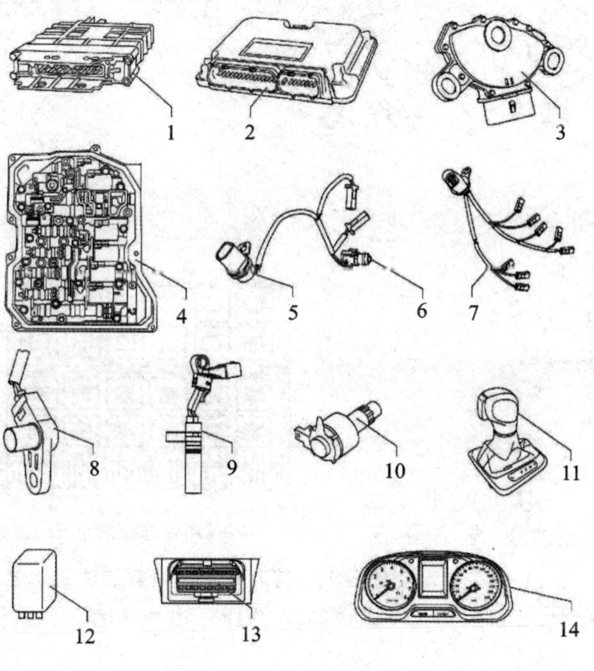

1—自动变速器控制单元 J217；2—发动机控制单元；3—多功能开关 F125；
4—滑阀箱(内部装有电磁阀 N88、N89、N90、N91、N92、N93、N94、)；
5—导线束；6—变速箱油温传感器；7—导线束；8—变速箱输入转速传感器；
9—变速箱输出转速传感器；10—选挡杆锁止电磁阀 N110；11—选挡杆挡位 P 的锁止开关；
12—50 端子供电继电器；13—诊断接口；14—换挡杆位置显示屏

图 11－7　自动变速器电子控制系统部件

变速器进入应急状态后，直到自动变速器控制单元不再识别该故障为止。

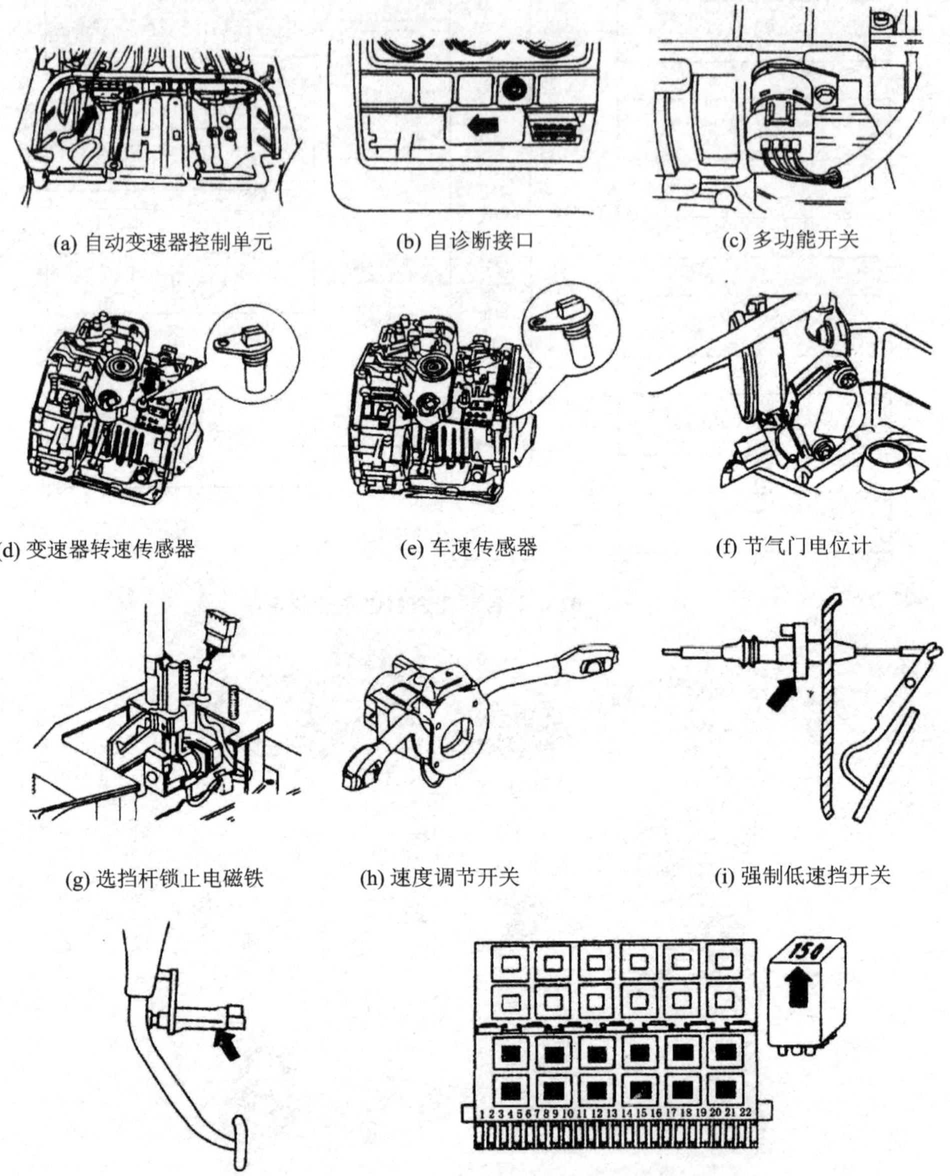

(a) 自动变速器控制单元　(b) 自诊断接口　(c) 多功能开关

(d) 变速器转速传感器　(e) 车速传感器　(f) 节气门电位计

(g) 选挡杆锁止电磁铁　(h) 速度调节开关　(i) 强制低速挡开关

(j) 制动灯开关　(k) 启动锁和倒车灯继电器

图 11－8　自动变速器电子控制系统部件安装位置示意

可能导致进入应急状态的故障有：导线断路、短路，电气和液压元件失效，导线断路或数据总线短路。

如果出现故障，该故障就作为稳定故障存入故障存储器，经过一段时间或行驶一定距离后，若故障不再出现，则变为偶然故障。使用故障诊断仪可将偶然故障显示出来，并在显示器右侧带有 SP 标志。偶然出现故障在汽车行驶 1 000 km 或 20 h 后会自动消除。

5. 读取故障码

根据实训项目六的操作方法，连接诊断仪，选择大众车系图标，进入自动变速箱系统可以读取该变速箱系统相关故障信息是：①蓄电池电压正常；②第 14 和 21 号熔丝正常；③中央熔丝盒上熔丝正常；④变速器搭铁线正常；⑤换挡杆置 P 位，拉起驻车制动杆；⑥检查变速器搭铁线(在发动机舱蓄电池下面)是否腐蚀或接触不良,如有必要进行维修;⑦检查蓄电池搭铁线(在蓄电池和变速器之间)是否可靠,并以故障码的形式排列,如果这些故障只是偶然出现或排除故障后清除了故障代码,那么在一定的时间内,变速箱控制单元将这些故障作为"偶然故障"识别并显示的。如果在查询故障代码时显示出故障部件时,那么还需要按电路图检查部件导线是否短路或断路。01M 型自动变速器故障代码、可能的故障原因及故障排除方法如表 11-3 所列。

表 11-3　01M 自动变速器故障码表

故障码	可能的故障原因	故障排除
无故障	修理后如显示"无故障",自诊断结束; 如自诊断后,自动变速器换挡仍有故障,必须按故障诊断程序查找故障	
00258 电磁阀 1-N88 断路或对地短路	断路或对地短路; 电磁阀 1-N88 有故障	按照电路图检查导线连接; 读取测量数据块; 电气检查
00260 电磁阀 2-N89 断路或对地短路	断路或对地短路; 电磁阀 2-N89 有故障	按照电路图检查导线连接; 读取测量数据块; 电气检查
00262 电磁阀 3-N90 断路或对地短路	断路或对地短路; 电磁阀 3-N90 有故障	按照电路图检查导线连接; 读取测量数据块; 电气检查
00264 电磁阀 4-N91 断路或对地短路	断路或对地短路; 电磁阀 4-N91 有故障	按照电路图检查导线连接; 读取测量数据块 电气检查
00266 电磁阀 5-N92 断路或对地短路	断路或对地短路; 电磁阀 5-N92 有故障	按照电路图检查导线连接; 读取测量数据块; 电气检查
00268 电磁阀 6-N93 断路或对地短路	断路或对地短路; 电磁阀 6-N93 有故障	按照电路图检查导线连接; 读取测量数据块; 电气检查
00270 电磁阀 7-N94 断路或对地短路	断路或对地短路; 电磁阀 7-N94 有故障	按照电路图检查导线连接; 读取测量数据块; 电气检查
00281 车速传感器 G68 无信号	车速传感器导线断路; 车速传感器 G68 有故障; 主动齿轮上脉动叶轮松动	按照电路图检查导线连接; 读取测量数据块; 电气检查; 更换车速传感器 G68; 更换主动齿轮

续表 11-3

故障码	可能的故障原因	故障排除
00293 多功能开关 F125 开关状态不确定	导线断路； 多功能开关 F125 有故障	按照电路图检查导线连接； 读取测量数据块； 电气检查； 更换车速传感器 F125
00297 变速器转速传感器 G38 无信号	导线短路； 变速器转速传感器 G38 有故障	按照电路图检查导线连接； 读取测量数据块； 电气检查
00300 变速器机油温度传感器 G93 无法识别故障类型	导线断路； 变速器机油温度传感器 G93 有故障	按照电路图检查导线连接； 读取测量数据块； 电气检查
00518 节气门电位计 G69 信号超出允许值	导线断路或短路； 节气门电位计 G69 损坏	如果还显示了故障 00638，则先排除该故障； 按电路图检查导线连接； 读取测量数据块； 电气检查； 更换节气门电位计 G69； 对系统进行基本调整
00529 无转速信号	转速传感器导线断路	按照电路图检查导线连接； 读取测量数据块； 检查发动机控制单元； 按发动机故障代码做相应修理
00532 电源电压	蓄电池损坏； 调节器电压过低	检查蓄电池； 读取测量数据块； 检查控制单元 J217 电压； 进行电气检查
00545 发动机/变速器电气连接 断路对地短路	导线断路或对地短路； 发动机/变速器控制单元未接上	按照电路图检查导线连接； 读取测量数据块； 检查发动机控制单元； 按发动机故障代码做相应修理； 对系统进行基本调整
00596 整流器导线间短路	传输线/滑阀箱和线束间的 10 孔插塞连接故障； 接滑阀箱的传输线损坏	按电路图检查导线和插塞连接； 进行电气检查； 更换传输线
00638 发动机/变速器电 气连接无信号	导线断路或对地短路； 发动机/变速器控制单元未接上； 节气门信号未传至变速器控制单元	按照电路图检查导线连接； 读取测量数据块； 检查发动机控制单元，必要时更换； 按发动机相应故障代码进行修理； 按系统进行基本调整

续表 11-3

故障码	可能的故障原因	故障排除
00641 自动变速器机油温度信号过大	变速器太热，最高温度 148 ℃。自动变速器油温过高时，变速器自动换入相邻低挡； 汽车负荷过大； 自动变速器油位不正常，变速器机油温度传感器损坏	检查自动变速器油位； 读取测量数据块； 读取自动变速器机油温度； 更换传输线
00652 挡位监控 不可靠信号	电气/液压故障故障； 离合器或滑阀箱损坏	读取测量数据块； 在行驶中确定，哪一挡有故障
00660 强制低速挡开关/节气门开关电位计； 不可靠信号	导线断路； 节气门电位计 G69 损坏	按电路图检查导线和插塞连接； 按节气门电位计 G69 故障进行排除； 读取测量数据块； 进行电气检查； 调整或更换油门拉索； 更换强制低速挡开关
65535 控制单元损坏	控制单元 J217 损坏	更换控制单元； 对系统进行基本调整

注意：检查插塞连接是否锈蚀、进水，如有必要，更换插塞。显示电磁阀故障时，要特别注意变速器上、传输线/滑阀箱和线束间的 10 孔插塞连接。

6. 读取数据流

根据实训项目六中介绍的操作过程，利用解码仪进入变速箱系统读取数据流，01M 自动变速器系统可用组号如表 11-4 所列。

表 11-4　可选择显示组好一览表

显示组	显示区	说　明
01	1	变速杆位置
	2	节气门电位计电压
	3	油门踏板位置值
	4	开关位置
02	1	电磁阀 6-N93～实际电流
	2	电磁阀 6-N93～额定电流
	3	蓄电池电压
	4	车速传感器 G68 电压
03	1	车　速
	2	发动机车速
	3	挂入挡位
	4	油门踏板位置值

续表 11-4

显示组	显示区	说明
04	1	电磁阀
	2	挂入挡位
	3	变速杆位置
	4	车速
05	1	自动变速器机油温度
	2	换挡输出
	3	将要挂入挡位
	4	发动机转速
07	1	挂入挡位
	2	锁止离合器打滑
	3	发动机转速
	4	油门踏板位置值

7. 电气故障检查

在实训台的显示面板上有变速器控制单元电路，可利用万用表检查相关端子，具体检查项目如表 11-5 所列。

表 11-5 01M 型自动变速器控制单元电气项目检查

检测步骤	端子号	被检内容	检测条件 附加工作	额定值	与额定值不符时应该 采取的措施
1	23+1	从控制单元 J217 来的电压	打开点火开关	约为蓄电池 电　压	按电路图连接导线； 检查触点 1 和地间导线； 检查触点 23 和中央电器盒接线柱 15 间导线
2	29+15	变速杆锁止 电磁阀 N110	打开点火开关，不踏下制动踏板	约为蓄电池 电　压	按电路图检查导线； 更换变速杆锁止电磁阀； 维修保养换挡操纵机构
			踏下制动踏板	0.2 V	
3	15+1	制动灯开关 F	打开点火开关，不踏下制动踏板	0 V	按电路图检查导线； 更换制动灯开关 F
			踏下制动踏板	约为蓄电池 电　压	
4	5+28	节气门电位计 G69(备注)	关闭点火开关，油门踏板处于怠速位置	0.7～1.8 kΩ	按电路图检查导线； 从怠速到油门全开过程中，电阻值稳步变化； 调整节气门电位计，如需要更换； 对系统进行基本调整
			油门全开	2.1～3.9 kΩ	
	5+50	节气门电位计 G69(备注)	怠　速	2.1～3.9 kΩ	
			油门全开	0.7～1.8 kΩ	

续表 11 - 5

检测步骤	端子号	被检内容	检测条件 附加工作	额定值	与额定值不符时应该采取的措施
5	63+1	多功能开关 F125	变速杆位置 R、N、D、3 和 2	电阻无穷大	按电路图检查导线； 检查多功能开关插塞连接触点是否锈蚀，如需要进行更换； 更换多功能开关 F125
			变速杆位置 P 和 1	0.8～1 Ω	
	40+1		变速杆位置 P、R、2 和 1	电阻无穷大	
			变速杆位置 N、D 和 3	0.8～1 Ω	
	62+1		变速杆位置 P、R、N 和 D	电阻无穷大	
			变速杆位置 3、2 和 1	0.8～1 Ω	
	18+1		变速杆位置 P、R 和 N	约为蓄电池电压	
			变速杆位置 D、3、2 和 1	0 V	
6	55+67	电磁阀 1 - N88	关闭点火开关	55～65 Ω	按电路图检查导线； 更换传输线或滑阀箱
	55+1			电阻无穷大	
7	54+67	电磁阀 2 - N89	关闭点火开关	55～65 Ω	按电路图检查导线 更换传输线或滑阀箱
	54+1			电阻无穷大	
8	9+67	电磁阀 3 - N90	关闭点火开关	55～65 Ω	按电路图检查导线； 更换传输线或滑阀箱
	9+1			电阻无穷大	
9	47+67	电磁阀 4 - N91	关闭点火开关	55～65 Ω	按电路图检查导线； 更换传输线或滑阀箱
	47+1			电阻无穷大	
10	56+67	电磁阀 5 - N92	关闭点火开关	55～65 Ω	按电路图检查导线； 更换传输线或滑阀箱
	56+1			电阻无穷大	
11	58+22	电磁阀 6 - N93	关闭点火开关	4.5～6.5 Ω	按电路图检查导线； 更换传输线或滑阀箱
	58+1			电阻无穷大	
	22+1				
12	10+67	电磁阀 7 - N94	关闭点火开关	55～65 Ω	按电路图检查导线； 更换传输线或滑阀箱
	10+1			电阻无穷大	
13	23+29	变速器锁止电磁铁 N110	关闭点火开关	14～25 Ω	按电路图检查导线； 更换传输线或滑阀箱
14	1+16	强制低速挡开关 F8	关闭点火开关 未踏下油门踏板	电阻无穷大	按电路图检查导线； 调整或更换油门拉索
			踏下油门踏板，直至触动低速挡开关	小于 1.5 Ω	

续表 11－5

检测步骤	端子号	被检内容	检测条件附加工作		额定值	与额定值不符时应该采取的措施
15	6＋67	变速器机油温度传感器 G93	关闭点火开关，自动变速器在温度达到	20 ℃	0.247 MΩ	按电路图检查导线；更换传输线
				60 ℃	48.8 kΩ	
				120 ℃	7.4 kΩ	
16	20＋65	车速传感器 G68	关闭点火开关	最小	0.8 kΩ	按电路图检查导线；更换车速传感器 G68
				最大	0.9 kΩ	
17	21＋65	变速器转速传感器 G38	关闭点火开关	最小	0.8 kΩ	按电路图检查导线；更换车速传感器 G38
				最大	0.9 kΩ	

备注：带 Motronic 多点喷射装置的发动机冷却液最低温度应达到 80 ℃，6 缸发动机的车和带有 Simos 喷射和点火装置的车无法检查，节气门电位计 G69 的信号是从发动机控制单元传到变速器控制单元上并且只能在测量数据块中检查。

11.5 实训考核及评价

① 考核要求：

➢ 学生对自动变速器系统的整体认知情况。

➢ 学生对自动变速器电控系统元件认知情况。

➢ 由学生独立完成自动变速器系统的故障码读取与分析。

➢ 由学生独立完成自动变速器系统的数据流读取与分析。

➢ 学生进行故障检测并进行排除。

② 考核时间：45 min。

③ 考核评分：表 11－6 所列为 01M 自动变速箱实训考核评分内容。

表 11－6　01M 自动变速箱实训考核评分内容

序　号	考核内容	配　分	评分标准	考核记录	扣　分	得　分
1	自动变速器整体认知	20	每出现一次操作错误扣 5 分			
2	电控系统元件认知	20	每出现一次操作错误扣 5 分			
3	故障码读取与清除	20	每出现一次操作错误扣 5 分			
4	数据流读取	20	每出现一次操作错误扣 5 分			
5	故障检测与排除	20	每出现一次操作错误扣 5 分			
6	分数总计	100				

实训项目十二　电控悬架实训

12.1　实训目的

电控悬架的实训目的：

① 了解汽车电控悬架的组成和工作原理。

② 熟悉电控悬架系统的元器件分布情况。

③ 掌握电控悬架系统的操作。

④ 能够读取电控悬架系统的故障码。

⑤ 熟悉电控悬架系统常见故障现象及故障检测排除方法。

12.2　实训要求

电控悬架的实训要求：

① 学生在做实训之前要先预习，在作业过程中要按分解顺序摆放零部件并做相应标记和记录。

② 教师应先采用边示范边讲解的教学方式，学生在动手做实训时，指导教师应指导、规范学生的动作和程序。每位同学必须严格按照给出的操作步骤和技术要求，动手完成规定的检修任务。

③ 实训完成后，学生撰写实训报告，归纳和总结电控悬架系统的组成、结构及其检测要点。

12.3　实训工具及设备

表 12－1 所列为电控悬架实训的所需工具及设备表。

表 12－1　实训工具及设备表

项　目	名　称	数　量
专用仪器	试　灯	1个
	万用表	1个
	解码仪	1套
设备	电控悬架实训台	1台
工具	移动台式工具箱	1台
	V形铁、扭力扳手、开口扳手、活动扳手、梅花扳手、专用油管扳手、套筒扳手、鲤鱼钳、尖嘴钳、一字起子、十字起子、橡胶锤、铁锤、油盆等	1套

12.4 实训内容

电控悬架的实训内容如下：

1. 电控悬架系统认识

(1) 电控悬架系统简介

电控悬架系统能够根据车身高度、车速、转向角度及速率、制动等信号，由电子控制单元(ECU)控制悬架执行机构，使悬架系统的刚度、减振器的阻尼力及车身高度等参数得以改变，从而使汽车具有良好的乘坐舒适性、操纵稳定性以及通过性。电控悬架系统的最大优点就是它能使悬架随不同的路况和行驶状态作出不同的反应。

(2) 电控悬架系统的组成

电子控制悬架系统基本是由四部分组成，如图 12－1 所示。

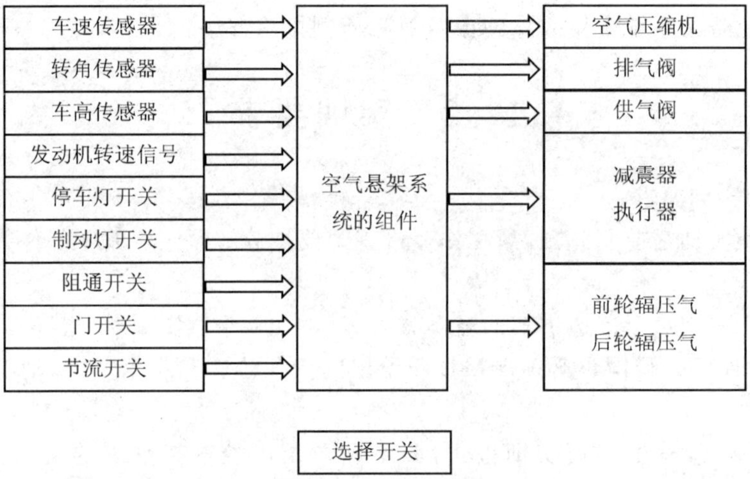

图 12－1　电子悬架系统构成示意图

① 传感器：车高传感器、车速传感器、加速度传感器、转向盘转角传感器、节气门位置传感器等。

② 开关：模式选择开关、制动灯开关、停车开关、车门开关等。

③ 电子控制单元：ECU。

④ 执行机构：可调节阻尼力的减振器、可调节弹簧高度和弹性大小的弹性元件等。

图 12－2 所示为 LS400 轿车电控空气悬架组成图。

(3) 电控悬架系统的基本工作原理

图 12－3 所示为电控悬架的基本工作原理，车身状态传感器和开关给 ECU 提供加速度、位移及其他目标参数等信号，ECU 根据各传感器送来的信号进行运算分析，向悬架执行元件发出指令信号，使执行元件(如阻尼调节步进电机)产生一定的机械动作，调节悬架参数的执行器(电磁阀、步进电机等)改变悬架的刚度、阻尼系数和车身高度，使车辆在行驶过程中具有良好的平顺性和操纵稳定性。

(4) 电控悬架实训台简介

本实训中所用到的实训台是以雷克萨斯 LS4000 为原型设计的。该轿车装有 EMS(Elec-

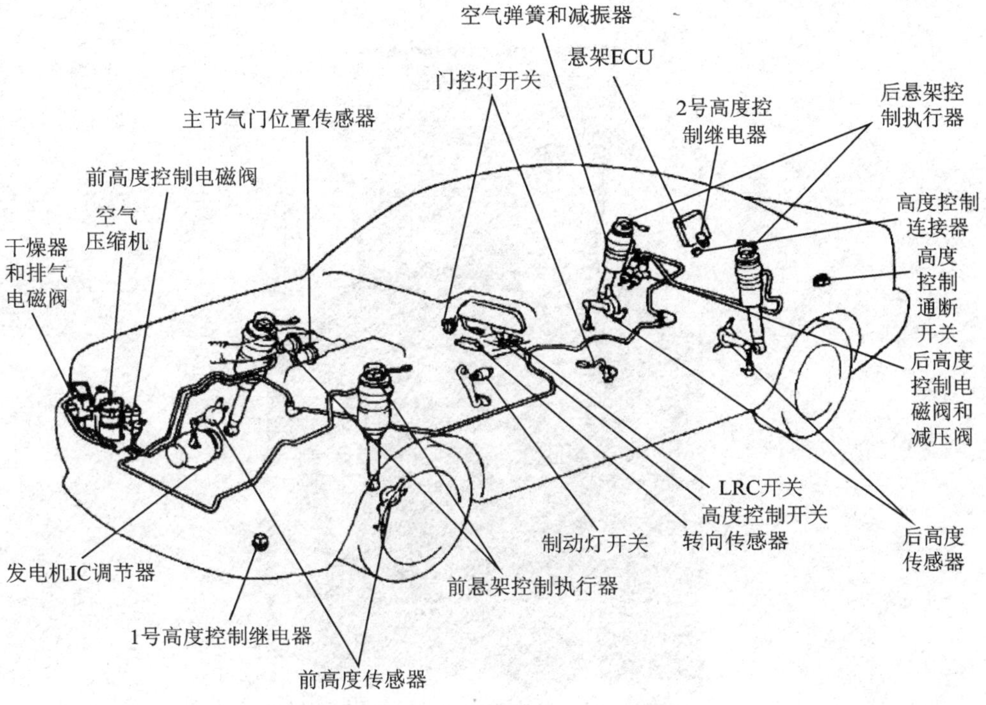

图 12－2　LS400 轿车电控空气悬架组成图

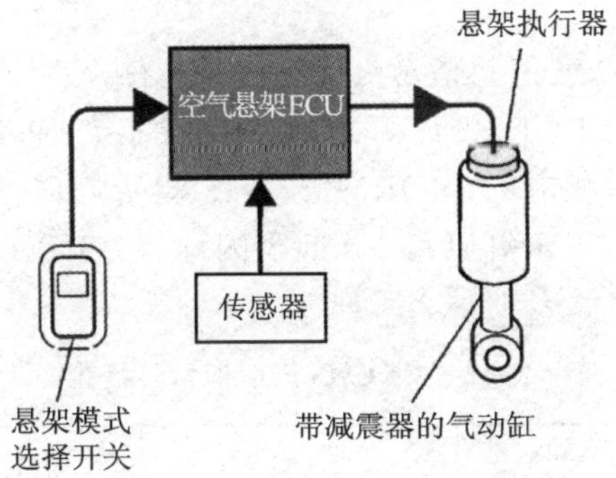

图 12－3　电控悬架系统基本工作原理

tronic Modulated Suspension System)电子控制空气悬架系统，将原相关悬架系统各实物元件布置在台架板上，连接相关电路并绘制线路图，如图 12－4 所示。

2. 电控悬架系统操作实训

(1) 操作功能

检查蓄电池电压达到 12 V 以上，各线路有无明显的损坏或脱落，检查悬架是否在最低位，如在高位则应作放气处理。

打开点火开关，高度指示灯、LRC 指示灯点亮，几秒后只有一高度指示灯亮。随后压缩机电动机开始工作，同时可以看到空气弹簧的充气过程。当高度传感器感应到一定的位移时，压缩机停止工作(四个高度传感器的位置分别是左后、右后为联动固定位置，右前和左前随悬架的高度变化)。

图 12-4　电控悬架实训台

(2) 指示灯检查

① 点火开关转到 ON。

② 检查 LRC 指示灯和高度控制指示灯应亮 2 s 左右。

③ 当 LRC 开关拨到“SPORT”位置时,LRC 指示灯应亮着;当高度控制开关拨到“NORM”或“HIGH”位置时,相应的“NORM”或“HI”指示灯应亮着。

④ 当高度控制“NORM”指示灯以每 1 s 间隔闪烁时,表示 EMS 系统有故障。

EMS 系统的指示灯检查如表 12-2 所列。

表 12-2　EMS 系统指示灯检查

故障征兆	检查电路
在点火开关接通后,“SPORT”“HI”和“NORM”指示灯不亮	汽车高度控制电源电路
	指示灯电路
在点火开关接通后,“SPORT”“HI”和“NORM”指示灯亮 2 s,然后全部熄灭	悬架控制执行器电源电路
有些指示灯、“SPORT”“HI”“NORM”或“HEIGHT”、照明灯不亮	指示灯电路或“HEIGHT”照明灯电路
即使 LRC 开关拨到“NORM”侧“SPORT”指示灯仍旧亮着	LRC 开关电路
仍旧亮着的高度指示灯与高度控制开关所选定的汽车高度不一致	高度控制开关电路

(3) 读取故障代码

① 点火开关转至 ON。

② 用跨接线连接 TDCL 或检查连接器的 Tc 与 E1 端子，如图 12-5 所示。

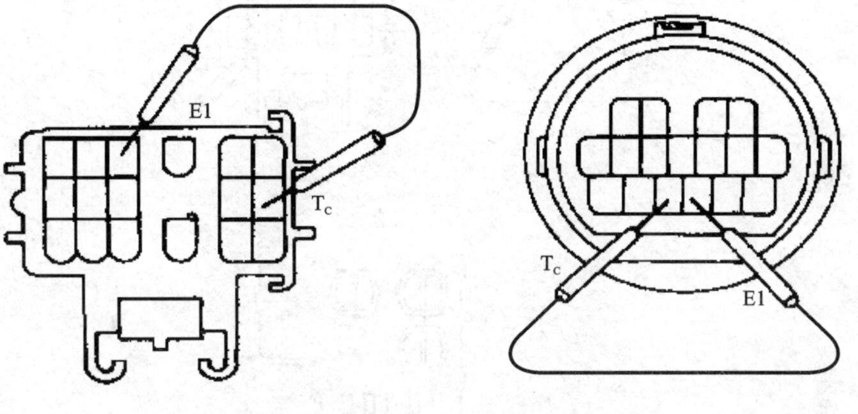

图 12-5　凌志 LS400 汽车故障诊断插座与检查连接器

③ 读取示教板上高度控制“NORM”指示灯闪烁的故障代码：若故障灯均匀的每 0.5 s 闪烁一次，则为正常代码，表示系统正常，如图 12-6 所示；若不均匀的闪烁，则表示有故障，图 12-7 所示为故障代码 11、31 的显示方式)。

④ 若有两个或两个以上的故障同时发生，数字小的故障代码先显示。此时可查阅故障代码表(详见表 12-4)，确定故障发生的部件。

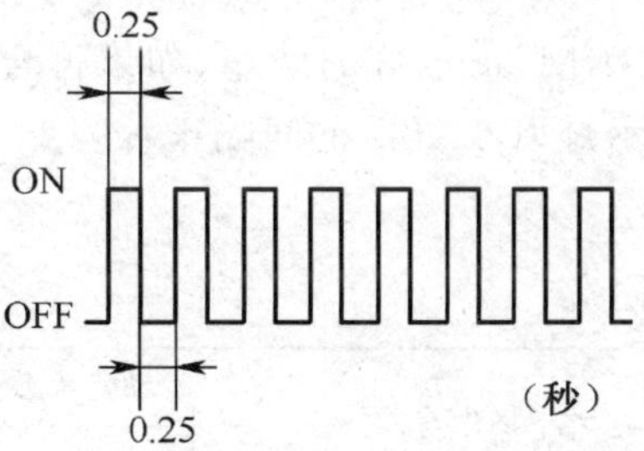

图 12-6　正常故障代码(无故障)

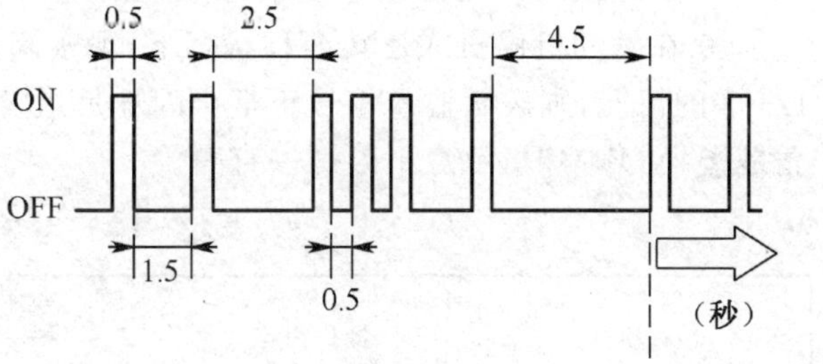

图 12-7　故障代码 11、31

(4) 消除故障代码

对于 LS400 轿车，电子控制悬架自诊系统清除故障码有两种方法：

① 关断点火开关，拆下 1 号接线盒中的 ECU-B 熔断丝 10 s 以上，故障码就被清除。

② 关断点火开关，用跨接线将车身高度控制连接器的端子 9 与端子 8 连接，同时使检查连接器的端子 T_c 与 E1 连接(见图 12-8)，保持在这状态 10 s 以上，然后接通点火开关，并脱开跨接线连接器各端子，则故障码也可被清除。

(5) 检查 ECU 输入信号

① 点火开关转到 ON 位置。

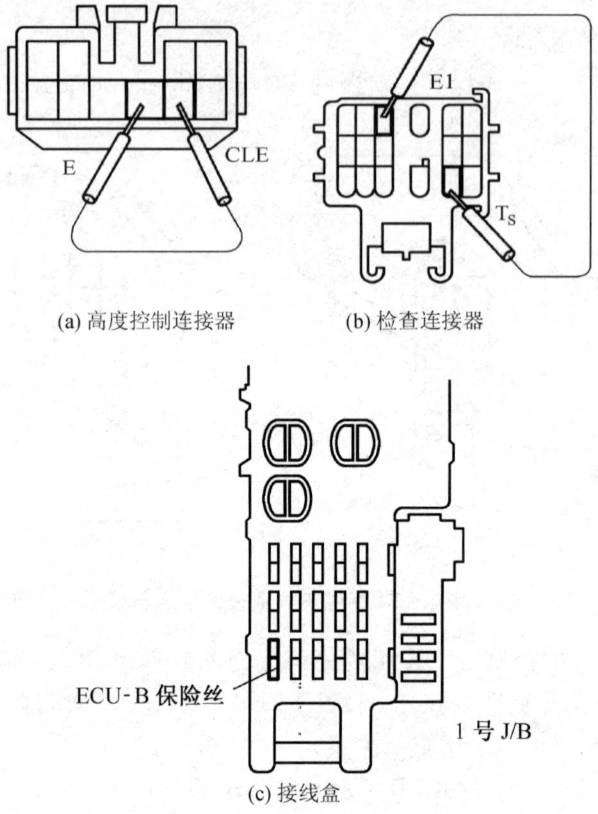

图 12－8　消除故障代码

② 用跨接线连接检查连接器的 T_s 端子与 E1 端子。

③ 在发动机停机或运转两种状态下，观察高度控制"NORM"指示灯的状态，如果符合表 12－3 的情况，则表明输入信号正常。闪烁是指"NORM"指示灯以 0.25 s 的间隔正常闪烁，常亮是指"NORM"指示灯不闪烁一直亮。

表 12－3　ECU 输入信号检查

检查项目	操作内容	发动机状态		操作内容	发动机状态	
		停机	运转		停机	运转
转向传感器	车向前摆正直行	闪烁	常亮	转向角 45°以上	常亮	闪烁
停车灯开关	OFF(不踩制动踏板)	闪烁	常亮	ON(踩下制动踏板)	常亮	闪烁
门控灯开关	OFF(所有车门关闭)	闪烁	常亮	ON(所有车门打开)	常亮	闪烁
节气门位置传感器	不踩加速踏板	闪烁	常亮	加速踏板踩到底	常亮	闪烁
1 号车速传感器	车速低于 20 km/h	闪烁	常亮	车速高于 20 km/h	常亮	闪烁
高度控制开关	"NORM"位置	闪烁	常亮	"HIGH"位置	常亮	闪烁
开　关	"NORM"位置	闪烁	常亮	"SPORT"位置	常亮	闪烁
高度控制 ON/OFF 开关	"ON"位置	闪烁	常亮	"OFF"位置	常亮	闪烁

（6）故障代码

EMS自诊断系统的故障诊断代码如表12-4所列。

表12-4　EMS自诊断系统故障代码表

<table>
<tr><th>故障码</th><th>诊　断</th><th>故障部位</th></tr>
<tr><td>11</td><td>右前高度传感器电路</td><td rowspan="4">悬架ECU和高度传感器之间的配线或连接器；
高度传感器；
悬架ECU</td></tr>
<tr><td>12</td><td>左前高度传感器电路</td></tr>
<tr><td>13</td><td>右后高度传感器电路</td></tr>
<tr><td>14</td><td>左后高度传感器电路</td></tr>
<tr><td>21</td><td>前悬架控制执行器电路</td><td rowspan="2">悬架ECU和加速度传感器之间的配线或连接器；
悬架控制执行器；
悬架ECU</td></tr>
<tr><td>22</td><td>后悬架控制执行器电路</td></tr>
<tr><td>31</td><td>前高度控制电磁阀电路</td><td rowspan="3">悬架ECU与高度控制电磁阀之间的配线或连接器；
高度控制电磁阀；
悬架ECU</td></tr>
<tr><td>33</td><td>右后高度控制电磁阀电路</td></tr>
<tr><td>34</td><td>左后高度控制电磁阀电路</td></tr>
<tr><td>35</td><td>排气电磁阀电路</td><td>悬架ECU与排气电磁阀之间的配线或连接器；
排气电磁阀；
悬架ECU</td></tr>
<tr><td>41</td><td>1号高度控制继电器电路</td><td>悬架ECU和继电器之间的配线或连接器；
继电器；
悬架ECU</td></tr>
<tr><td>42</td><td>压缩机电机电路</td><td>悬架ECU和压缩机电机之间的配线或连接器；
压缩机电机；
悬架ECU</td></tr>
<tr><td>51</td><td>至1号高度控制继电器的持续电流</td><td>压缩机电机；
压缩机；
气管；
高度控制电磁阀；
排气电磁阀；
高度传感器控制杆；
高度传感器；
减压阀；
悬架ECU</td></tr>
<tr><td>52</td><td>至排气电磁阀的持续电流</td><td>高度控制电磁阀；
排气电磁阀；
气管；
高度传感器控制杆；
高度传感器；
悬架ECU</td></tr>
</table>

续表 12-4

故障码	诊 断	故障部位
61	悬架控制信号	悬架 ECU 失灵
71	高度控制通/断开关电路	悬架 ECU 与高度控制通断开关之是的配线或连接器； 高度控制通断开关； 悬架 ECU
72	悬架控制执行器电源电路	AIR SUS 保险丝； 悬架 ECU 与发动机主继电器之间的配线或连接器； 悬架 ECU
73	发电机 IC 调节器电路 （发电机电路）	悬架 ECU 与发动机 IC 调节器之间的配线或连接器； 悬架 ECU
74	车身高度控制电源电路	悬架 ECU 与蓄电池之间的的配线或连接器； PWR－IG 保险丝； AIR SUS 保险丝； 点火继电器； 发电机 IC 调节器； 蓄电池； 悬架 ECU
75	高度传感器电路	汽车停放在不平路面（正常）； 高度传感器控制杆； 高度传感器； 悬架 ECU

3. 电子控制悬架系统故障检修

当电子控制悬架系统出现故障后，首先使用故障自诊系统，读取故障码，按表 12－4 所列查找故障部位，分析故障原因后，立即排除。若故障码所示的故障原因排除后故障仍存在或虽有故障现象，但无故障码时，则应根据故障现象分析故障原因，然后对系统进行检查。

以 LS400 轿车电子控制悬架系统为例，介绍悬架电子控制系统的故障检修方法。

(1) 电子控制悬架系统指示灯不正常的检查

① 接通点火开关，看电子控制悬架系统的指示灯，S(刚度、高度低层次指示灯)、M(中层次指示灯)、F(高强层次指示灯)。是否在点亮 2 s 后熄灭，如果是，则为正常；如果不是，S、M、F 都不亮，则进行下一步检查。

② 检查悬架 ECU 上的＋B、GND 两端子之间电压，如果电压为 12 V，说明 S、M、F 指示灯或连线有故障；如果电压不是 12 V，则检查系统熔丝(ECU－IG，15 A)是否熔断，蓄电池连接导线是否脱落或接触不良，点火开关是否损坏，悬架 ECU 接地是否良好，若发现故障予以排除，则进行下一步检查。

③ 将悬架控制模式选择开关置于 NORM 位置，接通点火开关。正常时，指示灯 S 被点亮，M 和 F 灯不亮。如果不正常，应检查悬架控制模式选择开关及其连接线路是否正常，若为

正常，则应检查悬架 ECU 是否有故障。

④ 将悬架控制模式选择开关置于“SPORT”位置，接通点火开关。正常时，指示灯 S、M 被点亮，F 灯不亮，否则应检查选择器开关及其连接线路是否正常。若为正常，则应检查悬架 ECU 是否有故障。

(2) 汽车“后仰”故障检查

汽车在起步、加速时，前后轴载荷会发生变化，指示灯 S、M、F 应全部点亮，表明悬架刚度、高度属于强层次，否则就会产生“后仰”故障，即车尾下沉车头抬起，影响平顺性。

① 检查车速传感器电路，即悬架 ECU 的 SPD 端子至车速传感器至搭铁的线路是否正常，若线路正常时，车速里程表轴每转 1 圈，用万用表检测 SPD、端子和 GND 端子之间的电路应导通 4 次，且电压在 0～6 V 之间变化，不正常时，表明车速传感器有故障，要更换。

② 检查悬架 ECU、发动机 ECU、节气门位置传感器之间电路是否正常，线路正常时，接通点火开关，逐渐踩下加速踏板则悬架 ECU 中 L1、GND 两端子间电压变化应为 0←→5 V 间，L2、GND 间电压为 5 V←→0←→5 V 间，L3、GND 间电压为 5 V←→0←→5 V←→0←→5 V 间。不正常时，应检查节气门位置传感器各输出端子之间的电阻值及发动机悬架 ECU 是否正常，若上述检查正常，表明悬架 ECU 有故障，应修理或更换。

(3) 汽车“侧倾”故障的诊断

汽车以 40 km/h 行驶且突然转向时，不管悬架控制模式选择开关处于“NORM”或是“SPORT”位置，指示灯 S、M、F 应全部点亮，表明悬架刚度高度都处于“强层次”，否则会出现“侧倾”和“摆头”故障，影响稳定性和平顺性。

① 首先检查车速传感器电路，与上述“汽车后仰故障检查”中的①方法相同。

② 检查转向传感器与悬架 ECU 之间的连接线路是否正常，线路正常时，接通点火开关，检查悬架 ECU 中 Vs、GND 两端子间电压应为 3.5～4.2 V。如果 Vs、GND 之间电压不正常，表明悬架 ECU 有故障，应予以检修或更换。慢慢转动转向盘时，检查 SS1 端子与 GND 端子间电压，SS2 端子与 GND 端子间电压。两个电压均应在 5～0 V 反复变化。如果 SS1、GND 间和 SS2、GND 间电压不正常，表明转向传感器有故障，应予以修理或更换。

(4) 汽车“点头”故障的诊断

汽车以 60 km/h 速度行驶，采用紧急制动时，不管悬架控制模式选择开关处于“NORM”或“SPORT”位置，指示灯 S、M、F 应全部点亮，表明悬架刚度、高度都处于“强层次”，否则会出现“点头”故障，影响平顺性。

① 首先检查车速传感器电路，与上述“汽车后仰故障检查”中的①方法相同。

② 检查制动灯开关、制动灯与悬架 ECU 之间的连接是否正常，若线路正常，在不踩制动踏板时，悬架 ECU 上 STP、GND 两端子间电压为 0 V，当踩下制动踏板时，STP、GND 之间电压为 12 V。如果电压不正常，则为制动灯开关有故障，应予以更换；如果电压正常，则需检修或更换悬架 ECU。

(5) 汽车“高速失控”故障诊断

汽车以 100 km/h 逐渐加速到 120 km/h 时，悬架控制模式选择开关处于“NORM”位置，悬架减振力应变为“中层次”，则指示灯 S、M 应点亮，F 灯不亮。否则，应检查车速传感器电路是否正常(检查方法与上述“汽车后仰故障检查”中(1)方法相同)。如果正常,则表明悬架ECU有故障。

(6) 自动换挡时汽车“后仰”故障诊断

装有自动变速器的汽车挂挡启动时,不管选择开关处于“NORM”或“SPORT”位置,指示灯S、M、F应全部点亮,表明悬架刚度、高度都处于“强层次”,否则变为产生汽车“后仰”故障。

① 首先检查车速传感器电路,与上述“汽车后仰故障检查”中的(1)方法相同。

② 检查空挡启动开关与悬架ECU的连接是否正常,若正常,则接通点火开关,变速杆在“N”位或“P”位时,悬架ECU上NTR、GND两端子间的电压为0 V。变速杆在其他任何位置时,NTR、GND之间电压为12 V。

若上述检查都正常,S、M、F指示灯仍不亮,则表明悬架ECU有故障。

4. 故障设置与排除

表12-5所列为电控悬架实训故障设置表。

表12-5 故障设置表

序号	故障内容
1	右后高度传感器线路开路
2	左前高度传感器线路开路
3	前悬架控制执行器线路开路
4	后悬架控制执行器线路开路
5	后高度控制电磁阀线路开路
6	前高度控制电磁阀线路开路
7	排气电磁阀线路开路
8	压缩机电机线路开路

12.5 实训考核及评价

① 考核要求:

➢ 学生对电控悬架系统的认知情况。

➢ 由学生独立完成电控悬架系统的相关操作(指示灯检查、读取故障代码等)。

➢ 学生读取并分析故障代码并进行排除。

② 考核时间:45 min

③ 考核评分:表12-6所列为电控悬架实训考核内容。

表 12－6　电控悬架实训考核内容

序　号	考核内容	配　分	评分标准	考核记录	扣　分	得　分
1	电控悬架系统认知	10	每出现一次操作错误扣 5 分			
2	操作功能	10	每出现一次操作错误扣 5 分			
	指示灯检查	10	每出现一次操作错误扣 5 分			
	读取故障代码	10	每出现一次操作错误扣 5 分			
	消除故障代码	10	每出现一次操作错误扣 5 分			
	ECU 输入信号检查	10	每出现一次操作错误扣 5 分			
3	分析故障诊断代码查找故障位置并排除	40	每出现一次操作错误扣 5 分			
4	分数总计	100				

实训项目十三　示波器的使用

13.1　实训目的

示波器的实训目的：

① 掌握示波器的基本功能。

② 掌握示波器的基本使用。

13.2　实训要求

示波器的实训要求：

① 测试点火高压线时，必须使用专用的电容探头，不能将示波器探头直接接入点火次级电路。

② 使用汽车示波器时，注意远离热源，如排气管、催化器等，温度过高会损坏仪器。

③ 汽车示波器在测试时要注意测试线尽量离开风扇叶片和传送带等转动部件。

④ 测试时确认发动机盖的液压支撑是否完好无损，这可防止发动机盖自动下降时伤及头部或损坏汽车示波器。

⑤ 路试中，不要将汽车示波器放在仪表台上方，最好是拿在手中测试。

13.3　实训工具及设备

表 13－1 所列为示波器使用时所用的工具及设备。

表 13－1　实训工具及设备表

项　目	名　称	数　量
专用仪器	金德 KT600 示波器	1 套
设　备	捷达轿车	1 辆

13.4　实训内容

示波器的实训内容如下：

1. 汽车专用示波器的认识

汽车示波器，顾名思义就是用来检测汽车电子电路故障的示波器。市场上示波器一般分为两种，一是普通或工业示波器，另一是汽车示波器。工业示波器，由于应用的领域不同，其采样率及带宽等参数差异很大；而汽车示波器，则其挡次不会分得太大，因汽车电路信号传输速率最大的就是 CAN 总线（高速 CAN 速率为 1 Mb/s）了，所以汽车示波器的采样率为 80 Ms/s

(即每秒钟采样 80 M 个点)已足够了,无须更大的采样率。本实训项目中使用的示波器为金德 KT600,如图 13 - 1 所示。

图 13 - 1　金德 KT600 示波器

金德 KT600 汽车专用示波器是博世汽车检测设备(深圳)有限公司独立开发完成的一款汽车专用示波器,它可以实时采集点火、喷油、电控系统传感器的波形,通过对传感器波形的分析可以准确地诊断传感器是否故障,通过对点火波形的分析不仅可以诊断点火系统的火花塞、高压线、点火线圈等各元器件故障,还可以分析出进气系统和燃油系统的可能故障点,为汽车的运行技术状况和故障诊断提供科学的依据。

图 13 - 2 和图 13 - 3 所示分别为 KT600 型示波器的正面和背面,图 13 - 4 和图 13 - 5 所示分别为示波器上接口视图和下接口视图。

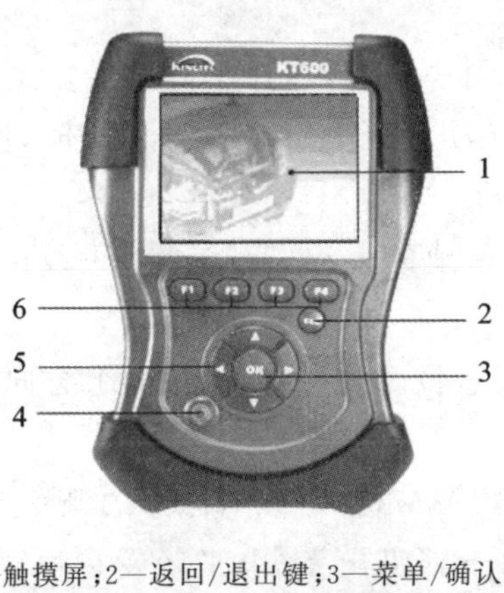

1—触摸屏;2—返回/退出键;3—菜单/确认键;
4—电源开关;5—方向选择键;6—多功能辅助键

图 13 - 2　KT600 型示波器正面

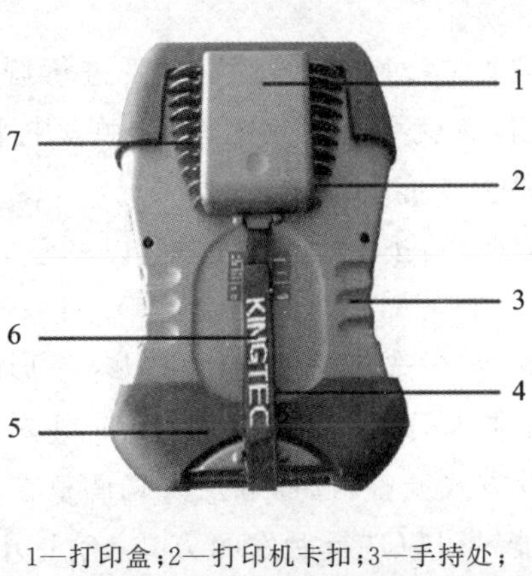

1—打印盒;2—打印机卡扣;3—手持处;
4—卡锁;5—胶套;6—保护套;7—触摸笔槽

图 13 - 3　KT600 型示波器背面

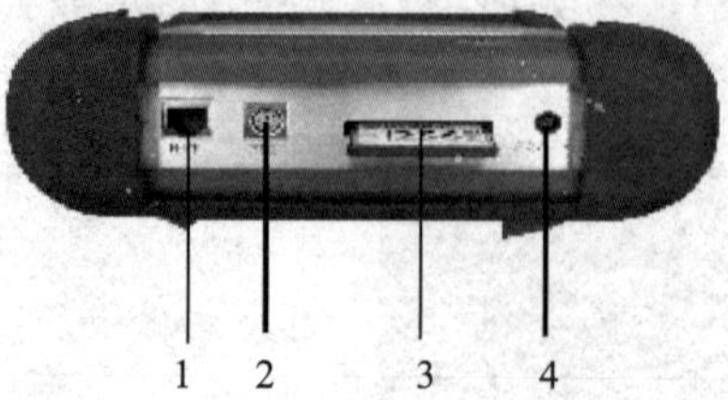

1—网口；2—PS/2(可外接键盘和鼠标)；
3—CF卡；4—Power口

图 13-4 KT600型示波器上接口视图

CH1～CH4分别为示波器4个通道；
CH5为触发通道

图 13-5 KT600型示波器下接口视图

2. KT600基本功能与概述

(1) 主菜单概述

在主界面上选择示波器分析仪，确认进入如图13-6所示菜单，只要在KT600型的菜单里按上下方向键选择需要检测项目，按ENTER键可以进入下一级菜单，直到选择需要的测试项目，按EXIT键可以返回上级菜单。

(2) 通用型示波器的调整方法

一般情况下，汽车专用示波器的波形显示不需要调整，当要做超出汽车专用示波器标准菜单以外的测试内容时，可以选择通用示波器功能，也就需要掌握一定的调整方法，在汽车专用示波器测试过程中如果有相似菜单，调整方法也相同。选择通用示波器，按ENTER键确认(见图13-7)，在屏幕上有10个选项：通道、周期、电平、幅值、位置、停止、存储、载入、光标、触发、打印、退出以及3个功能选项：通道设置、自动设置、配置取存，按左右方向键可以对选择项目进行调整。

① 通道调整：按功能键可以选择通道1(CH1)、通道2(CH2)、通道3(CH3)、通道4(CH4)的任意组合方式，如图13-8所示。

② 周期调整：选择周期调整，按上下键可以改变每单格时间的长短，如果开机时设定的是10 ms/格，按向下键则会变成5 ms/格，波形就会变稀；按向上键则会变成20 ms/格，波形会变密。

③ 电平调整：对纵轴的触发电平进行调整，对于同一波形，选择不同的触发电平，波形在显示屏上的位置就会跟着变化，如果触发电平的数值超出波形的最大最小范围时，波形将产生游动，在屏幕上不能稳定住。

④ 幅值调整：按上、下方向键可以调整纵向波形幅值的大小，KT600型可以选择1:500、1:200、1:100、1:0.5、1:1.0、1:2.5、1:5、1:10和1:20。

⑤ 位置调整：选择位置调整可以对波形的上下显示位置进行移动，按向上方向键，波形就会向上移动，按向下方向键，波形就会向下移动。

⑥ 触发方式调整：选择触发方式调整在高频(<50 ms/格)可以对波形的触发起点进行调整，使用功能键可以选择触发的方式：有上升沿出发、下降沿出发、电平触发三种，如图13-9所示。

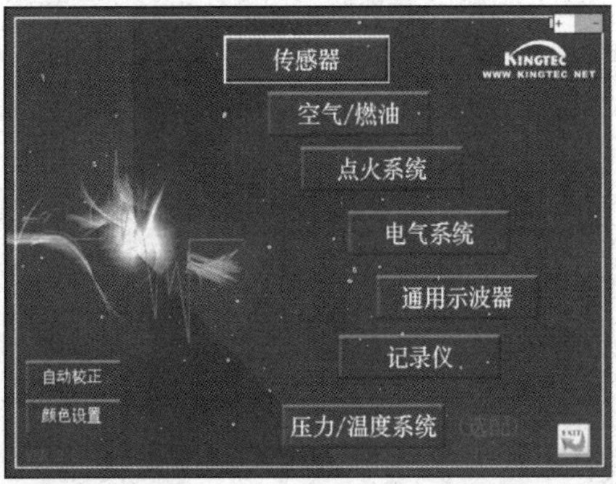

图 13-6　示波器主菜单

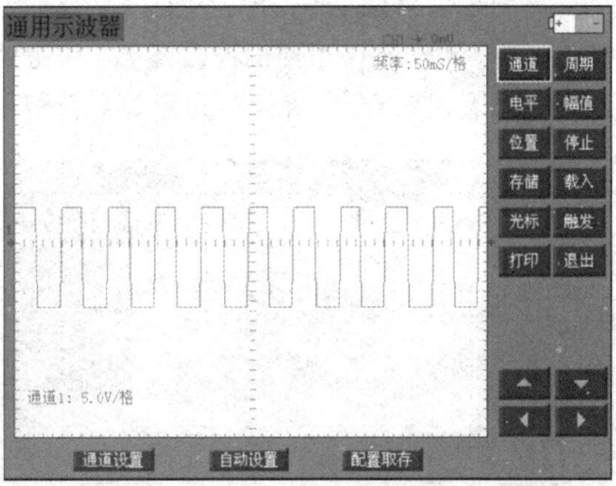

图 13-7　通用示波器界面

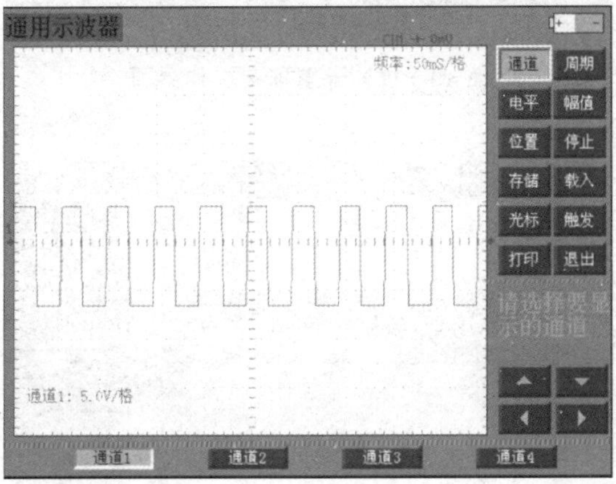

图 13-8　通道调整

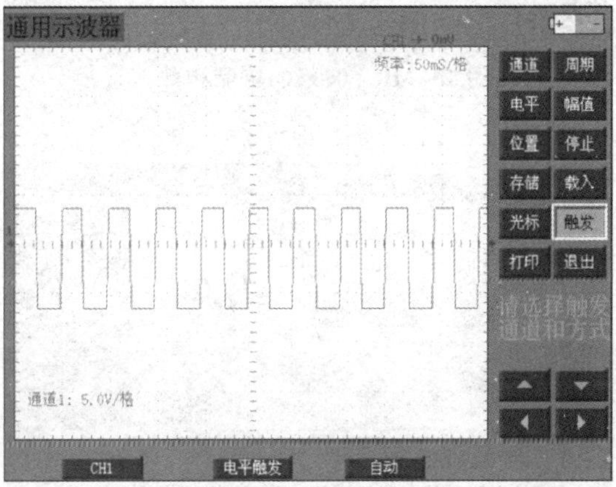

图 13-9　触发方式调整

⑦ 波形的存储和载入：在选择通用示波器时，如果要存储当前波形，选择存储，(如果是刷新频率≥50 Hz/格，系统会等待采集完当前屏波形后自动冻结波形)弹出文件存储的人机屆面，用户可以设定存储波形的名字，然后保存波形数据(最多支持保存 64 个文件)，保存完后系统会自动退出存储界面。

要载入已储存的波形，首先选择载入，若是波形文件存在，系统将会自动浏览到系统已保存的文件，用户可以根据自己的需要调出波形。单击“退出”按钮或按 ESC 键可以退出载入界面，如图 13-10 所示。

⑧ 配置取存：该功能主要是方便用户快捷地调整好波形的参数。例如：用户同时测试了 4 个传感器的波形且使用了 4 个通道，CH1 为 200 mV/div；CH2 为 1 V/div；CH3 为 0.5 V/div；CH4 为 5 V/div：20 ms/格调整好各个通道的位置，使波形清晰显示到界面。然后选择配置取存，可以保存当前配置到文件“4 通道传感器测试”；要是下次再测试 4 个通道的传感器波形，用户就不需要再调节这些繁琐的参数，只须单击“配置取存”→“载入配置”命令，波形就可以快速清晰显示出来。依此例子，任意有“配置取存”的界面都可以做这一功能。这样的配置

每个界面最多可以存 64 个配置文件。具体的操作请见如图 13－11 所示的操作流程。选择保存配置时，可以保存当前的配置参数，其文件名可以是字母、数字、中文字符，如图 13－12 所示。选择载入配置，可将保存的配置参数载入到当前界面，如图 13－13 所示。

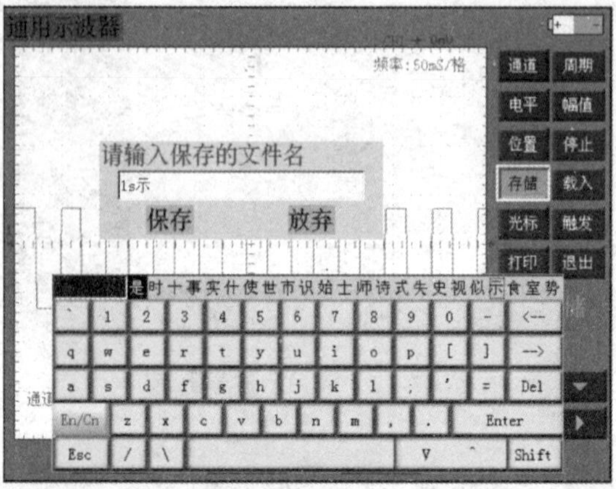

图 13－10　波形的存储和载入

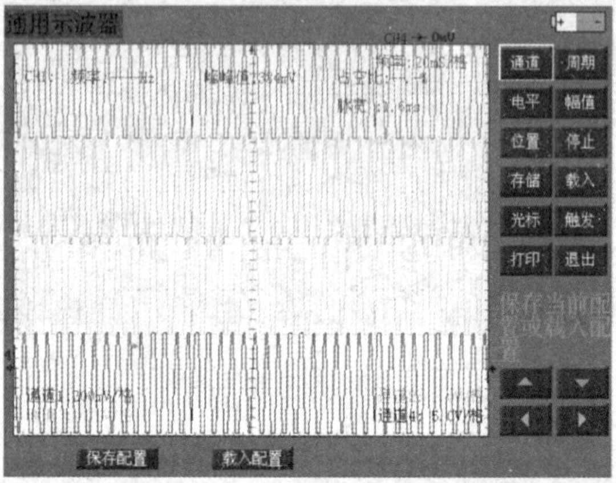

图 13－11　配置取存操作界面

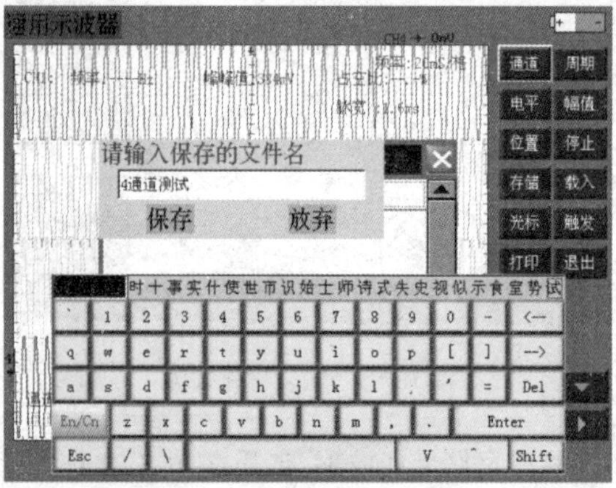

图 13－12　保存配置参数

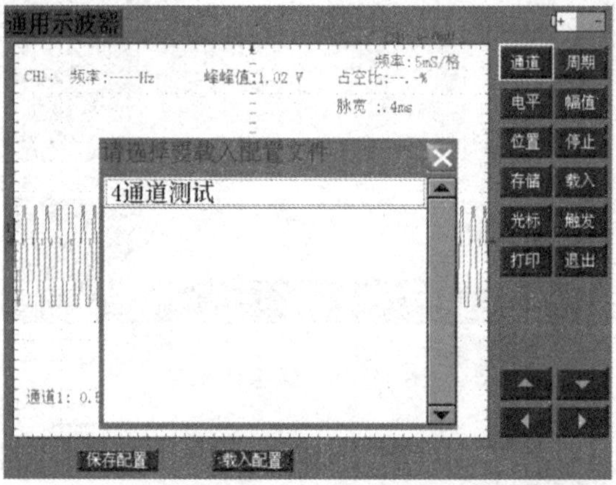

图 13－13　载入配置参数

（3）传感器信源参数选择调整

在传感器菜单中可以通过选择信源参数选择调整所需要观察的通道参数，如图 13－14 所示。

（4）传感器波形参考功能

该功能方便用户在测试传感器波形的时候，可以把标准的传感器波形和当前测试的传感器作比较，用户可以直观地看出来当前传感器的好坏。为实现该功能，用户先要采集标准的传感器波形存储到系统中，然后才可以做回放波形，波形比较。系统最多可以存储 64 个波形文件。波形参考有三种功能：采集波形、回放波形、波形比较，如图 13－15 所示。

选择采集波形并将当前波形保存，其文件名可以是字母、数字、中文字符，如图 13－16 所示。

选择回放波形并将采集的波形回放，如图 13－17 所示。

选择波形比较并将采集的波形与当前波形进行比较。载入采集波形后，会与当前波放在同一位置，可以调整其位置来比较两波形，如图 13－18 所示。

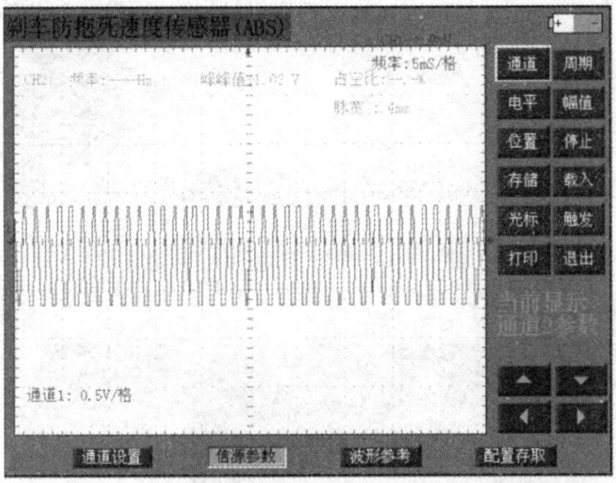

图 13－14　传感器信源参数选择调整

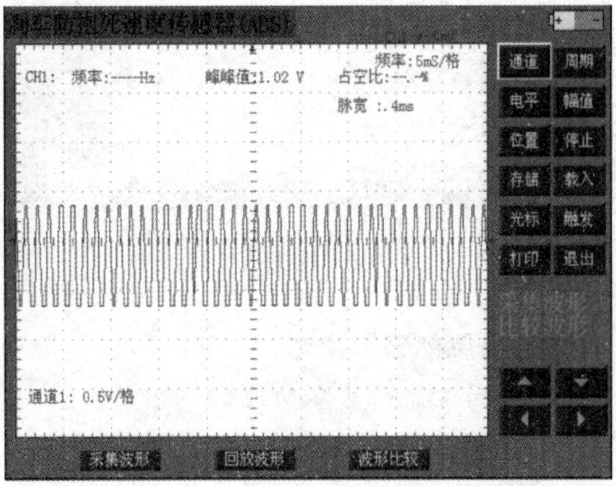

图 13－15　波形参考功能

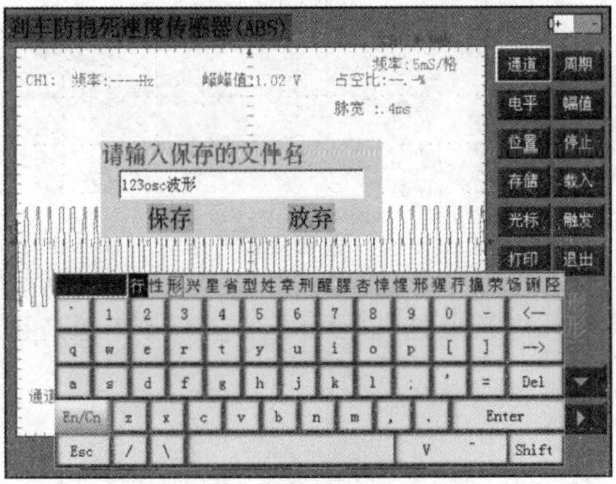

图 13－16　采集波形界面

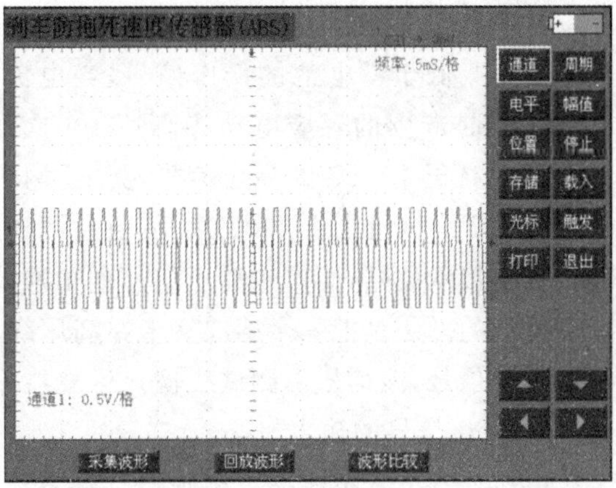

图 13－17　回放波形功能

(5) 压力/温度系统选择调整(选配)

在压力/温度系统菜单中可以直接观察到转速和当前的波形，如图 13－19 所示。

在压力/温度系统菜单中可以选择数字显示观看到当前数值的显示，如图 13－20 所示。

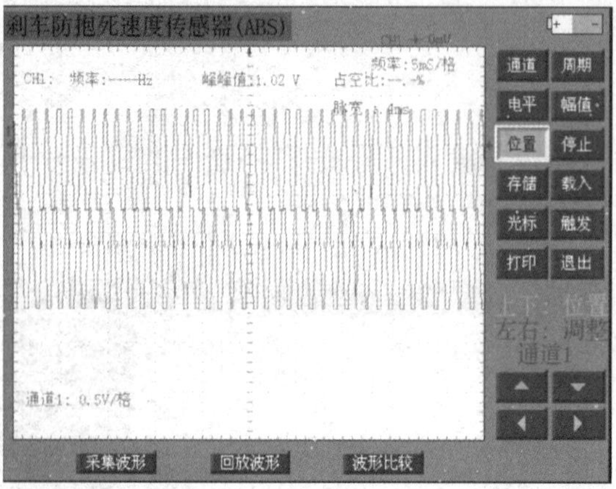

图 13 - 18　波形比较功能

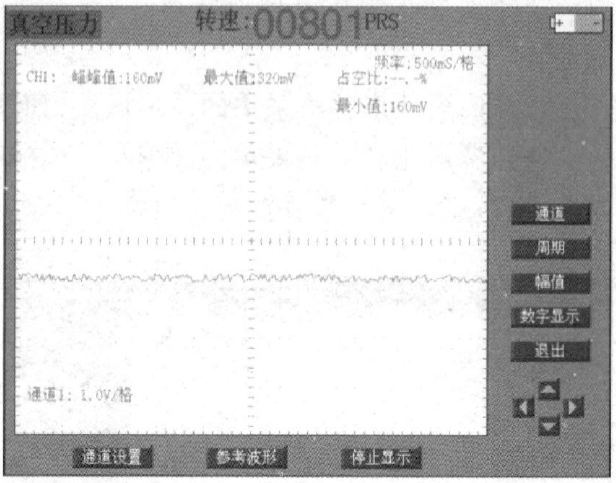

图 13 - 19　查看转速和当前波形

3. 典型传感器测试

(1) 示波器的基本功能

示波器的使用主要包括电压信号的拾取和输入,电压波形的触发、调整和观察分析以及电压波形的检查。

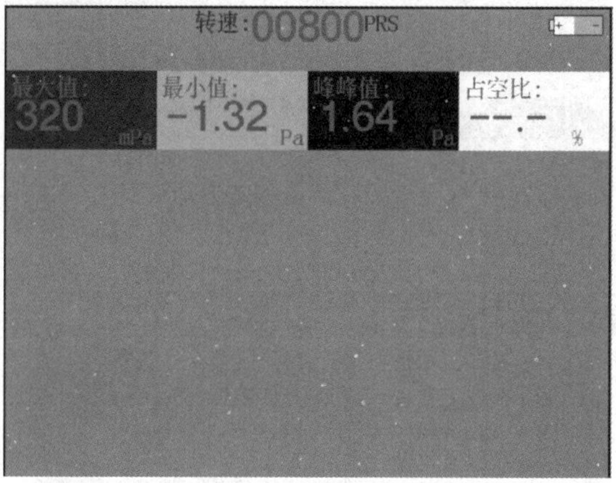

图 13 - 20　查看数值显示

1) 电压信号的拾取

汽车专用示波器的电压信号有两类:一类是等于或低于蓄电池的低压信号,当电流突然中断时产生的感应电动势高达 100 V;另一类为高于 15 kV 的高压信号,如发动机的点火电压。对于低压信号源,可通过测试线直接连接示波器;而对于高压信号的拾取,必须采用的方法是把一个感应夹卡在高压线上,当高压电流通过高压线时,在其周围就感应出一个电压信号,该信号由测试线输入示波器。

2) 电压信号的输入

电压信号输入示波器可用旋钮选择直流(DC)输入方式和交流(AC)输入方式,后者通过耦合线圈输入,能隔断发电机和二次线圈的低振幅干扰,故广泛适用于汽车的故障诊断中。用示波器不仅可以测量计算机系统的工作状况,而且通过示波器可以观察到汽车电子系统是如何工作的。此外,汽车示波器能够确认故障是否真正被排除,这可以通过修理前后从示波器中观看氧传感器的信号波形来加以判断。汽车示波器在汽车电子控制故障诊断中,主要用于汽车传感器、点火波形、执行器及 ECU 输入/输出控制信号波形的检测和电路分析。先将介绍几种典型的传感器测试方法及波形分析。

(2) 歧管绝对压力传感器(MAP)测试分析

歧管绝对压力传感器提供发动机负荷信号给发动机控制单元(ECU)。该发动机负荷信号一般为频率调制的方波信号或电压电平信号(取决于制造商),经过 ECU 处理后,用以改变燃油的混合比及其他的输出值。当发动机负荷增加时，歧管压力增大，反之歧管压力减低。已损坏的歧管绝对压力传感器在发动机加速及减速时会影响空燃比，同时也对点火准时及其他的电脑输出值产生一定影响。

1）连接设备

连接KT600和电源延长线，根据被测试车型的电瓶位置选择蓄电池供电或者点烟器供电，如果选择点烟器接头，先确认点烟器是否有12 V电瓶电压。将测试探头接入通道1(CH1端口)，然后将测试探头上的小鳄鱼夹接蓄电池的负极或搭铁，用测试探针刺入歧管绝对压力传感器的触发信号线，接线连接如图13-21所示。

2）测试条件

① 打开汽车点火开关，不启动发动机，使用手动真空泵模拟真空，将其接至歧管绝对压力传感器的真空输入端。

② 发动机运转，监测由怠速渐渐加速的信号。

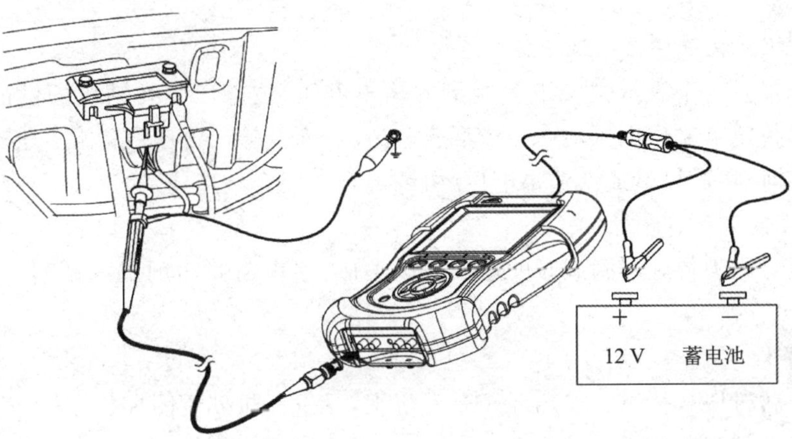

图13-21　KT600型示波器接线示意图

3）测试步骤

① 按照图13-21所示连接好设备，打开KT600型示波器电源开关；

② 在金德仪器主菜单下按上、下方向键选择示波分析仪，按ENTER键确认；

③ 在汽车专用示波器菜单下选择传感器，按ENTER键进入汽车传感器选择菜单；

④ 选择歧管绝对压力传感器，按ENTER键确认，根据测试条件，屏幕将会显示波形；

⑤ 可以通过选择周期、幅值、电平等参数，按方向键改变波形，也可以选择按停止键冻结波形，再单击“存储”按钮，保存波形进CF卡供以后修车参考，选择参考波形键，还可以保存为参考波形同时与测试波形比较。

4）波形分析

除少数歧管绝对压力传感器是数字输出信号以外，一般都输出模拟量。模拟量的歧管压力传感器在高真空度时产生对地电压信号，接近0 V，低真空度时(接近大气压力)产生的对地电压信号高，接近5 V，不同厂家指标可能不同，可参考维修手册。许多福特和林肯车上安装的是数字式歧管绝对压力传感器，数字量的输出波形应该是幅值满5 V的脉冲，同时形状正确、波形稳定、而矩形方角正确、上升沿垂直。频率与对应真空度应符合维修资料给定的值。一般数字式、模拟式歧管绝对压力传感器的波形参考如图 13－22 和图 13－23 所示。

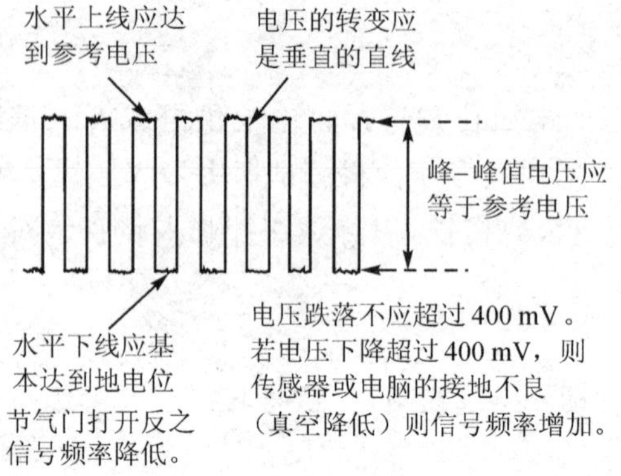

图 13－22　数字式歧管绝对压力传感器波形图

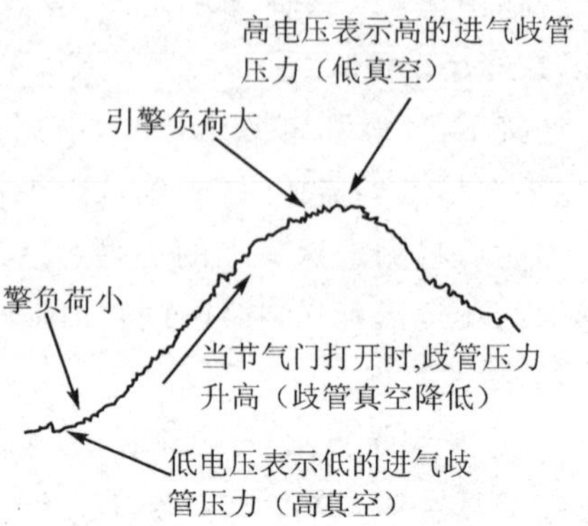

图 13－23　模拟式歧管绝对压力传感器波形图

(3) 锆和钛型氧传感器测试分析

氧传感器提供一个表示排气中含氧量的输出电压,该电压经发动机的供油量,改变空燃比。氧化锆型传感器输出电压由一个浓混合气造成,而低输出电压由稀混合气造成;改变氧化钛传感器电阻时,由此可造成低输出电压(由浓混合气混合气造成)输出。

1）连接设备

同歧管绝对压力传感器测试时的连接方法类似,这里需要用测试探针刺入氧传感器触发信号线。

2）测试条件

➢ 启动发动机使氧传感器加热至 315 ℃以上,且发动机处于闭环状态;

➢ 发动机由怠速开始增加转速。

3）测试步骤

① 连接好设备,打开 KT600 型示波器的电源开关;

② 启动发动机使氧传感器加热至 315 ℃以上,且发动机处于闭环状态;

③ 在金德仪器主菜单下按上、下方向键选择示波分析仪,按 ENTER 键确认;

④ 在汽车专用示波器菜单下选择传感器,按 ENTER 键进入汽车传感器选择菜单;

⑤ 选择锆或钛型氧传感器,按 ENTER 键确认,屏幕将会显示波形;

⑥ 必要时可以通过选择周期、幅值、电平等参数,然后按上、下方向键改变波形,也可以选择停止,冻结波形后,单击“存储”按钮,保存波形供以后修车参考。

4）波形分析

现在一般电控汽车上的氧传感器都是二氧化锆型的,其输出信号的电压范围为 0～1 V,而二氧化钛型氧传感器输出信号有的为 5 V 可变电压信号,比如切诺基,在测试时,注意区别。一般锆型氧传感器的参考波形如图 13－24 所示。

(4) 节气门位置传感器

节气门位置传感器是现代汽车电脑板上常见的故障来源,TPS 通知电脑节气门打开的大

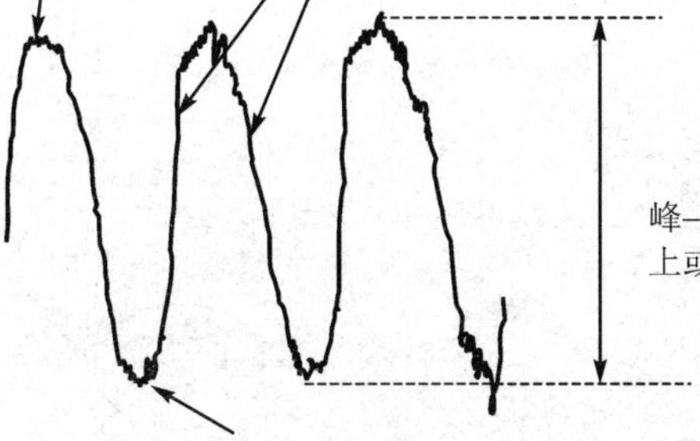

图 13－24　锆型氧传感器波形图

小、是否开启或关闭以及开闭的速率，或者发动机所处的工况。当 TPS 的电阻改变时，它送给电脑的电压信号随之改变。

常见的节气门位置传感器有两种：一种是电位器型传感器，另一种是开关型传感器。电位器型传感器，当汽车转轴变化时会引起电阻的变化（电位器）从而提供一个直流电压，而 TPS 是一个固定在节气门转轴上的可变电阻，它提供的直流电压作为 ECU 的一个输入信息。开关型传感器的信号输出给 ECU 后，通知电脑控制怠速（开关闭合、节气门关闭），或是不要控制怠速（因为已踩下油门使开关打开），当开关闭合时则是通知 ECU 节气门打开位置。这种线性的节气门位置传感器装在节气门转轴上，并且有两个可移动的触点随着同一个转轴转动，其中一个触点是感测节气门开启时的角度，另外一个触点则是感测节气门关闭时的角度，测试传感器时要确定接线正确。

1）连接设备

方法同上。这里用测试探针刺入节气门位置传感器的信号线。

2）测试条件

打开点火开关，发动机不启动，将节气门转到全开位置，然后转到全关位置，或是相反。

3）测试步骤

① 连接好设备，打开 KT600 示波器电源开关；

② 在金德仪器主菜单下按上、下方向键选择示波分析仪，按 ENTER 键确认；

③ 在汽车专用示波器菜单下选择传感器，按 ENTER 键进入汽车传感器选择菜单；

④ 选择节气门位置传感器，按 ENTER 键确认，根据测试条件，屏幕将会显示波形；

⑤ 必要时可以通过选择周期、幅值、电平等参数，然后按上、下方向键改变波形，也可以选择停止，冻结波形后，单击“存储”按钮，保存波形供以后修车参考。

4）波形分析

电位器型的节气门位置传感器通常是一个可变电位计，查阅制造商维修手册，可以得到精确的节气门位置传感器的电压范围，波形上不应该有任何断点、对地尖峰或大的波折。开关型的节气门位置传感器的常闭触点构成怠速开关，当节气门处于怠速位置时，常闭触点位于关闭状态；常开触点表示节气门开度达到全负荷。两种节气门传感器的波形特征可参考图 13－25 和图 13－26 之波形。

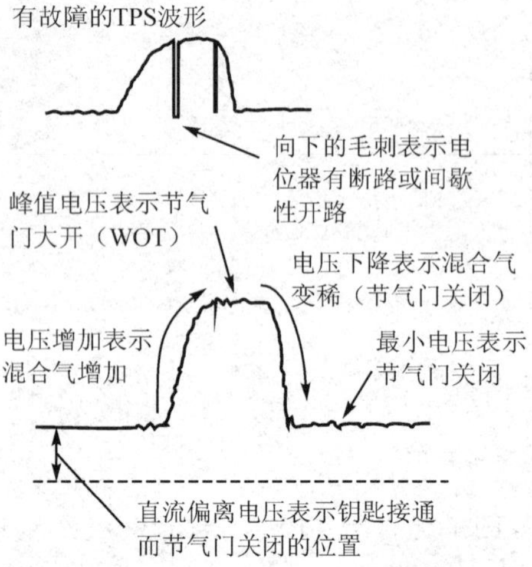

图 13－25　电位器型节气门位置传感器

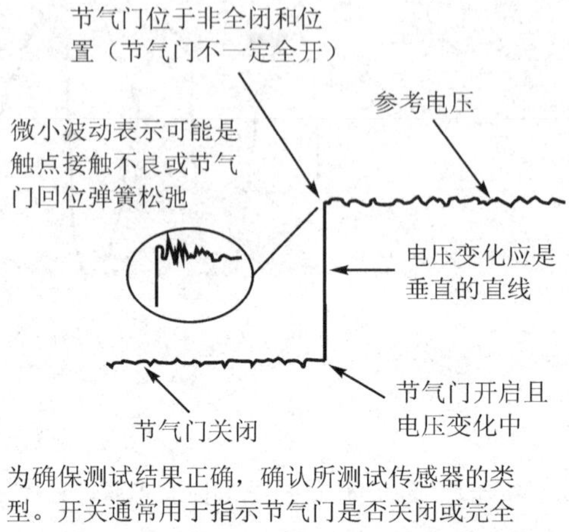

图 13－26　开关型节气门位置传感器

（5）曲轴凸轮轴位置传感器

可以对电磁感应式、霍耳效应式和光电式传感器进行波形测试。

电磁感应式传感器(可变磁阻传感器)不需外部电源，它有两条屏蔽线连接在静磁线圈上，当触发轮通过线圈和静磁铁的磁场时就会有小电压信号产生，触发轮是由低磁阻的钢制造的。曲轴位置传感器(CPS)，ABS 车轮传感器和汽车速度传感器都是可变磁阻的例子。输出的电压和频率随车速变化而改变。

霍耳效应传感器有一个电流通过一个半导体，该半导体被置于离一个可变磁场很近的地方。磁场的变化可以通过曲轴的旋转或分电器轴的旋转而产生，霍耳效应传感器用在曲轴位置传感器和分电器中，其输出电压的幅度是不变的，其频率随转速变化而改变。

光电式传感器用一个旋转轮盘将 LED 光源和光拾取器分开，盘上的小孔可以使拾取器收到光源发出的光，轮盘旋转后，每当遇到小孔，拾取器收到一次光就发出一个脉冲。电压变化的结果可以作为其他系统的参考信号，输出电压的幅度是不变的，而频率随转速变化而变化。

凸轮轴传感器通常被安装在点火分电器中，传感器给线圈模块发送电脉冲从而给出了凸轮轴和阀门位置的数据。

1）连接设备

如果测量曲轴位置传感器时，测试探针刺入曲轴位置传感器信号线；如果测试凸轮轴位置传感器时，测试探针刺入凸轮轴位置传感器信号线。

2）测试条件

➢ 查看传感器是否有信号输出，若无信号输出，则可能是传感器损坏或者接线不良；

➢ 如果是诊断无法启动故障，则按仪器的接线提示连接，然后启动发动机；

➢ 如果发动机可以启动，则按仪器的接线提示连接，启动发动机，在怠速和较高转速下进行测试。

3）测试步骤

① 连接好设备，打开 KT600 型示波器电源开关；

② 在金德仪器主菜单下按上、下方向键选择示波分析仪，按 ENTER 键确认；

③ 在汽车专用示波器菜单下选择传感器，按 ENTER 键进入汽车传感器选择菜单；

④ 选择曲轴凸轮轴位置传感器，按 ENTER 键确认，根据测试条件，屏幕将会显示波形；

⑤ 必要时可以通过选择周期、幅值、电平等参数，然后按上、下方向键改变波形，也可以选择停止，冻结波形后，单击“存储”按钮，保存波形供以后修车参考。

4）波形分析

三种曲轴凸轮轴位置传感器波形特征如图 13－27～图 13－29 所示。

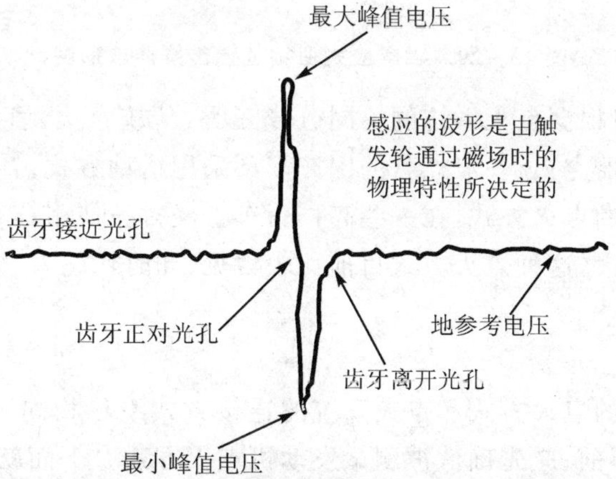

图 13－27　光电式凸轮轴位置传感器波形图

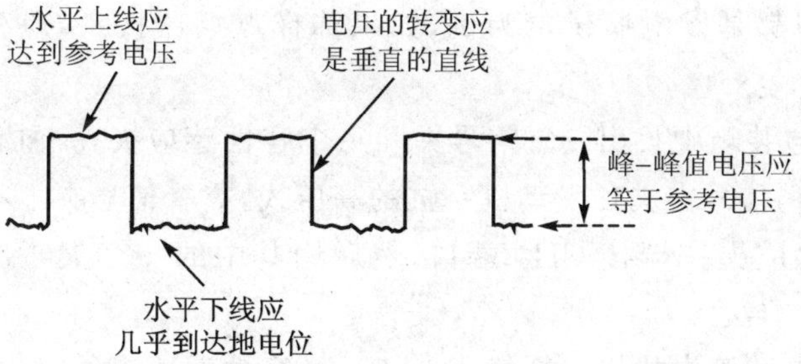

图 13－28　霍耳效应式曲轴位置传感器波形图

4. 次级点火分析

通过对点火次级波形的分析可以有效地检查车辆行驶性能及排放问题产生的原因，一般情况下，该波形主要用来检查火花塞高压线是否有短路或者开路现象，火花塞是否由于积炭而引起点火不良。点火的次级波形还受到不同发动机、燃油供给系统、进气系统和点火条件的影响，所以还能根据点火次级波形有效地检测出发动机机械部件和燃油供给系统部件以及点火系统部件的故障。

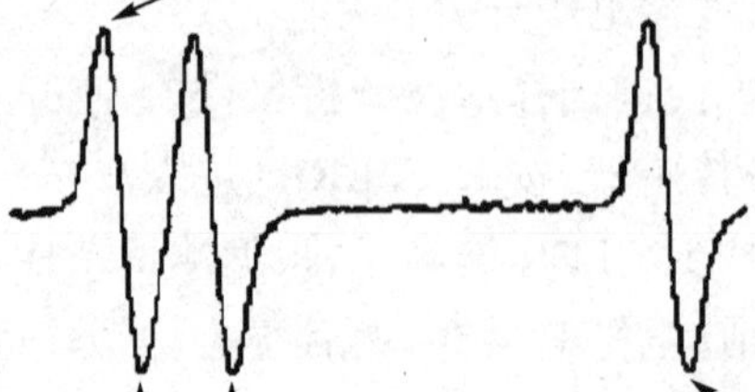

图 13－29　磁感应式曲轴位置传感器波形图

在检测的时候，一般根据点火系统的不同分成三类：传统点火、直接点火和双头点火。传统点火一般指的是分电器点火，一般老款的国产车都采用这种方式；直接点火一般指的是一个气缸对应一个点火线圈的点火方式，在一些高档轿车上经常被使用；双头点火指的是一个点火线圈对两个气缸同时点火，这种点火方式目前比较常见，如时代超人、捷达王、富康、奥迪的 V6 发动机等。

(1) 连接设备

由于被测试发动机的点火方式和点火系统的连接方式不尽相同，所以连接的方法也不一样，在测试次级点火波形前，应先确认被测试发动机点火方式。下面就常见的三种点火方式说明测试连接方法。

连接 KT600 型示波器和电源延长线，根据被测试车型的电瓶位置选择电瓶供电或者点烟器供电，下文中连接图都是以电瓶供电为例，如果选择点烟器接头，应先确认点烟器是否有 12 V 电瓶电压。

① 传统点火：在包装箱中找出一缸信号夹和一个容性感应夹，一缸信号夹一端接 KT600 型示波器的 CH5 端口，信号夹夹住发动机一缸的高压线，查看信号夹上有“此面朝向火花塞”，注意不要夹反；容性感应夹一端接 CH1 端口，然后用其中的一个夹子夹住高压总线可参考图 13－30 所示的连接方法。

② 直接点火：在包装箱中找出一缸信号夹和一个容性感应夹，一缸信号夹一端接 KT600 的 CH5 端口，信号夹夹住发动机一缸的高压线，查看信号夹上有“此面朝向火花塞”，注意不要夹反；容性感应夹一端接 CH1 端口，然后将容性夹分别夹到各气缸高压线上。

③ 双头点火：在包装箱中找出一缸信号夹和两个容性感应夹，一缸信号夹一端接 KT600 型示波器的 CH5 端口，信号夹夹住发动机一缸的高压线，查看信号夹上有“此面朝向火花塞”，注意不要夹反；查看点火线圈的极性，假设一侧是正，那么另一侧肯定为负，相同侧的极性相同，共用同一个容性夹，连接方法如图 13－31 所示。

(2) 测试条件

启动发动机，在不同负荷及速度下测试检验元件的性能，火花塞、点火连线头及其他次级

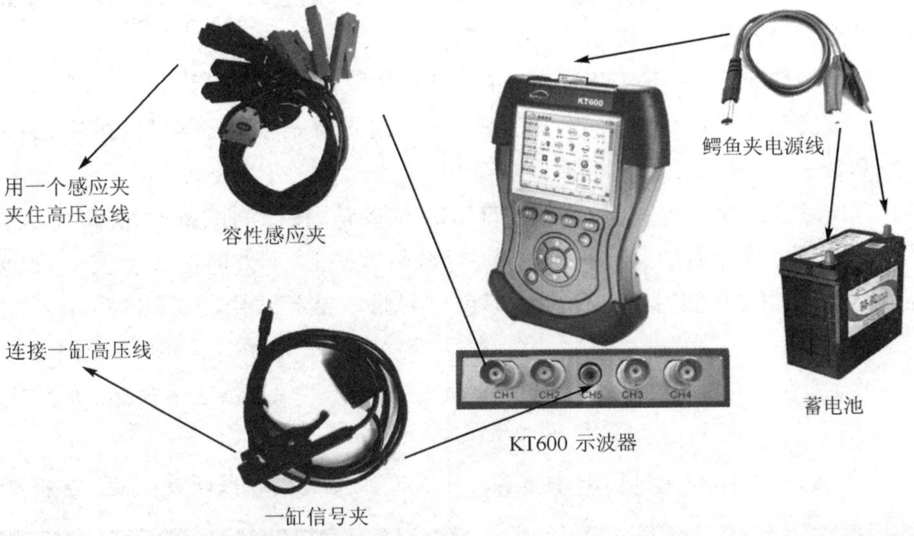

图 13－30　传统点火连接方式

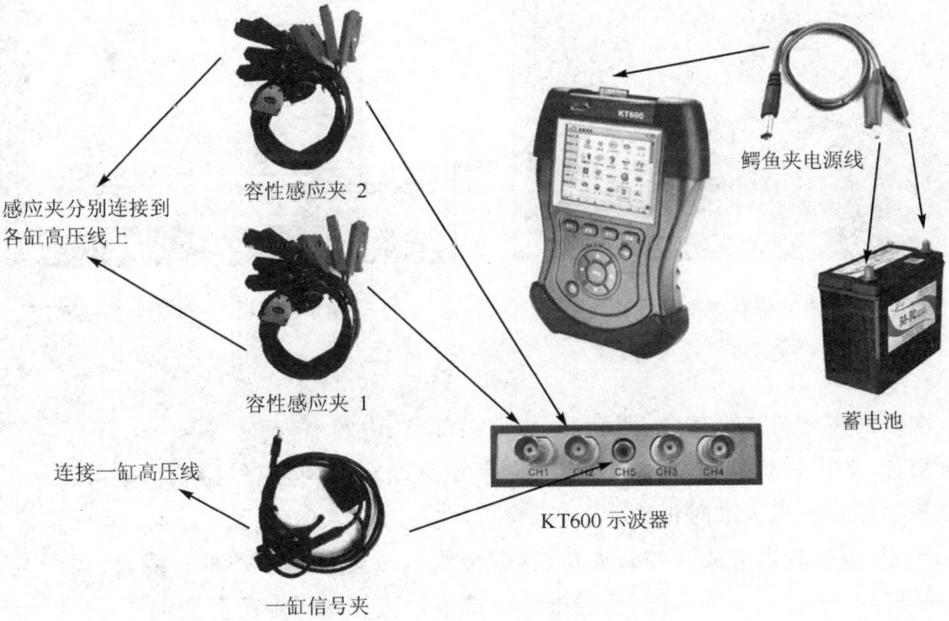

图 13－31　双头点火连接方式

电路的元件可能在高负荷时会功能不正常，在负荷状态下进行这些测试(在功率试验机上或路试)以精确地确定系统上的故障位置。

(3) 测试步骤

① 按照前面所述连接方式连接好设备，打开 KT600 型示波器电源开关；

② 在金德仪器主菜单下按上、下方向键选择示波分析仪，按 ENTER 键确认；

③ 在汽车专用示波器菜单中选择点火系统，按 ENTER 键进入点火系统选择菜单；

④ 选择次级点火，按 ENTER 键确认；

⑤ 选择发动机参数设定，按 ENTER 键，屏幕显示如图 13-32 所示；

⑥ 根据被测试发动机可以更改参数，按上、下方向键选择需要更改项目，按左、右方向键可以更改参数，更改完毕，按 EXIT 键返回上级菜单；

⑦ 按向下方向键选择次级点火测试，按 ENTER 键确认，按照测试条件，屏幕显示波形。

⑧ 必要时可以通过选择周期、幅值、电平等参数，然后按上、下方向键改变波形，也可以选择停止，冻结波形后，单击“存储”按钮，保存波形供以后修车参考，如图 13-33 所示。

备　注：

选择模式，按左、右方向键可以更改次级点火波形的显示模式，如三维波形、并列波形、纵列波形和单缸显示；

按向右方向键选择参数，按 ENTER 键确认，可以返回发动机参数设定界面，重新更改。

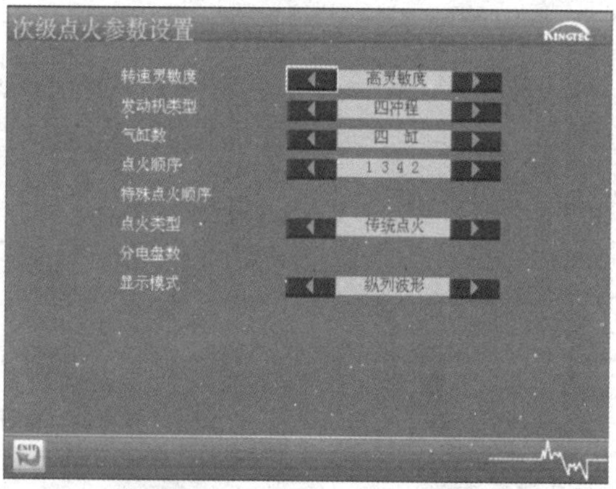

图 13-32　发动机参数设置界面

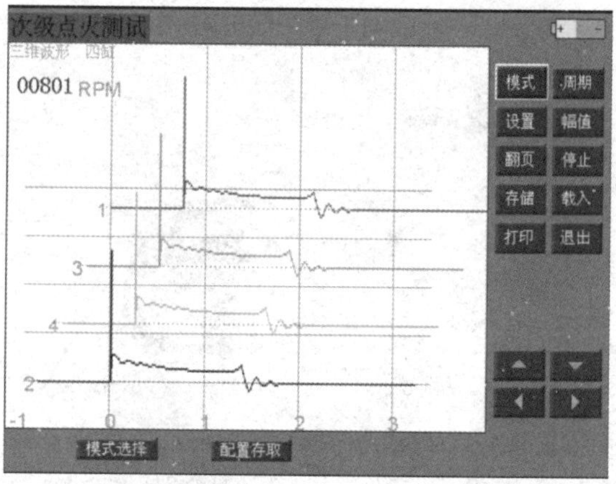

图 13-33　次级点火测试界面

(4) 波形分析

点火次级波形分为三个部分：闭合部分、点火部分、中间部分。

闭合部分：此段时间是三极管导通或者白金触点结合时间，应保持波形下降沿一致，表示各缸闭合角相同以及点火准时正确。

点火部分：由一条点火线和一条火花线(燃烧线)，点火显示一条垂直线，代表的是击穿电压，火花线则是一条近似水平的线，代表维持电流通过火花塞间隙所需的电压。

中间部分：显示点火线圈中通过初级和次级的振荡来耗散剩余的能量，一般最少有 2 个振荡波。

传统次级点火的特征波形如图 13-34 所示。

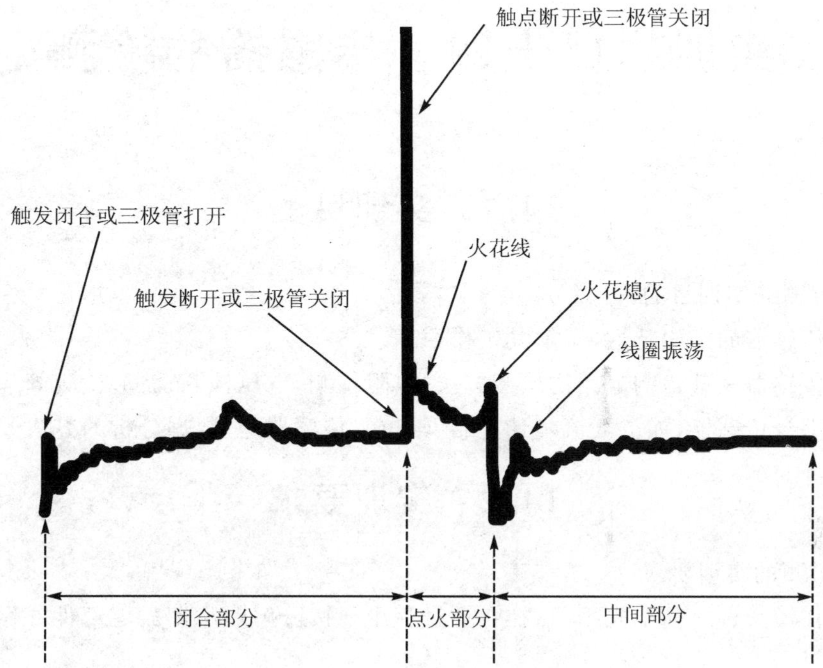

图 13－34　次级点火波形图

13.5　实训考核及评价

① 考核要求：

➢ 学生完成示波器的开机和功能演示。

➢ 学生检测相关信号波形并记录。

② 考核时间：45 min。

③ 考核评分：表 13－2 所列为示波器的使用实训考核评分内容。

表 13－2　示波器的使用实训考核评分内容

序　号	考核内容	配　分	评分标准	考核记录	扣　分	得　分
1	系统认知并接线	20	每出现一次操作错误扣 5 分			
2	歧管绝对压力传感器测试	10	每出现一次操作错误扣 5 分			
	锆和钛型氧传感器测试	10	每出现一次操作错误扣 5 分			
	节气门位置传感器测试	10	每出现一次操作错误扣 5 分			
	曲轴凸轮轴位置传感器	10	每出现一次操作错误扣 5 分			
3	次级点火分析	40	每出现一次操作错误扣 5 分			
4	分数总计	100				

实训项目十四　传感器的检测

14.1　实训目的

传感器检测的实训目的：

① 掌握传感器的结构特性，了解其工作原理。

② 掌握传感器及其控制电路的检测方法（电阻检测、电压检测、波形检测等）。

③ 掌握部分传感器（如空气流量计、凸轮轴位置传感器等）数据分析的方法。

14.2　实训要求

传感器检测的实训要求：

① 学生在做实训之前要先预习，在作业过程中要按分解顺序摆放零部件并做相应标记和记录。

② 教师应先采用边示范边讲解的教学方式，学生在动手做实训时，指导教师应指导、规范学生的动作和程序。每位同学必须严格按照给出的操作步骤和技术要求，动手完成规定的检修任务。

③ 实训完成后，学生撰写实训报告，归纳和总结传感器的工作原理、常见传感器位置分布、传感器的检测要点及部分传感器数据分析方法。

14.3　实训工具及设备

表 14－1 所列为传感器的检测实训所需工具及设备表。

表 14－1　实训工具及设备表

项　目	名　称	数　量
专用仪器	试　灯	1个
	万用表	1个
	解码仪	1套
设　备	轿　车	1辆
	相关传感器教学挂图	一套
工　具	移动台式工具箱	1台
	V形铁、扭力扳手、开口扳手、活动扳手、梅花扳手、专用油管扳手、套筒扳手、鲤鱼钳、尖嘴钳、一字起子、十字起子、橡胶锤、铁锤、油盆等	1套

14.4　实训内容

传感器检测的实训内容如下：

1. 空气流量计

(1) 空气流量计简介

空气流量传感器也称空气流量计，是电喷发动机的重要传感器之一。它将吸入的空气流量转换成电信号送至电控单元(ECU)，作为决定喷油的基本信号之一，是测定吸入发动机的空气流量的传感器。

在多点燃油喷射系统中，根据检测进气量的方式不同，空气流量计又分为 D 型(即压力型)和 L 型(即空气流量型)两种类型。D 型是利用压力传感器检测进气歧管内的绝对压力，测量方法属于间接测量法。L 型是利用流量传感器直接测量吸入进气管的空气流量。由于采用直接测量的方法，故进气量的测量精度较高，控制效果优于 D 型燃油喷射系统。

当前各个车型采用的 L 型传感器分为体积流量型(如翼片式、量芯式、涡流式)传感器和质量流量型(如热线式和热膜式)传感器。质量流量型传感器工作性能稳定，测量精度高，使用效果好，但制造成本相对 D 型要高。由于热膜式空气流量传感器内没有运动部件，因此没有流动阻力，而且使用寿命远远高于热线式流量传感器。本实训项目中将以 L 型热膜式空气流量计为例来详细介绍空气流量计的检测方法。图 14－1 所示为热膜式空气流量传感器的结构图。

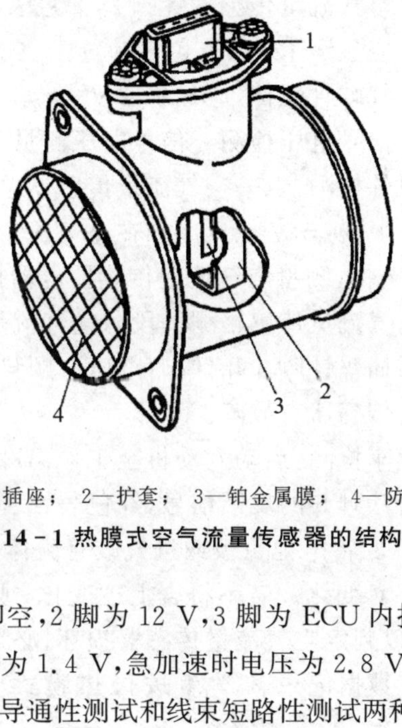

1—接线插座；　2—护套；　3—铂金属膜；　4—防护网

图 14－1 热膜式空气流量传感器的结构

(2) 空气流量计检测

① 热膜式空气流量传感器电路分析：图 14－2 所示为典型的热膜式空气流量传感器电路，1 脚空，2 脚为 12 V，3 脚为 ECU 内搭铁，4 脚为 5 V 参考电压，5 脚为传感器信号。怠速时 5 脚电压为 1.4 V，急加速时电压为 2.8 V。

② 热膜式空气流量传感器电阻的测量：该测量分线束导通性测试和线束短路性测试两种。

➢ 线束导通性测试　将数字万用表旋转到电阻挡，按电路图找到空气流量传感器图形下面的针脚号与 ECU 信号测试端口图相应的针脚号，分别测试空气流量传感器 3、4、5 号针脚对应至电控单元 12、11、13 号针脚的电阻，所有电阻都低于 0.5 Ω。

➢ 线束短路性测试　将数字万用表设置在电阻挡，测量空气流量传感器针脚 2 与电控单元针脚 11、12、13 之间的电阻应为∞。测量空气流量传感器针脚：3 与 11 和 13，4 与 12 和 13，5 与 11 和 12 之间电阻均应为∞。

③ 热膜式空气流量传感器电压的检测：该检测分为电源电压检测和信号电压检测两种。

➢ 电源电压检测　打开点火开关，将数字万用表设置在直流电压 20 V 挡，红色表针置于

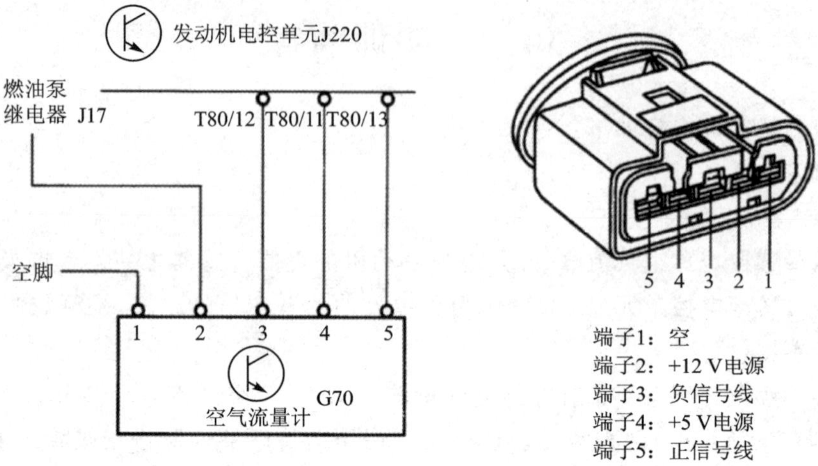

图 14－2　热膜式空气流量传感器电路图

空气流量传感器针脚 2，黑色表针置于电瓶负极或发动机进气歧管壳体，打开起动机时应显示 12 V；红色表针置于空气流量传感器针脚 4，黑色表针置于电瓶负极或发动机进气歧管壳体，应显示 5 V。

➢ 信号电压检测　信号电压测量分单件测量和就车测量。

单件检测：取一空气流量传感器总成部件，将蓄电池电压施加在空气流量传感器电器插座针脚 2 上，将 5 V 电压施加在空气流量传感器电器插座针脚 4 上，将数字万用表设置在直流电压 20 V 挡，测量空气流量传感器电器插座针脚 3 和针脚 5，应有 1.5 V 左右的电压；使用电吹风从空气流量传感格栅一段向空气流量传感器吹入冷空气或加热的空气，测量空气流量传感器电器插座针脚 3 和针脚，电压应顺势上升至 2.8 V 回落。若不能满足上述条件，可以判定空气流量传感器有故障。

就车检测：启动发动机至工作温度，将数字万用表设置在直流电压 20 V 挡，测量空气流量传感器针脚 5 的反馈信号，红色表针置于空气流量传感器针脚 5，黑色表针置于空气流量传感器针脚 3、蓄电池负极或进气歧管壳体，怠速时应显示电压 1.5 V 左右；急踩加速踏板时应显示 2.8 V 变化。若不符合上述变化，或电压反而下降，则在电源电压与参考电压完好的前提下，可以判定空气流量传感器损坏，必须进行更换。

➢ 数据记录　学生进行热膜式空气流量传感器的检测，并将测量的电压结果填入表 14－2 中。

表 14－2　热膜式空气流量传感器各端子间的电压测量参考表

端　子	测量条件	标准电压/V	测量电压
2 与搭铁	发动机运转	12	
3 与搭铁	发动机运转	5	
5 与 3	怠速运转	1.5	
	加速运转	2.8	

(3) 空气流量计数据流读取

使用 X－431 3G 故障诊断仪，登录发动机控制单元，直接读取空气流量计的各项参数，测试条件是发动机在运行中并达到工作温度。数据应显示为在怠速下应为 2.0～4.0 g/s，如果小于 2.0 g/s 则说明进气系统有泄漏，如果大于 4.0 g/s 则说明发动机负荷过大。

2. 节气门位置传感器

(1) 节气门位置传感器简介

安装在节气门体上节气门轴的一侧，由节气门操纵。用来检测节气门的开度，将节气门开度(即发动机负荷)大小转变为电信号输入电控单元。电控单元根据节气门位置信号判别发动机的工况，决定控制方式；控制燃油喷油量、点火正时、废气再循环、空调、怠速以及变速器换挡等多种功能和参数。

通常节气门位置传感器由电刷、电刷保持架、电阻器、输出端子等组成，其实际是滑片式变阻器(电位计)，连接在节气门的节气门轴上。节气门位置传感器的结构如图 14－3 所示，图 14－4 所示为该传感器与 ECU 的电路连接图。节气门开度传感器中的怠速 IDL 信号触点，主要用于减速、断油的控制和点火提前角的修正。控制器根据节气门开度信号(V_{TA})或发动机全负荷信号以增加喷油量，提高发动机的输出功率。

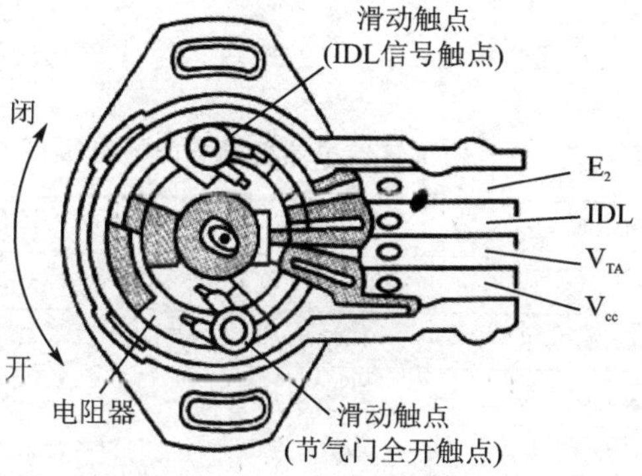

图 14－3　节气门位置传感器结构图

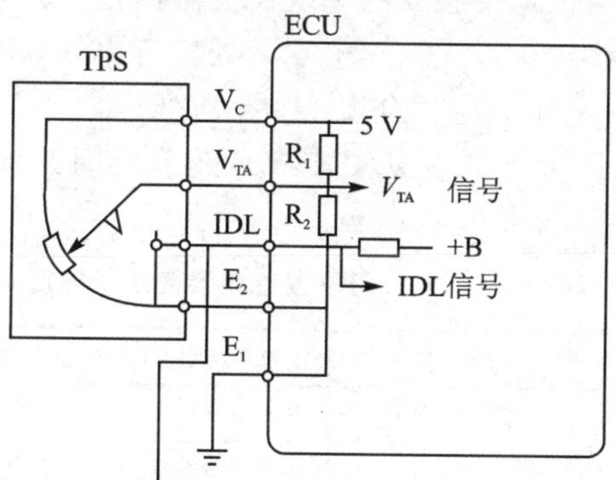

图 14－4　节气门位置传感器与 ECU 连接图

(2) 节气门位置传感器检测

① 怠速触点导通性检测：如图 14-5 所示，当节气门全闭时，IDL 与 E2 端子间应导通(电阻为 0)；当节气门打开时，IDL 与 E2 端子间应不导通(电阻为∞)，否则应更换传感器。

② 可变电阻检测：点火开关置于 OFF 位置，拔下节气门位置传感器的导线连接器，用万用表的 Ω 挡在传感器侧测量 VTA-E2、IDL-E2、VC-E2 之间的电阻(见图 14-6)，正常情况下电阻值应符合表 14-3 中所填写数据参考值。

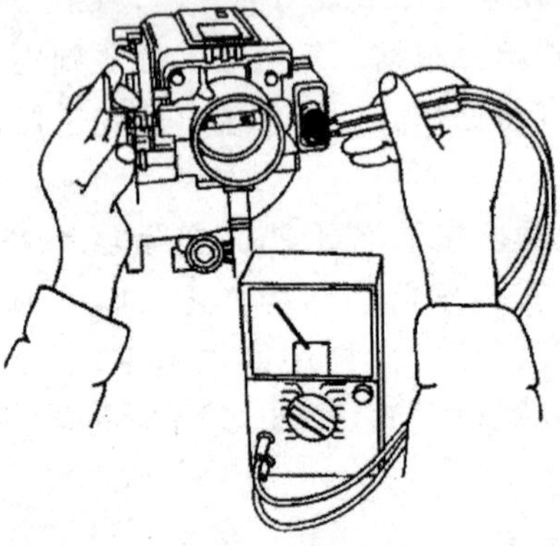

图 14-5 节气门传感器怠速触点导通性检查

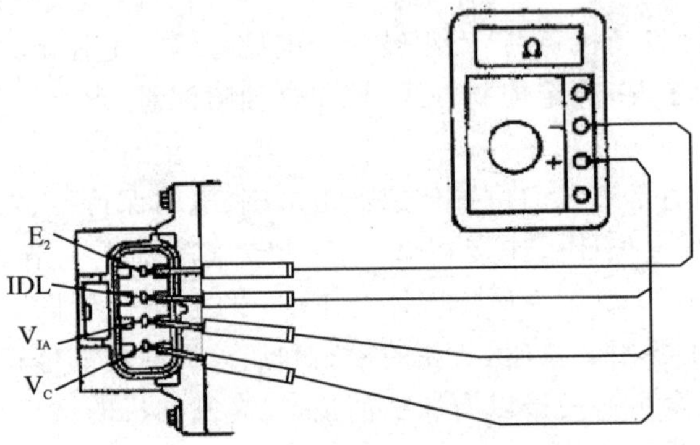

图 14-6 节气门传感器可变电阻检测

表 14-3 节气门位置传感器各端子间的电阻参考表

限位螺钉与限位杆间隙/mm	端　子	电阻值参考值	测量电阻
0	V_{TA} 与 E_2	0.34～6.3 kΩ	
0.45	IDL 与 E_2	<0.5 Ω	
0.55	IDL 与 E_2	∞	
节气门全开	V_C 与 E_2	3.1～7.2 Ω	
	V_{TA} 与 E_2	2.4～11.2 Ω	

③ 电压检测：插好节气门位置传感器的导线连接器，当点火开关置于 ON 位置(不起动发动机)时，发动机 ECU 连接器上 IDL、V_C、三个端子处应有电压；用万用表电压挡检测 IDL 与 E_2、V_C 与 E_2、V_{TA} 与 E_2 间的电压值应符合表 14-4 所列。

标准：节气门全关时，电压大于 0.2 V(0.5 V)；随节气门开度增大，电压逐渐升高；全开时，电压小于 4.8 V。

表 14-4 节气门位置传感器各端子电压

端　子	条　件	标准电压/V	测量电压
IDL 与 E_2	节气门全开	9～14	
V_C 与 E_2	—	4.0～5.5	
V_{TA} 与 E_2	节气门全闭	0.3～0.8	
	节气门全开	3.2～4.9	

④ 节气门位置传感器的调整：拧松节气门位置传感器的两个固定螺钉(见图 14-7(a))，

在节气门限位螺钉和限位杆之间插入 0.50 mm 厚薄规，同时用万用表 Ω 挡测量 IDL 和 E_2 的导通情况(见图 14-7(b))。逆时针转动节气门位置传感器，使怠速触点断开，然后按顺时针方向慢慢转动节气门位置传感器，直至怠速触点闭合为止(万用表有读数显示)，拧紧节气门位置传感器的两个固定螺钉。再先后用 0.45 mm 和 0.55 mm 的厚薄规插入节气门限位螺钉和限位杆之间，测量怠速触点 IDL 和 E_2 之间的导通情况。当厚薄规为 0.45 mm 时，IDL 和 E_2 端子间应导通；当厚薄规为 0.55 mm 时，IDL 和 E_2 端子间应不导通。否则，应重新调整节气门位置传感器。

(a) 拧松固定螺钉

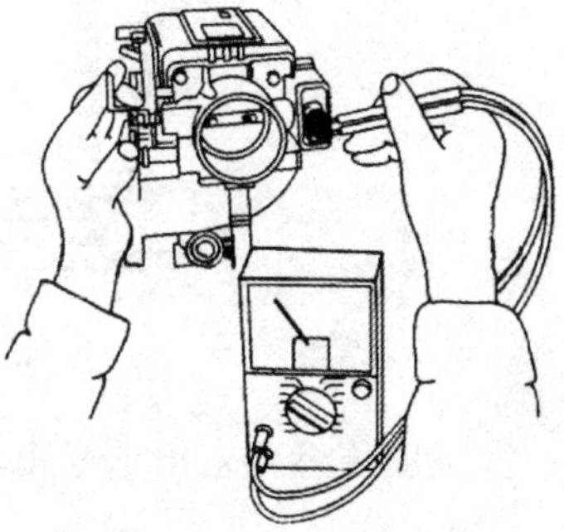

(b) 测量端子IDL和E_2之间导通情况

图 14-7　节气门位置传感器的调整

3. 冷却液温度传感器

(1) 冷却液温度传感器简介

冷却液温度传感器安装发动机缸体与缸盖冷却液的通道上，用来检测发动机冷却液温度，并将冷却液温度的信息转变为电信号输入发动机电控单元，电控单元根据该信号对燃油喷射、点火正时、废气再循环、空调、怠速、变速器换挡及离合器锁止、爆燃、冷却风扇等控制进行修正。图 14-8 所示的冷却液温度传感器是一个负温度系数热敏电阻(NTC)，其阻值随温度升高而降低，有一根导线与电控单元 ECU 相连，另一根为搭铁线。

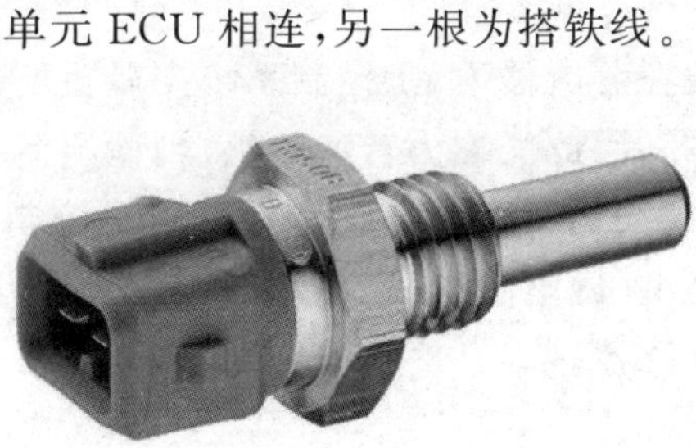

图 14-8　冷却液温度传感器

(2) 冷却液温度传感器检测

① 在车检查：将点火开关关闭，拆下传感器的连接器，用汽车专用万用表的欧姆挡测试传感器两端子的阻值。以皇冠 3.0 的 THW 和 E_2 端子为例，当温度为 0℃时，电阻为 4～7 kΩ；当温度为 20 ℃时，电阻为 2～3 kΩ；当温度为 40℃时间，电阻为 0.9～1.3 kΩ；当温度 60 ℃时电阻为 0.4～0.7 kΩ，在温度 80℃时，电阻为 0.2～0.4 kΩ。冷却液温度传感器的电阻值与温度的高低成反比。

② 单件检查：拆下冷却液温度传感器导线连接器(见图 14-9)，然后从发动机上拆下传感器。将传感器置于烧杯内的水中，加热杯中的水。随着温度逐渐升高，用万用表电阻挡测量传感器的电阻值，将测得的值与标准值相比较，若不符合，应更换冷却液温度传感器。

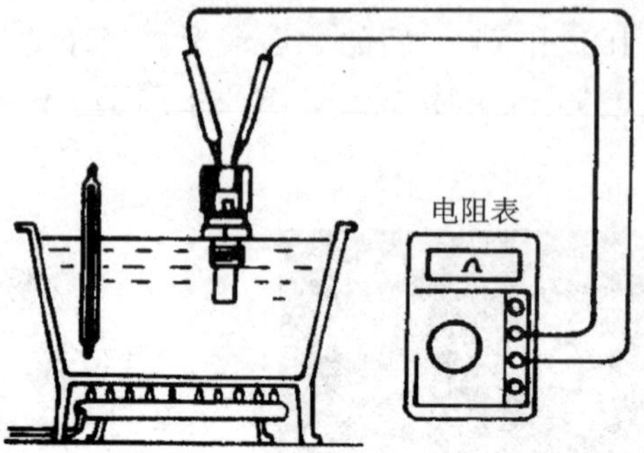

图 14-9　冷却液温度传感器单件检测

③ 冷却液温度传感器输出信号电压的检查：安装好冷却液温度传感器，将传感器的连接器插好。

当点火开关置于 ON 位置时，测量连接器 THW 端子(丰田车)或 ECU 连接器 THW 与 E_2 端子间输出电压，所测得的电压应与冷却液温度成反比变化。

拆下传感器线束插头，打开点火开关，测量冷却温度传感器的电源电压应为 5 V。

④ 冷却液温度传感器与 ECU 连接线束阻值的检查：用高阻抗万用表电阻挡，测量冷却液温度传感器与 ECU 两连接线束的电阻值(传感器信号端、地线端分别与对应 ECU 的两端子间电阻值)，其线路应导通。若线路不导通或电阻值大于规定值，则说明传感器线束断路或连接器接头接触不良，应进一步检查或更换。

4. 曲轴位置传感器

(1) 曲轴位置传感器简介

曲轴位置传感器通常安装在分电器内，是控制系统中最重要的传感器之一。

其作用有：检测发动机转速，因此又称为转速传感器；检测活塞上止点位置，故也称为上止点传感器，包括检测用于控制点火的各缸上止点信号和用于控制顺序喷油的第一缸上止点信号。曲轴传感器主要有三种类型：磁电感应式、霍耳效应式和光电式。图 14-10 所示为桑塔纳轿车的磁感应式曲轴位置传感器。

(2) 曲轴位置传感器的检测

在发动机运行过程中，当磁感应式传感器出现故障导致信号中断时，发动机将立刻熄火而无法运转，电控单元 ECU 能够检测到，利用故障诊断仪通过故障诊断插座可以读取此故障的有关信息。

当用万用表电阻挡检测传感器信号线圈电阻时，断开点火开关，拔下传感器引线插头，检测传感器插座上端子 1 与 2 之间信号线圈的电阻应为 450～1 000 Ω。若阻值无穷大，则说明信号线圈断路，应予更换传感器。

检测传感器端子 1 或 2 与屏蔽线端子 3 之间电阻时，阻值应无穷大，如阻值不是无穷大，则需更换传感器。

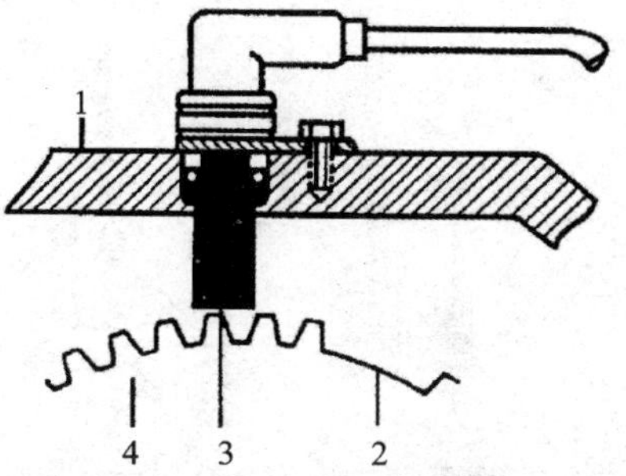

1—缸体；2—大齿缺(基准标记)；3—传感器磁头；4—信号转子

图 14-10 桑塔纳轿车曲轴位置传感器的结构

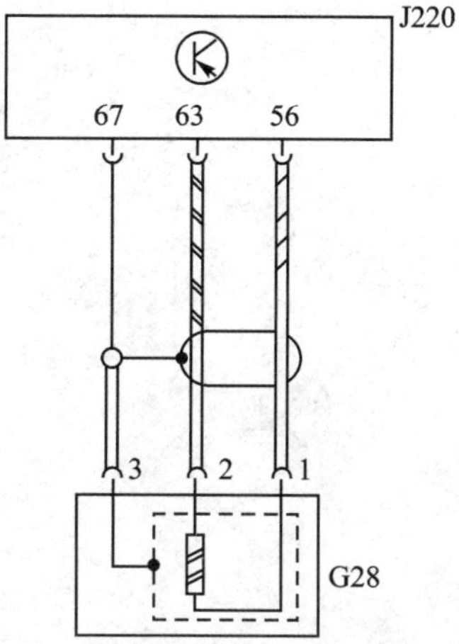

图 14-11 冷却液温度传感器连接图

检测与控制单元 ECU 之间的线束时(见图 14-11)，分别检测传感器线束插头端子 1 与控制单元线束插孔 56、传感器线束插头端子 2 与控制单元线束插孔 63、传感器线束插头端子 3 与控制单元线束插孔 67 之间的电阻值，其阻值最大不超过 1.5 Ω。若阻值为无穷大，则说明导线断路，需要修理或更换线束。

信号转子凸齿与磁头间的气隙直接影响磁路的磁阻和传感器圈输出电压的高低，因此在使用中，转子凸齿与磁头间气隙不能随意变动。气隙如有变化，必须按规定进行调整，气隙 0.2～0.4 mm 范围内。

5. 凸轮轴位置传感器

(1) 凸轮轴位置传感器简介

图 14-12 所示的凸轮轴位置传感器(Crankshaft Position Sensor，CPS)又称为判缸传感器。为了区别于曲轴位置传感器 CPS，凸轮轴位置传感器一般用缩写 CIS 来表示，在形式上分为光电式、磁感应式和霍耳式三种。凸轮轴位置传感器的功用是采集配气机构凸轮轴的位置信号并输入电控单元，以便电控单元识别一缸压缩上止点位置，从而精确计算顺序喷油控制、点火正时控制和燃烧爆震控制。此外，凸轮轴位置信号还用于发动机刚启动时识别出第一次点火时刻。

(2) 凸轮轴位置传感器检测

本实训中所采用的大众车系的凸轮轴位置传感器，电路原理图上标注为 G40 元件(见图 14-13)，其接线插座上有三个引线端子，端子 1 为传感器电源正极端子，与电控单元 62 端子连接；端子 2 为传感器信号输出端子，与电控单元 76 端子连接，端子 3 为传感器电源负极端子，与电控单元 67 端子连接。

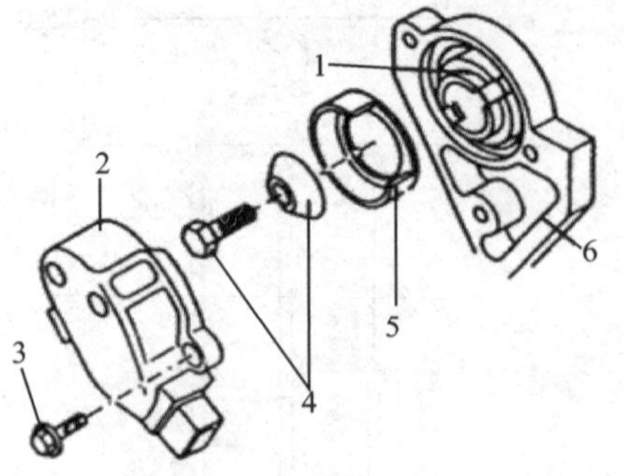

1—进气凸轮轴；2—凸轮轴位置传感器；3—固定螺钉；
4—定位螺栓与座圈；5—信号转子；6—缸盖

图 14-12　冷却液温度传感器连接图

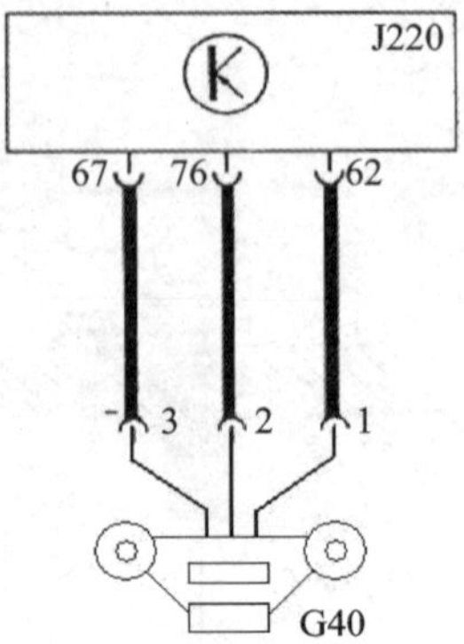

图 14-13　凸轮轴位置传感器连接图

① 电阻测试：按检测标准测量导线之间的阻值，应符合规定值，检测条件与标准参数如表 14-5 所列。

表 14-5　凸轮轴位置传感器电阻测量参考表

测量条件	端　子	电阻值参考值	测量电阻
至霍耳传感器(G40)	1 与 62	<0.5 Ω	
	2 与 76	<0.5 Ω	
	3 与 67	<1 Ω	

② 电压测试：拔下霍耳传感器插头，打开点火开关，测量插头端子 1 和 3 间的电压(见图 14-14)，标准值约为 5 V；测量插头端子 2 和 3 间的电压(见图 14-15)，标准应接近蓄电池电压。

图 14-14　测量插头端子 1 和 3 间电压

图 14-15　测量插头端子 2 和 3 间电压

③ 波形测试：使用示波器观看霍耳传感器的波形(见图 14-16)，判断霍耳传感器的好坏及其电路故障。

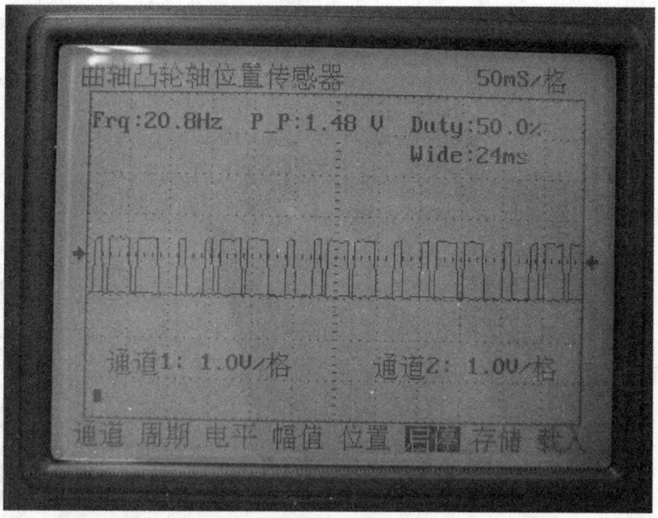

图 14-16　凸轮轴位置传感器波形图

6. 氧传感器

(1) 氧传感器简介

氧传感器用来检测排放废气中的含氧量。通过检测排气中氧离子的含量来获得混合气的空燃比信号,并以电压信号传送给电控单元;电控单元根据该信号,对喷油时间进行修正,实现空燃比反馈控制(闭环控制),从而将空燃比控制在 14.7 左右,使发动机得到最佳浓度的混合气,降低有害气体的排放量。

在电喷系统中应用较多的氧传感器为氧化锆传感器和氧化钛传感器。氧化锆传感器将发动机尾气排放中氧浓度之差变为电信号,输出信号控制混合气浓度。氧化锆式氧传感器如图 14-17 所示,主要由锆管、电极、护套组成。加热式的氧传感器还包括置于锆管中间的加热棒,锆管是由陶瓷体即氧化锆(ZtOz)制成的试管式管体,固定在带有安装螺纹的固定套中,插入非气管内,其内表面与空气相通,外表面与废气相通。

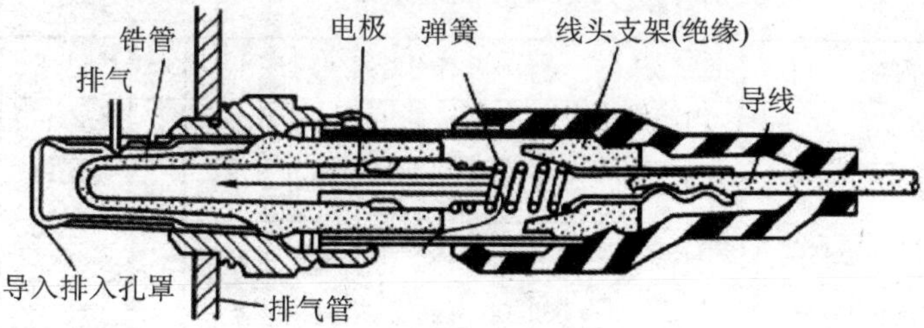

图 14-17　氧化锆式氧传感器结构图

(2) 氧传感器检测

① 加热元件电阻的检测:拔下氧传感器插头,测量传感器端子(见图 14-18(a))1 和 2 间的电阻,在室温时氧传感器加热器电阻为 1～5 Ω,温度上升一点,电阻值则迅速上升。如果断路,更换氧传感器。如果氧传感器加热器是通路,再测试氧传感器加热器的供电电压。

② 加热元件电压的检测:拔下氧传感器插头,启动发动机,检测连接器插座(见图 14-18

(b))上端子 1、2 间的电压应不低于 11 V。

③ 氧传感器信号电压的检测：将万用表连接到氧传感器端子(见图 14－18(a))的 3 与 4 上。接通点火开关时，电压应为 0.45～0.55 V；当混合器较浓时，电压信号为 0.7～1.0 V；当混合气较稀时，电压信号为 0.1～0.3 V。

④ 将一只发光二极管和一只 300 Ω/0.25 W 电阻串联，二极管正极连接到端子 3 号线上，二极管负极经 300 Ω 电阻连接到连接器端子 4 号线上。发动机怠速或部分负荷运转时，发光二极管应当点亮。

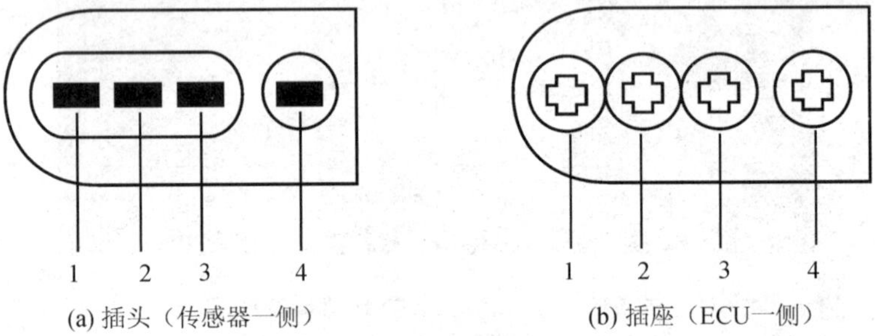

1—加热元件正极；2—加热元件负极；3—信号电压负极；4—信号电压正极

图 14－18　常见氧传感器插头、插座示意图

14.5　实训考核及评价

① 考核要求：

➢ 学生对汽车上常见传感器的认知情况。

➢ 由学生独立完成相关传感器的检测(电压、电阻等参数)。

➢ 学生对检测数据的分析。

② 考核时间：45 min。

③ 考核评分：表 14－6 所列为传感器的检测实训考核评分内容。

表 14－6　传感器的检测实训考核评分内容

序　号	考核内容	配　分	评分标准	考核记录	扣　分	得　分
1	传感器认知	10	每出现一次操作错误扣 5 分			
2	空气流量计	15	每出现一次操作错误扣 5 分			
	节气门位置传感器	15	每出现一次操作错误扣 5 分			
	冷却液温度传感器	15	每出现一次操作错误扣 5 分			
	曲轴位置传感器	15	每出现一次操作错误扣 5 分			
	凸轮轴位置传感器	15	每出现一次操作错误扣 5 分			
	氧传感器	15	每出现一次操作错误扣 5 分			
3	分数总计	100				

实训项目十五　喷油器的检测

15.1　实训目的

喷油器检测的实训目的：

① 掌握喷油器的结构及工作原理。

② 掌握喷油器故障对整个电控系统的影响。

③ 掌握喷油器的检测方法。

15.2　实训要求

喷油器检测的实训要求：

① 学生在做实训之前要先预习，在作业过程中要按分解顺序摆放零部件并做相应标记和记录。

② 教师应先采用边示范边讲解的教学方式，学生在动手做实训时，指导教师应指导、规范学生的动作和程序。每位同学必须严格按照给出的操作步骤和技术要求，动手完成规定的检修任务。

③ 实训完成后，学生撰写实训报告，归纳和总结喷油器的故障检测及排除方法。

15.3　实训工具及设备

表15-1所列为喷油器检测所需工具及设备表。

表15-1　实训工具及设备表

项　目	名　称	数　量
专用仪器	试　灯	1个
	万用表	1个
	解码仪	1套
设　备	轿　车	1辆
	喷油器教学挂图	1套
工　具	移动台式工具箱	1台
	V形铁、扭力扳手、开口扳手、活动扳手、梅花扳手、专用油管扳手、套筒扳手、鲤鱼钳、尖嘴钳、一字起子、十字起子、橡胶锤、铁锤、油盆等	1套

15.4 实训内容

喷油器的实训内容如下：

1. 喷油器的认识

喷油器是燃油供给系中的重要零件，通常安装在进气歧管或气缸盖上。其作用是按照发动机ECU计算出的喷射准时和脉宽（喷油量），向进气歧管或气缸内喷射燃油，喷油器实际上是一个电磁阀，ECU通过控制其电磁阀线圈的电流通断（接地线的通断）来控制喷油器的工作。当有电流通过时，喷油器柱塞被吸引，针阀上升，即实现燃油喷射。为了保证喷油的精确度，喷油器的球阀或针阀与阀座都要求有很高的加工精度，而且阀体的升程微小，只有0.1 mm左右。如果燃油中杂质含量较高，或者喷油器喷嘴被长期形成的胶质物堵塞，就会影响喷油器的正常工作，导致发动机怠速不稳，启动困难和动力不足甚至熄火等多种故障。

电子控制系统采用的是电磁式喷油器（见图15-1），通常由针阀、滤芯、电磁线圈等组成。

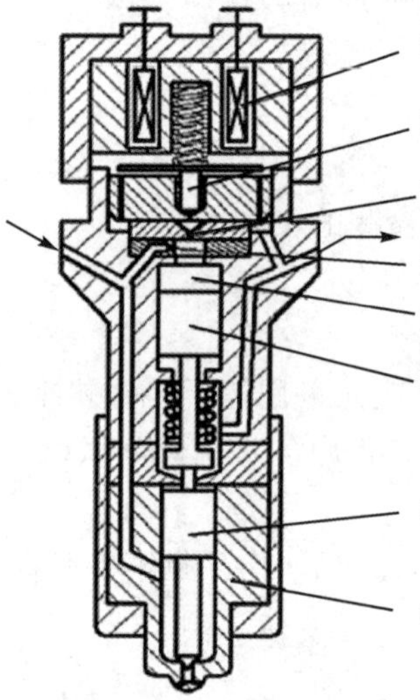

图15-1 喷油器结构图

按喷油器电磁线圈的电阻分类，可分为：

低阻喷油器：电磁线圈的电阻值为0.2～3 Ω；

高阻喷油器：电磁线圈的电阻值为12～17 Ω。

高阻喷油器只能采用电压驱动方式，故驱动电路较简单，成本较低，但高阻喷油器无效喷射时间较长，响应特性较差，但应用较广。

2. 电磁喷油器的检测

（1）就车检测

- 使发动机运转过程中，听喷油器的工作声音，发动机工作时用手指或听诊器（触杆式）接触喷油器，通过声音来判断喷油器是否动作。
- 检测喷油器的电阻值：高电阻型喷油器的电阻值应为13～16 Ω，低电阻型喷油器的电阻值应为2～3 Ω，通过检测，其喷油器的电阻值在标准范围内。
- 喷油器拆下后，通或断12 V电压时，听到接通和断开的声音，试验时通电时间不能太长，再次实验应有一定时间间隔，以防喷油器发热损坏。
- 测量喷油器供电电压：在发动机运转或使燃油泵继电器工作时，端子1（见图15-2的插头）对地电压应为蓄电池电压。
- 检查喷油器的滴漏，拔下汽油压力调节器上的真空软管和喷油器的插头及凸轮轴的插头，从进气管上拆下汽油分配管连带4个喷油器，分别给4个喷油器供电，观察喷油器喷油的形状是否良好及是否有滴漏现象。
- 安装好拆下的喷油器，用大众车系故障诊断仪中执行元件测试功能，分别对各个喷油器进行测试，观察对应喷油器是否工作。
- 用连接线把蓄电池与喷油器连接好。接通15 s，用量杯测出喷油器的喷油量，并检查其喷油形状，每个喷油器测2～3次，标准喷油量为50～70 ml/15 s，各喷油器允许误差为

5 ml。如果喷油量不合标准，则应清洗或更换喷油器。

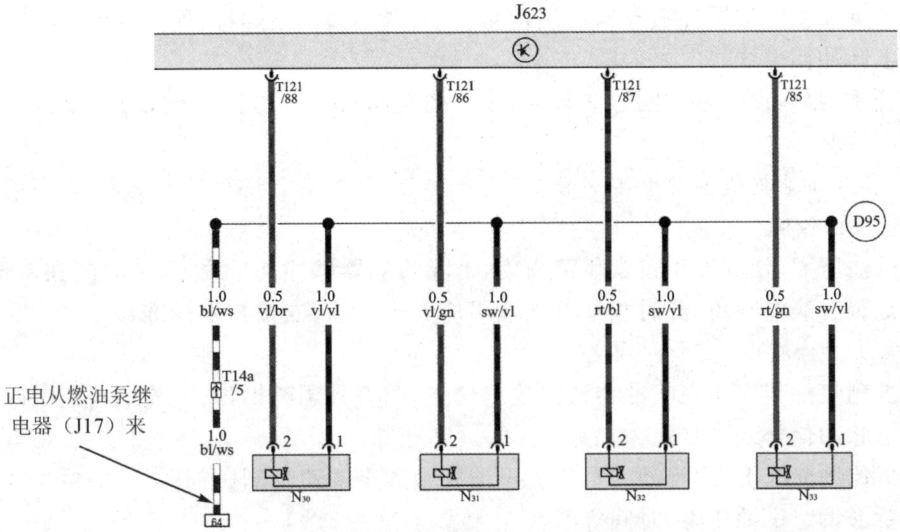

图 15－2　典型发动机喷油器控制电路及插头

(2) 均匀性检测

➢ 将被测喷油器安装在喷油器清洗检测仪(见图 15－3 和图 15－4)上，调整其调整螺杆，使喷油器能很好地定位。

➢ 接上脉冲信号线。

➢ 设定好时间等参数后，按下控制面板上的"运行"键即可。

➢ 检测同一辆车上的一组喷油器：在相同的工况下，各喷油器喷射量之间的差值是否达到要求或在规定的误差范围内，可反映喷油器的电特性、孔径变化以及堵塞等因素对喷油器的影响。通常，一辆车上的所有喷油器的喷油量的偏差应不大于±20 %。

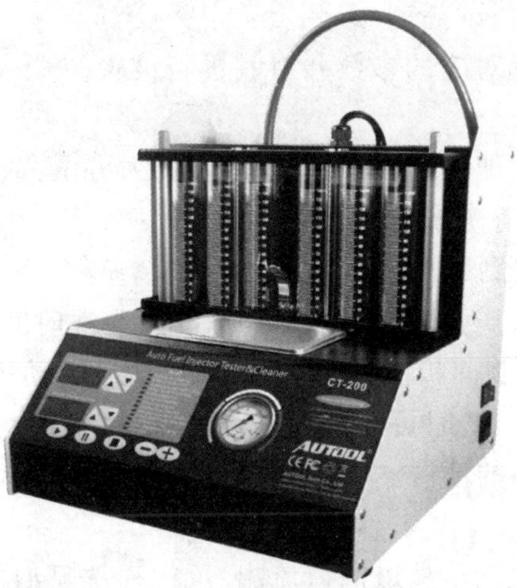

图 15－3　电控喷油器清洗检测仪

图 15－4　超声波清洗机

(3) 雾化性检测

➢ 将被测喷油器安装在喷油器清洗检测仪上，调整其调整螺杆，使喷油器能很好地定位。

➢ 接上脉冲信号线。

➢ 打开频闪灯，设定好时间等参数后，按下控制面板上的“运行”键，观察喷油雾化及喷油角度情况。

备注：各缸喷油器喷油角度要一致，雾化要均匀，无明显油滴和射流现象，否则须更换。

(4) 密封性检测

调整供油压力，使其高于正常供油压力，拆除喷油器脉冲信号线，保持时间在 1 min 内，观察喷油器是否有滴漏现象，此时喷油器滴漏不应大于一滴(或按技术标准)。

(5) 喷油量检测

➢ 将被测喷油器安装在喷油器清洗检测仪上，调整其调整螺杆，使喷油器能很好地定位。

➢ 接上脉冲信号线。

➢ 按下控制面板上的“排油”键，排去量油杯中残余的清洗测试剂。

➢ 按要求设定供油压力、时间等参数。

➢ 按下控制面板上的“运行”键进行测定。

备注：一般是在连续喷油 15 s 的情况下检测各缸喷油器的喷油量，然后参照被检车型的相关技术手册判断喷油量误差是否在其规定误差范围内，以确定是否需要更换。

3. 电控喷油器的清洗

(1) 清洗前的准备工作

➢ 将喷油器放入汽油或清洗测试剂中，清除外部油污。

➢ 从液位检视口处检查清洗测试剂的液面高度，其液面高度一般应保持加注油箱容量的 1/3～1/2，视情况添加清洗测试剂。

➢ 接上喷油器脉冲信号线。

➢ 接通电源，打开电源开关。

➢ 在超声波清洗槽内加入适量的超声波清洗测试剂。

➢ 根据测试项目，在控制面板参数选择栏选择对应的参数并对其进行设置。

(2) 超声波清洗

➢ 在超声波清洗机内加入适量的清洗测试剂，使液面高于喷油器针阀 20 mm 左右。

➢ 把外部清洗干净的喷油器放在清洗槽中的清洗架上。

➢ 将喷油器驱动脉冲信号线分别接入各喷油器插孔。

➢ 打开超声波电源开关，在控制面板中选择超声波清洗功能，然后设定清洗时间(一般情况下系统默认清洗时间为 10 min)，按下控制面板上的“运行”键，则清洗自动进行。

➢ 结束后系统自动停止，并以蜂鸣器鸣叫提示，此时可关闭超声波系统开关。

➢ 从清洗槽中取出喷油器，并用软布擦净表面的清洗测试剂。

(3) 喷油器的反向冲洗

反向冲洗是将清洗测试剂从喷油器的出油口进入，从进油口流出．反向冲洗喷油器内部及附在滤网上的污物。

➢ 将喷油器反向安装在电控喷油器检测清洗仪上。

➢ 接上各喷油器的脉冲信号线。

➢ 按要求设定供油压力、时间等参数。

➢ 按下控制面板上的“运行”键，即反向清洗开始。

4. 燃油压力检测

(1) 系统卸压

启动发动机，在发动机运转中拔下电动燃油泵继电器(或拔下电动燃油泵电源插头)，待发动机自行熄灭后，再转动启动开关，启动发动机 2～3 次，燃油压力即可完全释放，然后关闭点火开关，装上电动燃油泵继电器(或插上电动燃油泵电源接线)。

(2) 油压表安装

油压表可以安装在冷启动喷油器油管接头上、燃油滤清器油管接头上、分配油管进油接头上，或用三通接头接在燃油管道上便于安装和观察的任何部位，如图 15－5 所示。

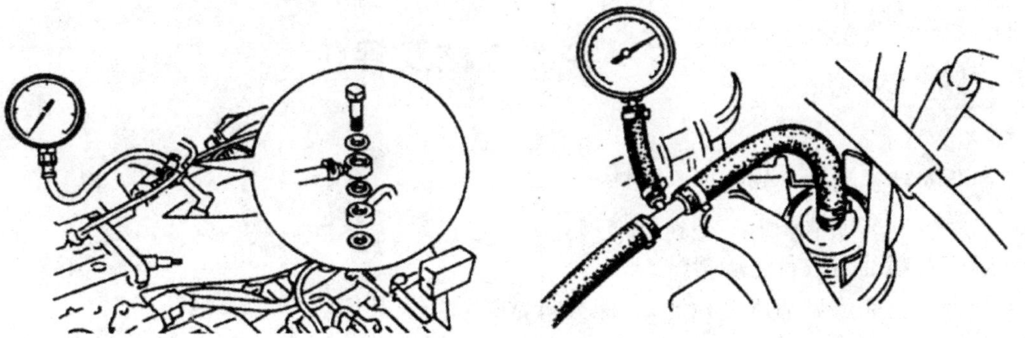

图 15－5　油压表安装示意图

(3) 燃油压力的测量

打开燃油压力表开关，启动发动机并怠速运转，测量此时的燃油压力，一般发动机正常值在 150 kPa 左右。缓慢开大节气门，测量此时的燃油压力，燃油压力应在 280～300 kPa 范围内跳动。

拔下燃油压力调节器上的真空管，测量此时的燃油压力应和节气门全开时的燃油压力基本相等，一般在 300 kPa 左右。重新接上真空管，燃油压力约有 50 kPa 的下降。若测得的油压过高，应检查调节器及其真空软管。若测得的油压过低，应检查电动燃油泵、燃油滤清器及油压调节器。

(4) 保持压力

关闭点火开关 10 min 后，燃油保持压力应大于 150 kPa。如果压力小于 150 kPa，启动发动机并怠速运转。当油压建立起来后，关闭点火开关，同时关闭燃油压力表开关，继续观察压力表指针是否会下降。如果压力仍然下降，可能的原因有：油压调节器阀门密封不严，喷油器滴油，管路有渗漏。如果压力变为正常，则说明油压表开关之前的油路密封存在问题，如果管路渗漏，则说明燃油泵出油止回阀关闭不严。

(5) 拆卸油压表

释放燃油系统的油压；拆下蓄电池负极搭铁线，拆下油压表，重新装好抽管接头，接好蓄电池负极搭铁线，预置燃油系统的油压和检查油管各处有无漏油。

5. 喷油器常见故障与影响

喷油器常见故障与影响如表 15-2 所列。

表 15-2 电动喷油器的常见故障与影响

故障部位	对电控燃油喷射系统的影响	对电控发动机的影响
电动喷油器胶结、电动喷油器堵塞	喷油器不喷油或喷油量少，喷油雾化不良	动力下降、加速迟缓、怠速不稳定、容易熄火、发动机不能工作或不稳定
电磁线圈或内部线路连接处断路	电动喷油器不喷油	油耗上升、排气管放炮、发动机启动困难、冒黑烟
电动喷油器阀口积污	喷油量减少	发动机工作不稳定、进气管回火、动力性差、加速差

15.5 实训考核及评价

① 考核要求：

➢ 学生对喷油器的认知情况。

➢ 由学生独立完成相关喷油器的检测。

➢ 学生对喷油器进行正确清洗。

➢ 学生独立完成燃油压力检测，并能分析常见故障及其影响。

② 考核时间：45 min。

③ 考核评分表 15-3 所列为喷油器的检测实训考核评分内容。

表 15-3 喷油器的检测实训考核评分内容

序 号	考核内容	配 分	评分标准	考核记录	扣 分	得 分
1	喷油器认知	10	每出现一次操作错误扣 5 分			
2	就车检测	10	每出现一次操作错误扣 5 分			
	均匀性检测	10	每出现一次操作错误扣 5 分			
	雾化性检测	10	每出现一次操作错误扣 5 分			
	密封性检测	10	每出现一次操作错误扣 5 分			
	喷油量检测	10	每出现一次操作错误扣 5 分			
3	喷油器的清洗	20	每出现一次操作错误扣 5 分			
4	燃油压力检测	20	每出现一次操作错误扣 5 分			
5	分数总计	100				

实训项目十六　点火线圈及点火系统电路的检测

16.1　实训目的

点火线圈及点火系统电路检测的实训目的：

① 掌握点火线圈的外部检测及初次级绕组短路、断路和搭铁检测。

② 掌握点火线圈发火强度的检测。

③ 掌握点火系统的电路工作原理及检修方法。

16.2　实训要求

点火线圈及点火系统电路检测的实训要求：

① 学生在做实训之前要先预习，在作业过程中要按分解顺序摆放零部件并做相应标记和记录。

② 教师应先采用边示范边讲解的教学方式，学生在动手做实训时，指导教师应指导、规范学生的动作和程序。每位同学必须严格按照给出的操作步骤和技术要求，动手完成规定的检修任务。

③ 实训完成后，学生撰写实训报告，归纳和总结点火系相关元件的检测方法。

16.3　实训工具及设备

表 16－1 所列为点火线圈与点火系统电路检测所需工具及设备表。

表 16－1　实训工具及设备表

项　目	名　称	数　量
专用仪器	试　灯	1个
	万用表	1个
	解码仪	1套
	点火线圈	若干
设　备	万能电器试验台	1台
工　具	移动台式工具箱	1台
	V形铁、扭力扳手、开口扳手、活动扳手、梅花扳手、专用油管扳手、套筒扳手、鲤鱼钳、尖嘴钳、一字起子、十字起子、橡胶锤、铁锤、油盆等	1套

16.4 实训内容

点火线圈及点火系统电路检测的实训内容如下：

1. 点火系统工作原理

传统点火系统的组成如图 16－1 所示，主要由电源、点火线圈、分电器、点火开关、火花塞、附加电阻和高低压导线等组成。

在传统点火系统中，电源供给的低压直流电，经断电器和点火线圈转变为高压电，再经配电器分送到各缸火花塞，在火花塞的电极间产生电火花，点燃可燃混合气，使发动机工作。

接通点火开关，启动发动机，发动机开始工作。断电器凸轮在发动机凸轮轴的驱动下不断旋转，凸轮旋转时交替地使断电器的触点断开和闭合。当断电器触点闭合时，接通了点火线圈初级绕组的电路，即初级电路，又称低压电路。流经初级电路的电流，称为初级电流。其路径是：蓄电池“正极”接线柱→电流表→点火开关→点火线圈“＋”接线柱→附加电阻→点火线圈“开关”接线柱→点火线圈初级绕组→点火线圈“－”接线柱→断电器触点→搭铁→蓄电池“负极”接线柱。

电流通过初级绕组时，在点火线圈的铁芯中形成磁场，积蓄了磁场能。当分电器凸轮将触点顶开时，初级电路被切断，初级电流迅速下降，铁芯中的磁场也迅速消失，于是在点火线圈的次级绕组中感应出高压电动势。由于次级绕组是初级绕组的 80～100 倍，故其感应电动势可达 15 000～20 000 V，配电器把高压电传送给工作缸火花塞，击穿火花塞的间隙，产生电火花。

当火花塞的间隙被击穿时，在点火线圈次级绕组的电路中有电流通过，该电流称为次级电流。次级电流流经的电路，称为次级电路，也称高压电路。其路径是：点火线圈次级绕组→点火线圈“开关”接线柱→附加电阻→点火线圈“＋”接线柱→点火开关→电流表→蓄电池→搭铁→火花塞侧电极→火花间隙→火花塞中心电极→高压导线→配电器的旁电极→分火头→配电器的中央电极→高压导线→点火线圈次级绕组。

2. 点火线圈检测

（1）外部检测

目测点火线圈，若有绝缘盖破裂或外壳碰裂，就会受潮而失去点火能力，应予以更换。

（2）初次级绕组断路、短路和搭铁检测

① 测量电阻法：用万用表测量点火线圈的初级绕组、次级绕组以及附加电阻的电阻值，应符合技术标准（部分参数可参考表 16－2），否则说明有故障，应予以更换。

② 试灯检验法：用试灯接在初级绕组的两接线柱上，若灯不亮则是断路；当检查绕组是否有搭铁故障时，可将试灯的一端与初级绕组相连，另一端接外壳，如灯亮，便表示有搭铁故障；短路故障用试灯不易查出。

（3）次级绕组的检测

次级绕组的一端接于高压插孔，另一端与初级绕组相连，在检验中，当试灯的一个触针接高压插孔，另一触针接低压接柱时，若试灯发出亮光，说明有短路故障；若试灯暗红，说明无短路故障；若试灯根本不发红，则应注意观察，当将触针从接线柱上移开时，看有无火花发生，如

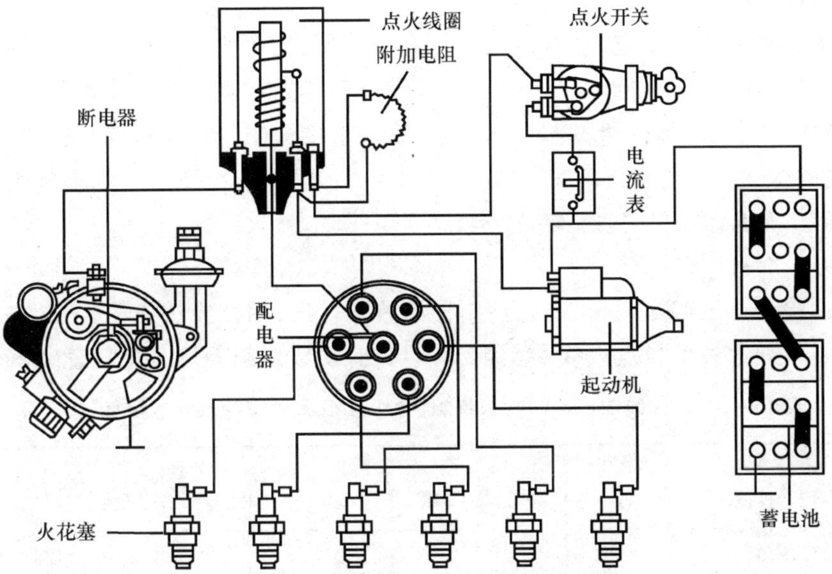

图 16-1　传统点火系统的工作原理图

没有火花，则说明绕组已断路。

次级绕组和初级绕组是相通的，若次级绕组有搭铁故障，则在检查初级绕组时就已反映出来了，无须检查。

(4) 发火强度检测

① 电器试验台检测：检查点火线圈产生的高电压时，可与分电器配合在试验台上进行试验。检验时将放电电极间隙调整到 7 mm，先以低速运转，待点火线圈的温度升高到工作温度 60~70 ℃时，再将分电器的转速调至规定值(一般 4、6 缸发动机的点火线圈为 1 900 r/min，8 缸发动机用的点火线圈为 2 500 r/min)，在 0.5 min 内，若能连续发出蓝色火花，则表示点火线圈良好。

② 用对比跳火法检测：此方法在试验台上或车上均可进行，将被检验的点火线圈与好的点火线圈分别接上进行对比，看其火花强度是否一样。

3. 点火系统检测

(1) 接线检查

在实验前应检查点火系统的接线情况，有无接错、漏接、接触不良的现象，如有应首先处理后方可进行下面的检测。

(2) 供电电压的检测

用万用表检测点火线圈正极与地之间的压降应与供电电池的压降相等(无附加电阻的类型)，如果差值大于 0.5 V 则应检查电路的连接情况是否有断路，短路或接触不良。

(3) 发火性能的检测

接好系统后，运转检测发火性能，如果无火则进入下面的检修，如果有火但呈黄色则检查电容本身和其线路，或点火线圈(方法如 2.点火线圈检测的条文)，或高压线，分火头的情况，正常点火为白色。

(4) 传感器检测

如果是无触点的点火系统,没有点火可先查传感器,无论是霍耳式、光电式都需要来自控制器的供电电压,所以先检查此电压是否正常,没有则检查控制器;有则检测传感器的输出信号(由于电磁式点火系统传感器不需供电电源,故可直接检测传感器),信号会随发动机运转相应的变化(电磁式为0.4~0.8 V,霍耳式为3~6 V,光电式为2~3 V),如果转速不低于1 500 r/min且不符合要求,则更换传感器。

(5) 控制器检测

如果上述检测都没问题,只可能是控制器的故障,可采用替换法检测。

表16-2所列为各型号点火线圈在12 V时,初、次级绕组及附加电阻值。

表16-2 点火线圈(12 V)初级绕组、次级绕组及附加电阻的电阻值(20 ℃)

型号	初级绕组/Ω	次级绕组/kΩ	附加电阻/Ω	适用机型
DQ122B	3.1~3.62	6.2~7.3	无	各型4~6缸汽油发动机
DQ124	3.6	7.3	无	各型4~6缸汽油发动机
DQ125	1.5	7.3	不自带电阻时串1.7	东风EQ1090系列各型4~6缸汽油发动机
DQ125T	1.5	7.3	自带电阻1.5	微型汽车
DQ130	1.8~2.0	6.5	自带电阻1.4~1.5	各型4~6缸汽油发动机
DQ130U	1.5	7.3	自带电阻1.5~1.7	解放CA1091系列各型4~6缸汽油发动机
DQ132A	1.5	7	另配1.7	尼桑、丰田、三菱、奔驰、道奇、雪佛兰
DQ170	0.65	3	无	无触点4~6缸
JDQ171	0.52~0.76	2.4~3.5	无	桑塔纳轿车
JDQ172	0.7~0.8	3~4	无	解放CA1091、1092
—	1.13~1.23	7.7~9.3	无	切诺基

16.5 实训考核及评价

① 考核要求:

➤ 学生对点火系统的认知情况。

➤ 由学生独立完成点火线圈的相关检测。

➤ 学生点火系统的相关电路检测。

② 考核时间:45 min。

③ 考核评分表16-3所列为点火线圈及点火系统电路检测实训的考核评分内容。

表 16－3　点火线圈及点火系统电路检测实训的考核评分内容

序　号	考核内容	配　分	评分标准	考核记录	扣　分	得　分
1	点火系统认知	10	每出现一次操作错误扣 5 分			
2	外部检测	10	每出现一次操作错误扣 5 分			
	初次级绕组断路、短路和搭铁检测	10	每出现一次操作错误扣 5 分			
	次级绕组的检测	10	每出现一次操作错误扣 5 分			
	发火强度检测	10	每出现一次操作错误扣 5 分			
3	接线检测	10	每出现一次操作错误扣 5 分			
	供电电压检测	10	每出现一次操作错误扣 5 分			
	发火性能检测	10	每出现一次操作错误扣 5 分			
	传感器检测	10	每出现一次操作错误扣 5 分			
	控制器检测	10	每出现一次操作错误扣 5 分			
4	分数总计	100				

参考文献

[1] 张伟.汽车电气构造与维修技术[M]. 北京.北京航空航天大学出版社.2012.

[2] 张伟.汽车电子控制技术[M]. 北京.北京航空航天大学出版社.2016.

[3] 凌凯汽车资料编写组.汽车维修实训教程—电气册[M]. 北京. 电子工业出版社.2014.

[4] 谭本忠.看图学用汽车维修检测设备和仪器[M]. 北京.机械工业出版社.2015.

[5] 谭本忠.看图学修汽车空调[M]. 北京.机械工业出版社.2013.

[6] 段兴华 .汽车电控系统故障诊断实训[M]. 北京.北京理工大学出版社.2008.

[7] 阎岩.汽车电器与电控系统实验教程[M]. 北京.中国电力出版社.2009.

[8] 贾建波等. 汽车电气系统检修[M]. 西安. 西安交通大学出版社.2015.

[9] 纪光兰.汽车电器设备构造与维修[M]. 北京.机械工业出版社.2011.

[10] 车拉夫. 电控发动机实训台使用说明书[M].

[11] 车拉夫. 自动变速器实训台使用说明书[M].

[12] 大众帕萨特 1.8T 发动机维修手册[M].

[13] 大众帕萨特 01M 自动变速箱维修手册[M].

[14] 广州市艾逊汽车教学设备有限公司.整车电器综合实训台实训指导书[M].

[15] 广州市艾逊汽车教学设备有限公司.CAN－BUS 网络系统综合示教板实训指导书[M].